# 쓰기 평가 전략

# 쓰기
# 평가
# 전략

장미

역락

# 머리말

    이 책은 논설문 평가 과정에 따른 평가자의 평가 경험과 전략을 확인하여, 실제 평가에서 활용할 수 있는 쓰기 평가 전략과 모형을 제시하는 것에 목적이 있다. 평가 과정에 따라 평가 전략이 달라질 수 있음에도 불구하고, 그동안 쓰기 평가 연구에서는 모든 평가 과정을 같은 평가 전략으로 확인하였다. 그러나 평가자의 평가 전략 변화는 평가 과정과 결과에 영향을 미칠 수 있다. 따라서 평가자는 쓰기 평가에서의 평가 전략 변화가 평가 결과에 미칠 영향을 예측하고 이러한 변화가 긍정적으로 작용하도록 노력할 필요가 있다. 이를 위해 이 책에서 다룬 각 장의 내용은 다음과 같다.

    먼저 1장과 2장에서는 쓰기 평가와 관련된 선행 연구를 제시하였다. 1장에서는 평가자의 평가 경험, 채점 일관성 그리고 평가 대상 글의 유형에 따라 다르게 나타나는 쓰기 평가의 특성을 확인하였다. 이를 통해 교육경력 5년 이상의 국어교사라는 연구 참여 대상 선정 기준을 설정하였다. 능숙한 논설문 채점과 사고구술을 위해서는 숙련된 평가자가 필요했기 때문이다. 또한 논설문이라는 검사 도구를 선정하고 선행연구에서 보인 평가자의 평가 전략과 특성을 확인하였다.

    2장에서는 쓰기 평가의 인지 과정을 파악하기 위해 평가자 인지 유형을 탐색하고 평가에 영향을 미치는 평가자의 인지와 상위인지의 특성을 확인하였다. 그 후 선행 연구의 결과 분석을 통해 쓰기 평가 과정을 설정하고 쓰기 평가 과정별로 평가 특성을 확인하였다. 그러나 선행 연구의 대부분이 영어 작문 평가를 대상으로 한 국외 연구이기 때문에 국어의 쓰기 평가 전략과 차이가 있을 수 있다. 따라서 이를 확인할 수 있는 국어교육의 연구가 필요하다고 생각하여 평가 과정에 따른 국어교사의 논설문 평가 경험과 전략을 확인하기 위한 연구 계획을 수립하였다.

3장에서는 연구 방법을 기술하였다. 평가 과정에 따른 평가 전략 변화를 확인하기 위하여 국어교사가 학생 논설문 30편을 평가하는 전체 과정을 전기(10편), 중기(10편), 후기(10편)로 나누었다. 그리고 교육경력 5년 이상의 국어교사 37명이 1차 평가를 시행한 결과를 분석하여 일반적인 평가 전략을 확인하였다. 또한 1차 평가 분석 결과를 바탕으로 평가자의 채점 일관성 유형과 사고구술의 참여 가능성 등을 고려하여 2차 평가에 참여할 국어교사 10명을 선정하였다.

이렇게 선정된 국어교사 10명에게 2차 평가에 참여하여 평가 과정에서 떠오른 생각을 사고구술 하도록 하고 이를 녹음 및 녹화하였다. 1차와 2차 평가로 생성된 자료의 평가 결과는 EduG 6.1으로 신뢰도를 확인하고 FACETS 3.8 분석을 통하여 국어교사의 채점 일관성 유형을 분류하였다. 평가 결과는 PASW 18과 R 4.0으로 통계적 분석을 하여 일반적인 평가 전략을 확인하고, 2차 평가의 사고구술 프로토콜은 NVivo 10을 이용하여 분석한 후 구체적인 평가 전략을 도출하였다.

4, 5, 6, 7장에서는 연구를 통해 수집된 자료를 분석한 결과에 따라 평가 과정에 따른 국어교사의 평가 전략을 서술하였다. 이를 위해 1차 평가에서 확인한 일반적인 평가 전략과 2차 평가에서 얻은 구체적인 평가 전략을 제시하였다. 그리고 평가 과정에 따른 평가 전략의 점유율과 평가 전략 변화를 분석하였다. 이러한 과정을 통해 얻은 결론은

다음과 같다.

첫째, 국어교사는 논설문 평가 과정에 따라 다른 평가 과정과 결과를 보인다. 이 연구에 참여한 국어교사의 평가 결과는 평가가 진행될수록 표준편차가 줄고 전체 평균에 가까워지는 경향을 보인다. 예를 들면 평가 전기에는 평가 결과의 국어교사 개인차가 컸지만 평가 후기부터는 비슷하게 조정되어 간다. 또한 평가자의 평가 과정 사고구술 내용도 평가 전기에는 주어진 기준을 해석하고 평가 상황에 적응하기에 바빴던 국어교사들이 평가 후기로 갈수록 학생 글에 대한 평가자로서의 논평적 사고구술이 증가하는 모습을 보인다. 이러한 평가 과정에 따른 차이는 논설문의 평가 결과와 피드백에 영향을 줄 수 있으므로 평가자가 그 차이를 알고 이를 긍정적으로 활용하기 위해 노력할 필요가 있다. 또한 평가할 학생 글이 평가 과정의 어느 지점에 놓이느냐에 따라 평가 결과에 영향을 줄 수 있으므로, 여러 평가자가 교차 평가를 하거나 평가 결과를 검토하는 경우에는 평가 대상 학생 글의 위치를 다르게 배치하여 이러한 차이를 줄이기 위해 노력해야 한다.

둘째, 평가 기준에 대한 국어교사의 인식과 실제 평가 간의 차이가 발견되었다. 1차 평가를 진행하면서 확인한 일반적인 평가 전략에서 국어교사는 평가 기준 중 내용, 조직, 표현 요인의 평가 중요도와 효과성을 다르게 응답했다. 또한 평가 과정에 따라 내용, 조직, 표현 요인의 평가 난도·중요도·효과성도 달라진다고 인식하였다. 그러나 2차 평가와 함께 실시한 사고구술에서 평가자의 구체적인 평가 전략을 확인한 결과 국어교사는 내용, 조직, 표현의 평가 요인을 평가 기준에 따라 같은 비중으로 평가하였다. 특히 평가의 진행에 따라 평가 요인을 개별적으로 평가하는 것이 아니라 평가 기준의 연관성에 따라 종합적으로 판단하였다. 또한 채점 일관성 유형이 적합한 국어교사들은 논설문을 평가하면서 기준 해석 전략, 기준 조정 전략, 기준 축소 전략을 사용하고 기준 추가 전략은 사용하지 않았다. 따라서 적합한 평가를 위해서는 기준 추가 보다는 주어진 기준에 대한 구체적이고 세밀한 해석이 더 필요하다는 것을 알 수 있다.

셋째, 사고구술 프로토콜 분석을 통해 채점 일관성 유형이 적합한 국어교사의 평가 전략을 도출하였다. 채점 일관성 유형이 적합한 국어교사는 학생 논설문 30편을 평가하면서 '내용 확인 전략, 예측 전략, 다시 읽기 전략, 기준 조정 전략, 기준 축소 전략, 기준 해석 전략, 객관적 자기 강화 전략, 주관적 자기 강화 전략, 대화 전략, 비교 전략, 점수 결정 전략, 판단 보류 전략, 자기 점검 전략, 자기 질문 전략, 자기 조정 전략'을 사용하였다. 이 중에서 10% 이상 활용된 전략을 점유율이 큰 순서로 나열하면 객관적 자기 강화 전략(37.51%), 내용 확인 전략(16.26%), 점수 결정 전략(15.85%), 주관적 자기 강화 전략(13.67%)이다. 이 네 개의 평가 전략은 전체 평가 전략 점유율의 83.3%를 차지할 정도로 논설문 평가에 큰 영향을 미친다. 따라서 평가자 훈련 프로그램을 구성할 때 이 네 개의 평가 전략을 집중적으로 훈련받을 수 있도록 계획할 필요가 있다. 실제 논설문 평가에서 확인한 적합한 국어교사의 평가 전략 사용 양상은 논설문 평가를 어려워하는 평가자에게 좋은 본보기가 될 수 있다. 따라서 이를 모형으로 제시하여 논설문 평가에 참고하도록 하면 평가 전문성 신장에 기여할 수 있을 것이다.

이 연구는 논설문 평가 경험을 결과와 과정 분석의 측면에서 총체적으로 탐색하였다는 점, 논설문 평가 과정에서 보이는 평가 전략을 확인하였다는 점, 채점 일관성 유형이 적합한 국어교사가 평가를 진행하면서 사용하는 평가 전략을 밝히고 평가 과정과 평가 전략 변화를 확인하였다는 점에서 의의가 있다.

그러나 이 연구에는 몇 가지 제한점이 있다. 먼저 논설문이라는 한 가지 글의 유형만을 다루기 때문에 이 연구의 결과를 모든 글 유형의 평가로 일반화하는 데 한계가 있다. 또한 연구 대상자의 표집 규모가 작아서 이 연구의 결과를 모든 평가자로 일반화하기 어렵다. 그리고 이 연구에서는 구체적인 평가 전략을 확인하기 위해 평가 과정 사고 구술을 실시하였는데, 사고구술 과정에서 평가자가 인식하지 못하거나 표현하지 않은 내용이 있을 수 있다는 한계가 있다.

이러한 제한점에도 불구하고 사고구술은 평가자의 내면에서 일어나는 사고와 정보 처리 과정을 확인할 수 있는 효과적인 연구 방법으로 평가 전략 탐색에 많은 도움을 준다. 그리고 평가 과정의 전체 녹화와 평가 과정 메모 그리고 평가 후 인터뷰를 실시해 얻은 자료를 삼각측정법으로 교차 점검하여 사고구술의 한계를 보완하려 노력하였다. 따라서 이러한 연구의 결과와 제한점을 참고하여, 다양한 글의 유형과 많은 평가자를 대상으로 한 후속 연구가 누적되어야 할 것이다.

이 책은 후속 연구에 다음과 같은 시사점을 준다. 먼저 쓰기 평가 전문성에 대한 논의의 장을 마련할 수 있다. 앞으로 학생의 창의력을 측정할 수 있는 쓰기 직접 평가의 필요성이 확대될 것이다. 이에 따라 쓰기 평가 전문성 신장이 필요하다는 것에는 공감하지만, 쓰기 평가 전문성이 무엇이고 어떻게 함양할 수 있는가에 대한 논의는 아직 충분하지 않다. 따라서 이러한 연구가 쓰기 평가 전문성에 대한 소통과 고민의 기회를 확장할 것으로 기대한다.

다음으로 쓰기 평가 전문성 신장을 위한 쓰기 평가 훈련 프로그램 마련에 도움을 줄 수 있다. 이 책에서 제시한 엄격성의 일관성이 적합한 국어교사들의 평가 전략을 활용하여 평가자 훈련 프로그램을 구성한다면, 평가자들이 실제로 따라 할 수 있는 평가 과정 모형과 평가 전략을 가시적으로 안내하여 쓰기 평가 전문성 신장에 조금 더 실질적인 도움을 줄 수 있을 것으로 기대한다.

그리고 쓰기 자동 평가 프로그램 개발에도 도움이 될 수 있다. 인공지능의 자동 평가 프로그램도 쓰기 평가자의 사고 과정을 바탕으로 설계되고 구성될 것이다. 따라서 평가 과정에 따른 평가자의 인지와 정보 처리 양상을 밝히는 것은 자동 평가 연구에도 많은 시사점을 제공할 수 있다. 이를 위해 평가자의 사고 과정을 밝히고 이를 가시적으로 보여줄 수 있는 연구의 누적이 필요하다.

또한 초기 기계 학습에 적절한 평가 결과의 분석 기준을 제공하는 것에도 평가 전문가의 판단 기준과 평가 전략이 활용될 수 있다. 자동 평가 프로그램도 평가 전문가의 선택 알고리즘을 따라가도록 구성될 것이다. 따라서 엄격성의 일관성 유형이 적합한 평가자의 쓰기 평가 전략은 자동 평가 프로그램 개발의 기초 자료가 될 수 있다. 더불어 이 책에서 밝힌 논설문 평가 과정과 평가 전략 변화가 쓰기 평가의 다양한 측면에 활용되어 궁극적으로 쓰기 교육의 발전에 기여할 수 있기를 기대한다.

부족한 글이 책이 되기까지 많은 분이 도움을 주셨다. 먼저 한국교원대학교 국어교육과에 계시는 박영민 교수님께 깊은 감사를 드린다. 미숙한 제자를 위해 함께 고민해 주시고, 학문의 길을 먼저 걸으시며 따르고 싶은 존경의 길을 만들어 주셨다. 더불어 항상 많은 가르침을 베풀어주시고 격려해주신 교수님들, 함께 공부하고 연구한 동료 선생님들, 가르치면서 배울 기회를 준 학생들에게도 감사를 전하고 싶다.

공부는 할수록 끝이 없고 해야 할 부분도 많아진다고 느낀다. 그때마다 다양한 공부법과 태도를 관찰하면서 성찰하고 성장하는 기회로 삼으려 노력한다. 어려움을 느낄 때도 있지만 많은 분의 격려와 도움으로 조금씩 발을 내딛을 수 있었다. 따라서 나아갈 수 있는 용기를 준 모든 인연과 순간에 감사하다. 그리고 부족한 글을 다듬고 출판해 주신 역락출판사 선생님들께 감사를 드린다.

무엇보다 가족의 믿음과 지원이 없었다면 공부를 지속할 용기를 내지 못했을 것이다. 가장 든든한 후원자이자 인생의 스승인 가족에게 진심 어린 존경과 감사의 마음을 전한다.

2021. 7.

장미 올림.

# 차례

# 제4장 쓰기 평가 결과와 과정 분석

# 제5장 쓰기 평가의 일반적 전략

# 제6장 쓰기 평가의 구체적 전략

# 제7장 쓰기 평가의 전략 점유율과 평가 과정 모형

# 제 1 장

# 쓰기 평가 특성

## 1. 평가 경험별 특성

평가자가 가진 평가 경험에 따라 평가 전략과 특성은 달라질 수 있다. 평가자가 가진 평가 경험에 따라 평가 상황과 평가 기준에 대한 해석이 달라질 수 있기 때문이다. 따라서 Huot(1993)는 서로 다른 평가 경력을 가진 쓰기 평가자들이 중요시하는 평가 요인과 읽기 과정을 비교하는 연구를 수행하였다. 이를 위해 유능한 평가자 4명과 미숙한 평가자 4명이 42편의 글을 평가하는 동안 사고구술을 하도록 하고 그 프로토콜을 분석하였다. 여기서 유능한 평가자는 평가 경험이 많으며 연구에 참여하기 위한 별도의 쓰기 평가자 훈련을 받은 집단이고, 미숙한 평가자는 평가 경험이 없고 평가자 훈련도 받지 않은 집단이다.

평가가 진행되는 동안 수집한 평가자들의 사고구술 프로토콜은 내용, 조직, 표현 등의 평가 요인과 평가적 논평, 학생 글 읽기와 이미지화 등의 평가 과정으로 각각 분석되었다. 분석 결과 평가 요인은 두 집단 모두 글의 내용과 조직을 가장 중요하게 생각했지만, 평가자들이 산출하는 논평은 미숙한 평가자들의 논평이 유능한 평가자들보다 더 많았다. 그러나 미숙한 평가자들의 논평은 글에 대한 평가자의 기대나 의견 등을 표현하는 데 그치는 한계가 있었다. 반면 유능한 평가자들은 자신을 단순히 평가자의 역할을 넘어선 쓰기 교육자로 인식하면서 글에 대한 다양한 논평을 보였다.

또한 미숙한 평가자 집단은 평가에서 중요시하는 평가의 요인이 평가자 별로 불일치하고 평가 과정에 따라 평가 전략도 계속 바뀌는 경향을 보였다. 학생 글 읽기 과정에서도 미숙한 평가자에 비해 유능한 평가자들은 유창한 읽기 과정을 보여 주었으며 주로 한 편의 글을 모두 읽은 다음에 평가를 시작하고 점수를 부여하는 경향을 보였다. 반면 미숙한 평가자는 글을 읽다가 중간에 읽기 과정을 멈추고 평가적 피드백을 함으로써 글 읽기가 빈번하게 끊기는 경향이 있었다.

연구 결과 유능한 평가자들이 가진 미숙한 평가자와 대비되는 평가 전략을 도출하였는데 '글과 소통하기, 평가 편향 주의하기, 글의 인상을 형성하며 신속하게 읽기, 조직이나 어법보다는 글의 내용과 표현에 중점을 두기' 등이었다. 또한 유능한 평가자들은 다수의 평가 경험을 통해 실제 학생 글을 읽은 경험이 많으며 좋은 글의 특성을 분명하게 인식하고 있었다. 그리고 유능한 평가자들은 주어진 평가 기준을 넘어 풍부한 평가 경험으로 체득한 평가 기준에 대한 실질적인 내면화가 효과적으로 이루어져 있었다.

Hayes(2000)의 연구에서도 미숙한 평가자는 글을 전체적으로 평가하고 비판하기보다는 세부적인 오류를 고치기 위해 노력하는 모습을 보였다. 이러한 미숙한 평가의 원인을 '학생의 글 읽기 능력 부족, 전체와 부분을 모두 고려하는 작업 기억의 미숙함, 쓰기 평가 관련 사전지식의 부족'으로 정리했다. 반면에 유능한 평가자는 평가 과정의 충분한 정보를 수집하기 위해 노력했으며, 평가 맥락에 부합하는 평가 전략을 비교하여 선택하는 정보 처리 과정을 보인다. 또한 선택한 평가 전략을 성공적으로 학생 글 평가에 적용하기 위한 노력이 돋보인다.

평가자의 평가 경험에 따라 평가 결과와 전략이 달라진다는 것은 국내 연구에서도 확인할 수 있다. 특히 국어교사 연구에서는 예비 국어교사와 현직 국어교사에게 같은 글을 평가하도록 하고 평가자 특성을 연구한 선행 연구들이 있다(박영민·최숙기 2009, 박영민 2012, 박찬홍 2018). 유능한 평가자에 비하여 미숙한 평가자들은 평가 경험 부족과 평가 전략 사용의 미숙으로 인하여 부적합한 평가 결과를 보였다. 따라서 국어교사의 입직 전이나 후에 실제 평가 수행을 연습할 수 있는 평가자 훈련 프로그램을 지속적으로 제공하여, 실질적인 평가 경험의 누적을 통해 평가 상황에 맞는 적절한 평가 전략을 사용하는 연습의 기회를 충분히 제공하는 것이 필요하다.

평가자의 평가 경험은 쓰기 평가만이 아니라 말하기 평가에서도 평가자 특성에 영향을 미친다. 김평원(2010)은 일반인과 전문가의 말하기 평가 과정에 대한 프로토콜 분석을 통해 평가자의 평가 전략 차이를 연구했다. 그 결과 전문가는 총체적 판단과 분석적 판단을 조화롭게 사용하는 반면, 일반인은 총체적 판단과 분석적 판단이 순차적으로 이루어졌다. 또한 전문가는 감성적 판단과 이성적 판단을 복합적으로 사용했지만, 일반인은 감성적 판단만을 내렸다. 따라서 평가 전문가는 총체적 판단과 분석적 판단, 감성적 판단과 이성적 판단을 복합적으로 조화롭게 사용할 수 있는 평가자라 할 수 있다. 이는 평가자의 전문성 연구에 시사점을 준다. 미숙한 평가자와 유능한 평가자의 이러한 차이는 평가자 훈련을 통해 평가자가 적절한 평가 전략의 사용을 익히고 점검할 필요가 있음을 보여준다.

또한 송민영·이용상(2015)은 고등학생 대상 대규모 영어 말하기 평가에서 평가자의 평가 행동 특성에 관한 연구를 수행하였다. 평가 신뢰도를 기준으로 상위와 하위 집단을 구분하고, 각 집단 평가자에게 평가를 수행한 후 점수 결정의 근거를 사후 보고식 사고구술을 하도록 했다. 그 결과 상위 수준 평가자는 '메모하기, 과제 완성을 기준으로 전체 점수의 조정, 명확한 판정 기준의 내면화'의 평가 전략을 사용했다. 반면 하위 수준 평가자는 과제 완성도를 기준으로 평가 기준의 점수를 조정하지 못했고, 평가 기준별로 점수가 상호 간섭하는 현상이 나타났으며 더불어 모호한 평가 기준 및 척도의 적용을 보였다. 이러한 연구는 점수 결정에 대한 근거로 평가 척도 사용 외에도 평가 과정 중 평가자 행동 및 인지 정보의 처리 양상에 대한 접근을 시도하였다는 데에 의의가 있다. 이처럼 평가자의 평가 경험이나 유능함에 따라 쓰기 평가와 말하기 평가에서의 평가 전략은 달라진다. 따라서 이러한 평가 전략의 차이가 평가 결과의 차이와 어떤 관계가 있는지 자세하게 살펴볼 필요가 있다.

이처럼 평가 경험 여부에 따라 나눠진 미숙한 평가자와 유능한 평가자는 다른 평가 특성을 보인다. 따라서 미숙한 평가자가 유능한 평가자가 되기 위해서는 유능한 평가자처럼 평가 상황과 쓰기 과제에 맞는 평가 전략을 적절하게 사용할 수 있어야 한다. 그러나 이러한 평가 전략은 쓰기 평가 지식의 습득만으로는 체화할 수 없으므로 평가자가 실제 평가 과정을 연습할 수 있는 충분한 훈련의 기회를 제공해야 한다. 이론과 실제 사이의 간극을 좁힐 수 있는 평가 전략을 체득하기 위해서는 실제 평가 경험이 필요하다. 평가자는 평가 경험을 통해 학생의 연령별 수준을 파악하고, 쓰기 평가 상황에 맞는 적설한 평가 전략을 찾아 적용하는 연습을 할 수 있기 때문이다.

앞서 살펴본 바와 같이 평가 경험이 적은 미숙한 평가자의 평가 전략이 적절하지 않은 경우가 있으므로, 유능한 평가자의 평가 전략을 찾아 안내할 필요가 있다. 따라서 이 연구에서는 국어교사들이 논설문 평가에서 사용할 수 있는 평가 전략을 찾고 평가 과정에 따른 평가 전략의 변화를 분석하기 위하여 교육경력 5년 이상의 국어교사를 연구 대상자로 선정하였다. 교육 경험을 통해 학생 글을 평가하고 학생 수준을 파악하여 평가 경험이 없는 평가자에 비해, 교육경력 5년 이상의 국어교사의 평가 결과가 적합한 경향을 보이기 때문이다. 따라서 교육경력 5년 이상의 국어교사를 연구 대상으로 삼고, 적합한 국어교사의 평가 전략을 조사하였다.

## 2. 채점 일관성 유형별 특성

Rasch 모형은 문항에 대한 피험자의 반응을 추정하는 것으로, 1960년 수학자 George Rasch에 의해 개발되었다. Rasch 모형은 문항반응이론에 근거하고 있으나 기본적으로 문항 난도만을 포함하여 피험자의 능력을 추정하는 특수한 문항반응모형으로 취급된다. 따라서 문항 난도, 문항 변별도, 추측이라는 세 개의 모수 중에서 문항의 난도만을 고

려하므로 '1모수 로지스틱 문항반응모형'으로 불리기도 하지만 일반
적으로 Rasch 모형이라 부른다.

다국면 Rasch 모형은 1모수 로지스틱 문항반응모형인 Rasch 모형으
로부터 Linacre(1989)에 의해 확장된 이론이다. Rasch 모형은 피험자의 능
력을 추정하는 데 문항의 난도만을 고려하지만, 측정 상황에 따라서
문항의 난도 이외의 요인들도 피험자의 반응에 영향을 미칠 수 있다.
따라서 다국면 Rasch 모형은 문항의 난도에 과제의 난도와 평가자 엄
격성 등을 새로운 국면으로 추가하여 적용할 수 있다. 즉 작문 평가와
같이 문항의 독립성이 보장되지 않는 평가에서는 측정 상황에 따라
다국면 Rasch 모형 내에 포함될 수 있는 다양한 국면의 종류나 수를
연구자가 설정할 수 있다.

Rasch 모형에서 적합도 분석은 중요한 의미를 갖는다. 적합도 분석
을 통하여 모형의 적합성은 물론이고, 문항의 타당성을 확인하고 피험
자와 평가자에 대한 진단을 할 수 있다. 따라서 특정 문항에서 피험자
의 예측된 응답과 관찰된 응답의 차이를 비교하고, 예측과 관찰이 충
분히 맞을 때까지 계속해서 추정을 반복한다. 문항 난도와 피험자 능
력의 추정과 분석이 이루어지면 FACET 프로그램은 피험자와 문항별
적합도 통계를 제공한다. 그 결과를 통해 수용할 수 있는 적합한 문항
인지 수용이 불가능한 문항인지에 대한 정보는 이러한 적합도 통계
자료를 통해 판단하게 된다.

따라서 평가자 내 신뢰도 분석을 위한 통계적 검증 방법으로 Rasch
모형을 활용한 평가자 엄격성의 일관성을 이 연구에 적용하고자 한다.
그 이유로는 첫째, 평가자의 엄격성이 일관되게 유지되면 평가자 간
신뢰도는 조정이 가능하지만, 평가자의 엄격성이 일관되게 유지되지

않은 상황에서는 평가 결과를 신뢰하기가 어렵기 때문이다. 둘째, 평가자 전문성 신장을 위해서는 평가자 사이의 차이를 살피고 서로를 비교하는 것보다 평가자 스스로 자신의 쓰기 평가의 엄격성 및 적합성을 파악하는 것이 필요하다. 평가 상황에 따라 달리길 수 있는 평가자 사이의 차이를 비교하여 잘잘못을 나누는 것보다, 평가자 스스로 엄격성의 일관성의 필요성을 인식하여 이를 유지하기 위해 점검하고 노력하려는 자세가 필요하기 때문이다.

Rasch 모형을 바탕으로 평가 적합도에 따른 국어교사의 쓰기 평가 특성을 분석한 선행 연구를 통해 유능한 평가자의 평가 전략을 추정할 수도 있다. 이를 위해 박종임(2013)이 수행한 평가자 일관성 유형에 따른 평가자 특성 연구를 정리하면 다음과 같다. 첫째 학생 글 읽기 과정에서 과적합한 일관성을 지닌 국어교사들의 개인적인 반응이 두드러지게 나타났다. 그리고 점수 결정의 근거 마련하기와 점수 부여하기 과정에서 채점 일관성이 적합한 국어교사에 비하여, 과적합이나 부적합 일관성을 지닌 국어교사들은 평가 요인을 변별하고 평가 기준을 해석하는 것에 많은 어려움을 보였다.

그다음으로 평가 기준 해석에 많은 국어교사들이 어려움을 드러냈는데, 적합한 일관성을 가진 국어교사들이 단어 선택이나 형식 및 어법의 평가에서 간혹 혼란을 보이는 것과는 달리, 채점 일관성이 과적합 하거나 부적합한 국어교사들은 전반적인 평가 기준에서 혼란을 보였다. 특히 부적합한 국어교사 중에는 평가 기준을 자의적으로 적용하는 경우도 있었다. 따라서 과적합과 부적합한 일관성이 나타나는 주요 원인을 점수 결정과 근거 마련 과정에서의 평가 기준 해석의 혼란, 평가 요인 변별의 혼란, 글 특성과 평가 요인을 연결하는 것의 혼란 등으로 정리할 수 있다.

　이후 진행된 장은주(2015)에서는 평가자의 평가 기준 인식을 분석한 결과, 부적합한 평가자 집단은 논설문 평가에서 내용 요인이 가장 중요하고, 표현 요인이 덜 중요하다고 생각하는 것으로 나타났다. 그런데 이러한 인식과 달리 부적합 평가자는 실제 평가에서 내용보다는 표현을 더 엄격하게 적용하였다. 이는 부적합한 평가자가 중요하다고 인식하는 평가 기준이라도 글의 수준을 변별하기 위해 초점을 맞추어야 하는 요인을 구체적으로 파악하지 못했음을 보여준다. 따라서 점수 부여의 근거로 비교적 쉽게 판단할 수 있는 평가 기준만을 엄격하게 적용하다 보니 평가의 일관성을 유지하지 못한 것으로 보인다. 그러므로 국어교사는 글을 평가할 때 글의 유형과 쓰기 과제의 특성에 맞는 평가의 중점 사항을 파악하고, 이러한 특성에 적합하게 평가 기준을 명확히 이해했는지 점검해 보아야 한다.

　또한 평가자 유형별 평가 수행 양상에서도 뚜렷한 차이가 나타났다. 평가 기준의 사용 양상을 살펴보면, 평가의 일관성 유형별로 엄격하게 평가한 평가 기준의 범주가 다르게 나타났다. 적합한 평가자 집단에서는 내용, 과적합 평가자 집단에서는 조직, 부적합 평가자 집단에서는 표현에 주로 초점을 맞추어 평가한 것으로 보인다. 쓰기 과제가 논설문이라는 점을 고려한다면 표현보다는 내용이나 조직에 초점을 맞추어 평가하는 것이 타당할 것이다. 평가의 일관성 유형에 따른 평가자 특성을 정리하면 <표 1-1>과 같다.

〈표 1-1〉 채점 일관성 유형별 평가자 특성

| 선행 연구 \ 유형 | 적합 | 과적합 | 부적합 |
|---|---|---|---|
| 박종임(2013), 국어교사들의 서사문과 논설문 평가 특성 | · 개인적 반응 적음<br>· 평가 요인 변별 잘함<br>· 평가 기준 해석 잘함(간혹 단어 선택이나 형식 및 어법 평가의 평가 기준 해석 혼란)<br>· 글 특성과 평가 요인 연결 잘함 | · 개인적 반응 많음<br>· 평가 요인 변별 어려움<br>· 평가 기준 해석 어려움<br>· 전반적인 평가 기준 해석 혼란<br>· 글 특성과 평가 요인 연결 어려움<br>· 점수 중앙집중화 경향 | · 평가 요인 변별 어려움<br>· 평가 기준 해석 어려움<br>· 전반적인 평가 기준 해석 혼란<br>· 평가 기준을 재해석하고 자의적으로 적용<br>· 글 특성과 평가 요인 연결 어려움<br>· 자신의 평가 근거대로 점수 결정 |
| 장은주(2015), 국어교사들의 논설문 평가 특성 | · 글의 유형과 쓰기 과정의 특성에 따라 평가의 초점 파악<br>· 평가 기준의 명확한 이해<br>· 내용에 초점을 맞추어 평가 | · 조직에 초점을 맞추어 평가 | · 평가 기준의 인식과 실제 평가가 다름(인식은 내용>표현, 실제 평가는 내용<표현)<br>· 표현에 초점을 맞추어 평가 |

이처럼 평가의 일관성 유형에 따라 평가자의 평가 특성은 차이를 보인다. 평가 특성의 차이는 평가 결과의 차이를 가져올 수 있다. 따라서 이러한 차이를 유발하는 평가자의 평가 전략은 무엇이고, 차이를 줄이기 위해 어떠한 노력을 해야 하는지를 국어교사에게 안내할 필요가 있다. 평가 결과의 차이를 유발하는 평가자 특성과 전략을 확인할 수 있다면, 적절한 평가 전략을 강화하고 부적절한 평가 전략은 사용하지 않도록 훈련하여 평가자의 쓰기 평가 전문성을 높일 수 있기 때문이다.

따라서 평가자의 채점 일관성 유형을 확인하고 유형별로 사용하는 평가 전략의 차이를 확인할 필요가 있다. 채점 일관성 유형별로 사용하는 평가 전략의 차이로 인해 평가 결과의 차이가 발생한다면 이를 국어교사에게 안내하여 통제할 방안을 마련해야 하기 때문이다. 또한 적합한 평가자의 평가 전략 연구를 통하여 효과적인 평가 전략을 찾아낸다면 평가자 훈련 및 국어교사의 쓰기 평가 전문성 신장에 기여할 수 있을 것이다. 이를 위해 이 연구는 평가를 수행한 국어교사의 평가 결과를 Rasch 모형으로 분석하여 평가자 일관성을 확인하고자 한다. 더불어 평가 과정에서 평가자 엄격성의 일관성 유형이 변화할 수 있으므로 평가 과정에 따른 평가자 일관성의 변화 양상을 확인하여 이를 적합하게 유지하는 평가자의 평가 전략을 확인하고 평가 과정 모형을 제시할 것이다.

## 3. 평가 대상 글 유형별 특성

평가자에게 실제 학생 글을 제공하고 평가하도록 한 후, 평가 결과 분석을 통해 평가자 특성을 파악한 선행 연구들이 있다(박영민·최숙기 2009, 박영민·최숙기 2010, 박종임·박영민 2011, 최숙기·박영민 2011, 박영민 2012, 박종임 2013, 박찬흥 2018, 김형성 2019). 이러한 연구를 평가한 글의 유형별로 나누어 살펴보면, 글의 유형에 따른 평가자의 특성 및 평가 전략을 확인할 수 있을 것이다. 따라서 그동안 수행되었던 논설문, 설명문, 서사문의 평가 결과를 정리해보면 다음과 같다.

가장 먼저 박영민·최숙기(2009)는 중학생이 작성한 논설문 39편을 현직 국어교사 49명, 예비 국어교사 29명에게 평가하게 하여 그 평가의 결과를 비교하고 평가자 특성을 확인하였다. 이 연구에서는 사전에 평가자 협의를 하지 않았음에도 불구하고 예비 국어교사와 현직 국어교사의 중학생 논설문 평가 결과는 매우 높은 상관을 보였다. 또한 논설문 평가에서 소식과 형식 및 어법 측면에서 평가자가 너 엄격하게 평가하는 경향이 있음을 확인하였다. 전반적으로 예비 국어교사가 현직 국어교사보다 부여한 점수의 평균이 낮았지만, 대부분의 평가 요인에서 통계적으로 유의하지 않은 차이를 보였다. 오직 형식 및 어법 평가 요인에서 통계적으로 유의한 차이를 보였는데, 이는 현직 국어교사와 예비 국어교사의 형식 및 어법 평가의 방법이 달랐기 때문이다. 현직 국어교사는 내용과 형식 및 어법 요인의 연관성을 바탕으로 평가하지만, 예비 국어교사는 내용과 형식 및 어법 요인을 별개의 관점에서 각각 평가했다. 따라서 평가 요인을 단독으로 적용하는 것이 아니라 전체적인 관점에서 평가 요인 사이의 관계를 적절히 연동하여 평가할 수 있는 평가 전략이 필요하다고 볼 수 있다.

다음으로 박영민·최숙기(2010)는 중학생이 작성한 설명문 6편을 국어교사 68명이 평가한 결과를 Rasch 모형으로 분석하여 국어교사의 쓰기 평가 특성을 확인하였다. 연구를 통해 국어교사들은 설명문을 평가하면서 단어 선택에 가장 높은 점수를 주고 다음으로 형식 및 어법과 내용, 표현, 조직 요인의 순으로 높은 점수를 부여했다. 따라서 설명문을 평가하는 국어교사는 조직에 가장 낮은 점수를 부여하는 것으로 보인다. 이를 다른 글 유형의 평가와 비교하여 글 유형에 따른 평가 요인의 점수 부여 양상 차이를 살펴볼 필요가 있다.

국어교사 19명에게 서사문 40편을 평가하도록 한 연구에서는 평가 분량이 증가함에 따라 채점 일관성 유형이 변화하는 경향을 발견하였다(박종임·박영민 2011). 이와 함께 평가자 면담을 통해 국어교사들이 서사문을 평가할 때, 내용 요인은 쉽게 평가하면서도 조직이나 표현 요인의 평가는 어려움을 겪는다는 것을 확인했다. 따라서 조직이나 표현 요인의 학생 글 수준별 특성을 정리한 예시문을 국어교사에게 제공하거나 평가를 할 때 조직이나 표현 평가의 어려움을 덜 수 있는 평가자 훈련 프로그램을 시행할 필요가 있다.

이처럼 평가자 연구에 사용된 설명문, 논설문, 서사문 등의 분석을 통해 글의 유형에 따라 평가자의 평가 전략이 달라지는 모습을 보인다. 그러나 평가 대상 글의 유형에 따라 달라지는 평가 전략만을 확인하면 이것이 글의 유형에 따른 차이인지 평가자에 의한 차이인지를 파악하기 어렵다. 따라서 이 연구에서는 평가 대상 글의 유형을 통제하기 위하여 가장 많은 연구가 진행되어 평가자 특성이 비교적 많이 누적된 글의 유형인 논설문을 평가 대상 글의 유형으로 선정하였다. 따라서 평가 대상 학생 글을 논설문으로 하여 평가자 연구를 진행한 선행 연구의 결과를 정리하여, 논설문 평가에서 나타나는 평가자의 특성과 평가 전략을 확인할 필요가 있다.

최숙기·박영민(2011)은 국어교사 68명이 중학생 논설문 35편을 평가한 결과를 분석하여 평가자 특성 및 편향을 확인하였다. 연구를 통해 국어교사는 중학생 논설문을 평가하면서 단어 선택에 가장 높은 점수를 주고 그다음으로 표현 기준, 조직 기준, 형식 및 어법 기준, 내용 기준의 순으로 높은 점수를 부여하는 것을 확인하였다. 또한 국어교사들은 논설문을 평가하면서 내용 요인을 가장 엄격하게 평가한 것으로 보인다. 이는 앞서 살펴본 설명문 평가 분석 결과(박영민·최숙기 2010)와 차이가 있는 것으로 국어교사는 설명문을 평가할 때보다 논설문을 평가할 때 내용 요인을 더 엄격하게 평가하는 경향이 있음을 확인할 수 있다. 이러한 차이는 평가할 글의 유형에 따라 국어교사의 평가 특성이 달라질 수 있음을 시사한다.

반면에 박영민(2012)이 수행한 예비 국어교사 32명의 중학생 논설문 40편의 평가 결과 분석은 현직 국어교사들과 차이를 보인다. 예비 국어교사들은 중학생 논설문을 평가하면서 형식 및 어법을 가장 엄격하게 평가하였으며, 표현 요인에 가장 높은 점수를 부여했다. 이는 앞서 살펴본 연구(박영민·최숙기 2009)에서 예비 국어교사와 현직 국어교사의 논설문 평가에서 형식 및 어법 요인이 통계적으로 유의한 차이를 보였던 것과도 관계가 있다. 형식 및 어법 요인은 다른 평가 요인보다 평가자가 적절성 여부를 비교적 선명하게 판단할 수 있다. 또한 맞춤법 등의 형식 및 어법의 평가 요인이 되는 요소를 최근에 교육받고, 학생 글의 실제 평가 경험이 없어서 학생 수준에 대한 고려가 없는 예비 국어교사가 형식 및 어법을 평가할 때 더욱 엄격한 기준을 적용한 것으로 보인다. 따라서 평가 경험이 적은 국어교사가 평가를 진행할 때는 조직이나 형식 및 어법 등의 평가 요인에 대한 별도의 평가자 훈련이 필요할 것으로 보인다.

박종임(2013)은 동일한 국어교사에게 서사문과 논설문을 평가하도록 하여 글 유형에 따른 특성 차이를 확인하였다. 이 연구에서는 고등학생이 쓴 논설문과 서사문을 국어교사 11명에게 평가하게 하고 평가 결과와 과정의 사고구술을 분석하였다. 그 결과 국어교사들은 서사문보다 논설문을 더 엄격하게 평가하는 경향을 보였으며, 글의 유형에 따라 평가자의 엄격성과 일관성이 다르게 나타났다. 또한 서사문에서는 조직이 논설문에서는 조직과 내용의 엄격성이 높게 나타났으며, 서사문 평가에서는 조직과 내용 평가 요인이 각각 과적합과 부적합 경향을 보였지만 논설문 평가에서는 모든 평가 요인이 적합했다. 따라서 국어교사들은 서사문보다 논설문 평가에서 평가 요인을 더 적합하게 평가한다고 볼 수 있다. 이는 평가 경험과도 관련된 것으로 국어교사들이 서사문보다 논술대회 등을 통해 논설문을 더 많이 평가하여 평가 경험이 많은 논설문 평가가 더 익숙하고 능숙할 수 있음을 추론할 수 있다.

박찬흥(2018)은 예비 국어교사 20명에게 중학생이 작성한 설명문 30편을 평가하도록 하고 그 과정과 결과를 보고한 결과물을 분석하였다. 연구에서 초보 평가자인 예비 국어교사는 채점 일관성 유형별로 다른 평가자 특성을 보였다. 또한 예비 국어교사는 설명문을 평가하면서 내용에 가장 높은 점수를 주었고 조직에 가장 낮은 점수를 부여했다. 예비 국어교사가 조직 요인에 높은 평가 엄격성을 보인 것은 앞선 연구와 같이 예비 국어교사가 받은 최근의 교육 내용이 영향을 주었을 것으로 추정할 수 있다. 또한 조직 요인을 내용 요인과 분리하여 채점하면서 상대적으로 판단의 인지적 부담이 적은 조직 요인을 더 엄격하게 평가한 결과이다. 이는 예비 국어교사의 논설문 평가 결과를 분석한 선행 연구(박영민·최숙기 2010)의 결과와도 일치한다. 따라서 모든 글의 유형을 평가할 때 평가 경험이 적은 평가자는 평가 요인의 수준 척도를 균등하게 적용하고 요인 사이의 연계성을 바탕으로 평가할 수 있는 평가자 훈련이 필요할 것이다.

마지막으로 김형성(2019)은 논설문 평가에 나타난 국어교사의 논증 영역별 평가 특성을 분석하여 논설문 내용 평가의 평가 요소로 이유 및 근거의 타당성과 신뢰성을 제시하였다. 그리고 근거의 유형과 종류에 따라 적절하게 활용했는지, 설득이라는 논설문의 목적을 달성하기 위해 적합한 표현 전략을 사용하고 있는지, 논설문에 적합한 표현을 얼마나 적절하게 효과적으로 사용하였는지를 종합적으로 평가해야 한다고 제안한다. 따라서 논설문을 평가할 때 논설문이라는 글 유형의 특성에 따라 평가의 기준과 중점 요인이 달라져야 한다는 것을 주장하고 있다.

이처럼 글 유형에 따라 평가자의 특성과 평가 전략은 차이가 있다. 선행 연구에서 가장 많이 활용된 글의 유형은 논설문이었다. 왜냐하면 논설문이나 설명문은 학생의 반응이 비교적 비슷하지만, 서사문은 학생에 따라 주제나 내용이 다양하다. 또한 국어교사들은 논설문이나 설명문의 평가 경험이 많고, 그러한 글의 특성에 대해 잘 알고 있지만 서사문의 경우에는 일관된 특성을 적용하기 어려운 경향이 있다(박종임·박영민 2011). 또한 선행 연구에서 평가자는 논설문을 평가할 때 설명문보다 내용 요인을 더 엄격하게 평가하는 경향이 있었다. 그리고 논설문을 평가할 때 평가자가 평가 요인을 더 적합하게 평가하였다. 이는 논설문은 필자가 자신의 주장을 일관성 있게 제시하고 타당한 근거를 들어 주장을 뒷받침하는가와 같이 내용 요인의 판단 기준이 비교적 명확하여, 설명문보다 판단이 쉽고 빠르기 때문이다.

학교에서 학생들의 쓰기 과제로 논설문이 많이 제시되며, 논술대회나 대학의 논술전형 준비를 위해 학생들 또한 다른 글 유형보다 논설문 쓰기 교육을 받을 기회가 많다. 따라서 국어교사의 평가 경험이 많고 적합한 평가를 수행할 확률이 높은 논설문이 평가자 연구에 가장 적합할 것이다. 또한 논설문은 글에 드러난 주장과 근거를 통해 내용의 일관성과 근거의 타당성을 평가할 수 있으며, 조직과 표현 측면에서도 설명문이나 서사문보다 평가 요인이 비교적 분명하므로 쓰기 평가 연구에 가장 적합하다. 평가자도 논설문을 평가할 때 가장 엄격한 평가를 보이기 때문에 관대한 평가를 보이는 다른 글의 유형보다는 평가자의 평가 전략이 더 분명하게 드러날 것이다. 따라서 이 연구에서는 평가자의 특성과 평가 전략을 확인하기에 적합하고, 경력 5년 이상의 국어교사의 평가 경험이 가장 풍부하여 적합한 평가를 할 확률이 높은 논설문을 검사 도구로 선정하였다.

# 쓰기 평가 과정

## 1. 평가자의 인지

### 가. 인지

인지는 자극을 받아들이고, 저장하여 인출하는 일련의 사고 과정으로 지각, 기억, 판단, 추리를 포함하여 무엇을 안다는 것을 나타내는 포괄적인 용어로 사용된다. 그러나 이러한 인지는 매우 자동적이고 순간적으로 이루어지는 편이기 때문에 이를 확인하기가 쉽지 않다. 따라서 평가자 연구에서 평가자의 사고 과정과 지각, 기억, 판단의 절차를 확인하는 것은 많은 어려움이 따른다. 이러한 어려움을 해결하는 연구 방법 중 하나가 사고구술이라 할 수 있다.

비고츠키는 20세기 초 학생들이 쓰기를 수행하면서 작은 소리로 혼잣말하는 것을 발견했다. 이에 학생의 절반은 혼잣말을 허용하고 나머지 절반은 혀를 움직이지 못 하게 했다. 그 결과 혀를 움직이지 못해서 혼잣말하지 못한 학생 집단의 쓰기 능력은 떨어졌다. 쓰기를 하면서 혀를 움직이지 못한 학생들은 쓰기를 위해 사고한 내용을 음성화하지 못하여 더 많은 오류가 발생했기 때문이다. 이러한 사실은 말하기가 사고의 원시적 과정임을 보여 준다(Heath 2014).

성인이 되면 사고와 말하기의 내면화 과정이 더욱 완벽해져서 소리 내어 말하지 않고 생각하는 능력을 당연한 것처럼 여기지만 성인도 어려운 업무를 처리하거나 집중이 안 될 때 혼잣말을 해서 집중도를 높일 때에는 전기의 원시적 형태가 다시 발현되기도 한다. 또한 여러 심리학 연구에서 과업을 수행할 때 혼잣말을 하면서 업무를 수행하면 성과가 더 높아지는 것으로 나타났다(Heath 2014). 따라서 이러한 언어적 사고를 형상화하여 인간이 생각한 것을 언어로 표현하고 이것을 공유할 수 있다면, 직접 경험하지 않고도 쓰기 평가의 절차와 효과적인 방법을 전달할 수 있을 것이다.

1957년 소련에서 인공위성을 쏘아 올리자 미국은 국가안보의 위기를 극복할 교육의 필요성을 크게 느낀다. 이에 1959년 9월 브루너와 학자 34명이 우즈홀에서 회의를 했는데, 그 회의 내용을 브루너가 정리하여 집필한 것이 『교육의 과정』이다. 이 연구에는 분석적 사고와 직관적 사고를 다룬다(지정민 2013). 이미 1950년대에 브루너는 인간의 인지 양상을 분석적 사고와 직관적 사고로 나눈 것이다.

브루너가 이야기한 분석적 사고는 단계별로 이루어지는 사고 과정으로 사고를 하는 사람 스스로 어떤 내용을 어떤 방법으로 생각하고 있는지를 비교적 명확히 알고 있는 특징이 있다. 이에 반해 직관적 사고는 명확하게 계획된 단계를 따라 전개되는 것이 아니라, 포괄적인

지각을 바탕으로 전개된다. 따라서 직관적 사고를 하는 사람은 어떤 과정을 거쳐서 결과를 도출했는지 자신도 모르게 문제를 해결한다. 또한 직관적 사고의 과정과 결과는 언어로 표현하기가 어렵고, 어떻게 도출되었는지를 파악하기 어려운 때도 있다(이기범 2017). 따라서 분석적 사고와 직관적 사고의 차이점을 알고 이를 적절히 활용할 수 있는 능력이 필요하다.

먼저 직관적 사고와 달리 분석적 사고가 언어에 기반하고 있다는 점은 분석적 사고의 특징 두 가지를 설명한다. 첫째, 분석적 사고는 명시적이다. 따라서 결론에 도달하기까지의 순서와 단계를 말로 설명할 수 있다. 반면 직관적 사고는 최종 결과만 말할 수 있을 뿐 그 결론에 도달하는 과정은 말하기 어렵다. 철학자 Dummett(1978)은 분석적 사고를 표현되지 않고 남겨지는 것 없이 모두 설명될 수 있다고 말하면서, 분석적 사고는 언어로 전달할 수 있다고 주장했다.

분석적 사고의 다른 특징은 보편성에 있다. 어떤 사람에게 적합하고 타당한 것은 다른 사람에게도 적합하고 타당할 확률이 높다. 이는 언어가 본질적으로 소통을 가능하게 하는 수단이기 때문이다. 소통 수단으로서의 언어는 모든 사람에게 대체로 비슷하게 적용되는 공적 규칙들을 만족시켜야 한다. 따라서 우리는 언어를 통해서 인간의 분석적 사고 과정을 추론할 수 있다. 이렇게 추론한 분석적 사고 과정을 다른 사람과 공유하고 소통할 수 있다면 우리의 선택과 판단은 좀 더 적합하고 일관된 방향으로 나아갈 수 있을 것이다.

이처럼 이중 과정 이론에 따르면 인간은 두 개의 다른 인지 유형이 있으며, 이를 정리하면 <표 2-1>과 같다(Heath 2014:80). 분석적 사고와 직관적 사고의 특성을 알고 평가자의 평가에 영향을 미치는 인지 과정을 확인해보고자 한다.

〈표 2-1〉 평가자 인지 유형

| 양식<br>특성 | 분석적 사고 | 직관적 사고 |
|---|---|---|
| 특성 | - 언어 및 성찰적 의식과 관련<br>- 느리고 순차적<br>- 작업 기억 및 일반적 지능 수준과<br>  관련<br>- 추상화와 가설적 사고가 가능<br>- 의지와 통제에 따름: 지시 또는 명<br>  시적으로 표현된 의도에 반응<br>- 노력이 많이 필요 | - 무의식적, 자동적<br>- 계산 처리가 빠르고 강력하며 동시적<br>- 연상적<br>- 실용적<br>- 작업 기억 불필요<br>- 지능의 개인차와 상관없음<br>- 노력이 적게 필요 |

　〈표 2-1〉의 평가자 인지 유형을 살펴보면, 먼저 좀 더 효율적으로 보이는 것은 직관적 사고이다. 왜냐하면 사고에 들어가는 노력이 적고 결과 도출의 시간이 빠르기 때문이다. 그러나 직관적인 사고는 앞서 설명한 분석적 사고가 가지는 명시성과 보편성의 특성을 가지지 못한 다. 또한 평가자는 자신이 의사 결정을 할 때마다 어떠한 인지 유형으로 선택하는지를 인식하기 어렵다. 따라서 평가자는 두 인지 유형의 장단점을 알고 개별 특성을 활용하여 상황에 적합한 인지 과정을 보여야 한다.

　전문가가 되기 위해서는 분석적인 사고를 통해 절차와 판단의 근거를 익히는 활동이 필요하다. 또한 숙련된 전문가가 되면 이러한 분석적 사고가 익숙해져 의식하지 않는 사이에 직관적으로 정확한 판단을 할 수도 있다. 이처럼 분석적인 사고가 자동화되어 직관적으로 정확한 판단을 내릴 수 있는 것을 '통찰력 있는 직관'이라 한다. 즉, 통찰력 있는 직관은 과거의 지식, 경험, 가치관을 총체적으로 반영한 종합적 사고의 결과라 할 수 있다. 실제 매우 많은 경험을 쌓은 유능한 전문가들이 보여 주는 직관은 그렇지 못한 사람들보다 훨씬 정확하고 빠르다. 그러나 전문가로서의 통찰력 있는 직관을 얻기 위해서는 큰 노력과 훈련이 필요하다(강양석 2015). 이러한 노력과 훈련의 방향을 제시하고 훈련을 통한 통찰력 있는 직관 함양의 가능성을 확인하기 위한 기초연구로서 평가자의 평가 전략을 파악할 필요가 있다.

국어교사가 논설문을 평가하면서 분석적 사고와 직관적 사고 중 어떤 인지 유형에 기반하여 판단하는지를 확인한 연구는 아직 없다. 그러나 평가 결과를 분석적 사고와 정제된 언어로 설명할 수 있을 때 그 결과를 신뢰하고 평가의 과정과 근거를 공유할 수 있을 것이다. 그리고 유능한 평가자의 통찰력 있는 직관이 형성되는 과정과 평가 전략의 변화를 파악한다면 이를 바탕으로 평가 전문가로서 국어교사가 나아가야 할 방향을 추측해 볼 수 있을 것이다. 따라서 국어교사의 논설문 평가 과정에 따른 평가 전략을 확인하고 이를 명시화하는 것이 필요하다.

이를 위해 이 연구에서는 국어교사가 평가 과정에서 드는 생각을 사고구술 하도록 하고 전체 평가 과정을 촬영하고 녹음하였다. 또한 사고구술 프로토콜, 평가 과정 메모, 사후구술 등의 자료를 삼각측정법으로 교차 점검하여 평가자가 논설문 평가에서 사용하는 평가 전략을 찾았다. 이러한 평가 전략이 평가 과정에 따라 변화하는 양상을 살펴 평가가 적합한 국어교사의 평가 전략 변화를 분석하였다. 평가 결과가 적합한 국어교사는 분석적 사고와 직관적 사고를 넘나들며 자신의 평가 과정을 인식할 것이다. 따라서 평가자의 인지 과정을 파악하여 평가 결과의 적합성을 높이는 평가 전략을 확인할 수 있다면 평가자 훈련에 많은 시사점을 제공할 것이다. 또한 통찰력 있는 직관을 가진 평가자가 이러한 전문성을 가질 때까지의 평가 전략과 분석적 사고를 통한 훈련 내용을 확인하면, 평가가 미숙한 국어교사에게 쓰기 평가 전문성 신장을 위해 따라 할 수 있는 평가 과정 모형을 제시할 수 있다.

## 나. 상위인지

상위인지의 개념은 Flavell(1979)에 의해 소개되었는데, '인지 현상에 대한 지식과 조절'로 정의된다. 즉, 상위인지는 수행을 계획하고, 문제를 해결하기 위해 적합한 방법이나 기술을 사용하거나, 자신의 수행을 스스로 점검하여 자신의 수행 정도를 조정하는 것 등이 포함되는 고차원적인 과정이다(Dunslosky & Thiede 1998). 따라서 평가자가 자신의 논설문 평가 과정을 예측하여 적절한 평가 전략을 사용하고, 예측하지 못한 상황이 발생할 때 적절하게 계획을 수정하거나 다른 평가 전략을 사용하여 문제를 해결한다면 적합한 평가자라 할 수 있다.

문제 해결을 위해 적절한 전략을 효율적으로 사용하는 능력은 유능한 평가자가 갖추어야 할 능력이다. 일반적으로 상위인지는 자기 주도적 학습의 전제가 되는데, 이는 상위인지에 문제 해결 과정의 점검이나 학습에 대한 이해 여부의 자기 판단 능력 등이 포함되기 때문이다(윤한곤 2013). 이러한 상위인지는 쓰기 평가에도 영향을 미치기 때문에 쓰기 평가에서도 평가자의 적절한 상위인지 전략 사용이 필요하다. 평가자가 쓰기 평가를 계획하고 문제를 해결하며, 자신의 평가를 점검 및 조정하는 활동에 상위인지를 적절히 활용해야 하기 때문이다.

인지와 상위인지는 서로 구별되면서도 보완적인 성격을 가지며, 평가자의 지식, 동기, 정서도 모두 상위인지에 포함된다고 볼 수 있다. 또한 Brown(1987)은 상위인지가 과제를 해결하는 동안 계획을 수행하고 점검 및 조정하는 능력과 관련이 있으며, 그 과정은 의식적이고 의도적인 방식으로 일어난다고 보았다. 이처럼 '인지'는 특정 행위를 위해 사용하는 전략으로, '상위인지'는 전략을 점검하고 주어진 상황에 맞게 조절하면서 사용하는 반성적 사고로 나누었다. 따라서 적절한 수행을 위해서는 인지와 상위인지가 모두 필요하며 이 둘이 조화롭게 사용되어야 한다.

가은아(2011a)는 상위인지를 상위인지 지식과 상위인지 조정으로 다시 범주화하였다. '상위인지 지식'은 인지 영역에 대한 지식으로, 절차적이고 조건적인 지식으로 구성된다. 상위인지 지식은 인지 행위의 과정 및 결과에 영향을 주는 다양한 변인들이 어떻게 작용하는지에 대한 지식이며, 의사소통과 문제 해결 등 여러 영역에서 중요한 역할을 한다. 상위인지 지식을 많이 가지고 있으면 좋겠지만 단순히 지식이 있는 것만으로는 수행의 성공을 확신할 수는 없다. 어떤 과제를 수행할 때 효과적인 전략을 지식적으로는 알고 있더라도 그것을 점검 및 조정하여 상황에 맞게 활용하지 못할 수 있기 때문이다. 따라서 상위인지를 적절히 조정하여 사용할 수 있는 상위인지 조정 능력 또한 필수적이다. 이렇듯 상위인지는 수행의 상황과 점검 내용에 따라 달라질 수 있으므로 고정되었다고 보기보다는 상황에 맞게 변화해야 적절하다고 할 수 있다.

학습자의 상위인지 특성과 학습 효과 사이의 관련성에 관해서는 많은 연구가 선행되었다. 먼저 읽기 과제 수행을 유능한 독자와 미숙한 독자 집단으로 분류한 후 이들의 상위인지 수준 차이를 살펴본 연구가 있다. 그 결과 미숙한 독자 집단보다 능숙한 독자가 읽기 과정을 스스로 점검하거나 조정하는 능력이 뛰어났다. 또한 읽기를 할 때 발생하는 문제점을 해결하는 능력도 상위인지 우수 집단이 더욱 뛰어났다(김선혜 2011). 따라서 학습 능력 향상을 위해서는 상위인지의 발달이 필요하다. 또한 상위인지는 자기 주도적 학습 능력 신장에도 긍정적 영향을 미친다. 학습을 점검하고 조정할 수 있는 상위인지 능력에 따라 학습자 스스로 학습을 조절하고 지속해서 훈련에 참여할 수 있는 능력이 달라지기 때문이다.

쓰기에서 상위인지의 역할은 필자가 과제를 분석하고 쓰기 목적을 설정하는 것에서부터 시작된다. 쓰기의 목적을 달성하기 위해서 어떤 전략을 사용해야 하는지, 예상 독자는 누구이고 어떠한 표현을 써야 예상 독자에게 맞는지, 쓰기를 잘하기 위해서는 어떠한 전략을 사용해야 하는지 등 쓰기를 수행하는 전 과정에서 필자는 끊임없이 상위인지를 사용한다. 이렇게 쓰기에 관여하는 상위인지 활동은 필자의 효과적인 쓰기를 가능하게 하고 필자의 자기 주도적 학습을 가능하게 한다. 또한 필자의 쓰기 효능감 및 동기를 높이는 데 도움을 준다(가은아 2011a). 따라서 이러한 상위인지를 적절하게 활용하여 자신의 쓰기 능력을 점검하고, 상위인지를 활용하여 단점을 보완하고 장점을 발전시키는 방향으로 조정하는 필자가 능숙한 필자라 할 수 있다.

상위인지는 읽기와 쓰기뿐만 아니라 학습 전반에 영향을 미친다. 또한 학습을 위한 과제 수행이나 평가에까지 우리의 삶에 미치는 영향이 매우 크다. 이러한 상위인지를 평가자가 잘 알고 사용할 수 있다면,

평가 수행의 정확성이 높아지면서 조금 더 신뢰할 수 있는 평가 결과를 얻을 것이다. 평가자 스스로 평가 방법을 점검하고 평가 상황이나 학생 글 특성에 맞게 평가 전략을 적절히 조절할 수 있을 때 신뢰할 수 있는 평가 결과가 도출될 확률이 높기 때문이다. 따라서 학습의 영역뿐 아니라 평가의 영역에서도 상위인지는 중요하다. 이를 위해 평가를 담당하는 국어교사에게 상위인지를 통한 점검과 조정이 어떠한 영향을 미치는지 살펴보면 다음과 같다.

상위인지는 이전에 수행한 인지 활동을 성찰하고 평가하는 것으로서 인지에 관한 지식과 조절로 이루어진다. 즉 상위인지는 인지적 과정으로 처리한 정보를 재인식, 해석, 평가하면서 평가자가 점수를 확정해 가는 사고 과정이다. 따라서 평가자는 평가 과정에서 인식한 정보를 상위인지 활동을 통해 검토할 수 있다. 또한 상위인지를 통한 점검 및 조정 과정에서 평가 중에는 고려하지 않았던 점수 결정의 근거가 드러날 때 수집한 정보의 타당성을 검토한 후 점수 결정을 수정하는 과정을 반복한다. 이러한 과정을 통해 평가 결과는 더욱 정교해지고, 점수 부여의 근거가 더욱 구체화되기 때문에 평가자 스스로 결과에 대한 근거와 자신감을 쌓으면서 평가 결과에 대한 자기 강화가 이루어진다.

평가 과정에서 상위인지를 적절히 사용하기 위해서는 평가자가 평가 과정 점검 질문을 활용할 필요가 있다. 평가자의 평가 과정 점검 질문이란 평가자가 수행하는 쓰기 평가의 과정을 점검하고 조절하기 위해 떠올리는 평가 전략 질문을 말한다. 이러한 평가 과정 점검 질문은 쓰기 평가 과정을 점검하고 조정하는 데 기여하는 상위인지 평가 전략에 속한다. 이는 학생들이 쓰기 과정을 성공적으로 수행하기 위하여 점검 질문을 떠올리는 것과 같은 과정이라 할 수 있다(Snyder 1974, Beal 1996, Schraw 1998). 따라서 박영민(2011)은 학생들이 쓰기 과정 점검 질문을 떠올리고 이에 따라 작문 과정을 조정하는 것처럼, 국어교사 역시 쓰기 평가 점검 질문을 떠올리고 이를 확인하면서 쓰기 평가 과정을 점검하고 조정할 수 있다고 주장한다. 이러한 쓰기 평가의 점검 및 조정 과정은 쓰기 평가 결과의 신뢰도를 높이고, 평가자의 쓰기 평가 전문성 신장에 기여할 수 있다.

　상위인지를 활용한 자기 점검 및 조정의 특성은 쓰기 평가자 연구에 많은 시사점을 제공한다. 특히 국어교사의 쓰기 평가 훈련 방법의 바람직한 방향을 제시할 수 있다. 그동안 국어교사들은 평가자로서 어떤 사고 과정을 거쳐 쓰기 평가를 해야 하는지를 학습할 기회가 없었다. 평가 과정에서 무엇보다 중요한 것은 평가자의 인지 과정과 정보 처리 양상임에도 이러한 과정을 확인하지 못한 것이다. 따라서 평가 전략을 평가자 스스로 점검 및 조정하는 방법을 안내하고, 국어교사가 학생 글 평가를 위한 읽기와 채점의 과정에서 어떠한 인지 과정이 일어나는지를 보여 줄 수 있다면 평가자의 인지 과정과 정보 처리 양상을 확인할 수 있을 것이다. 또한 상위인지 전략을 통해 평가 과정에 따른 평가 전략의 변화를 확인할 수 있다면 각 과정에서 중시해야 할 평가 요인과 점검 질문을 도출하여 쓰기 평가자에게 많은 시사점을 제공할 것이다.

　따라서 평가 과정에서 이루어지는 평가자의 인지와 상위인지 양상을 확인하고, 이를 바탕으로 평가 전략을 도출할 필요가 있다. 평가자가 평가를 위해 사용하는 평가 전략을 확인할 수 있다면, 적합한 평가를 위한 평가 전략과 평가 과정 모형을 제안하여 평가자 훈련에 적용할 수 있을 것이다. 이렇게 된다면 실제 평가 경험이 부족하여 미숙한 평가자들도 유능한 평가자들의 평가 전략을 학습하고 상위인지를 통해 점검하면서 자신의 평가 과정을 조정할 수 있을 것이다. 따라서 평가자의 인지 과정뿐만 아니라 평가 과정에서의 상위인지를 포함하는 평가 전략을 확인할 필요가 있다.

## 2. 쓰기 평가 과정

정보 처리 관점에서 인지는 정보가 처리되어 가는 일련의 과정으로 분석된다. 따라서 정보처리모형은 인간의 지각과 학습을 컴퓨터의 정보 처리 과정에 빗대어 설명하고, 인간이 지각을 통해 정보를 습득하고 그것을 처리하여 인출하기까지의 과정을 설명한다. 이러한 정보처리모형의 관점에서 쓰기 평가자가 겪는 평가의 인지 과정을 '텍스트 이미지 형성을 위한 글 읽기, 텍스트의 이미지 평가하기, 평가 결과 나타내기'로 나누어 설명할 수 있다(Freedman & Calfee 1983). 따라서 평가자는 먼저 평가할 학생 글을 읽으면서 텍스트 이미지를 형성하고, 형성된 이미지를 평가 기준에 적용하여 평가한다. 마지막으로 평가 결과를 점수나 척도로 나타내면 학생 글 평가가 마무리되는 것이다.

또한 Wolfe(2005)는 쓰기 평가 인지 과정을 평가자 정보 처리 행동으로 가시화할 수 있다고 생각했다. 따라서 평가자가 평가할 텍스트의 이미지를 형성하고 평가하여 평가 결과를 산출할 때까지의 모든 사고 과정을 확인하여 이를 분석하였다. 이를 위해 먼저 평가 과정 사고구술 프로토콜을 분석하여 평가 과정 요인을 탐색하였다. 그리고 사고구술 프로토콜 분석에서 드러난 평가자의 평가 전략을 분석하여 이를 과정 요소별로 묶었다. 이러한 분석 결과를 바탕으로 추출한 평가 과정 요소는 '해석, 평가, 정당화'의 세 가지이다.

평가 과정에서 작동하는 평가의 정보 처리 양상 확인도 필요하다. 이를 위해서 선행 연구 분석을 통해 쓰기 평가에서의 평가자 정보 처리 양상을 확인하였다(Wolfe 2005, Bejar 2012, Eckes 2012). 쓰기 평가의 정보 처리 양상은 크게 학생 글 읽기 과정과 텍스트 이미지화의 과정으로 나눌 수 있다. 유능한 평가자들은 우선 평가를 위해 학생 글을 읽는 과정에서 인지적 견고함을 지키려 스스로 노력하였다. 쓰기 평가 기준을 이해하고 이를 바탕으로 학생 글의 특성을 파악하기 위한 모습들이 그러한 노력의 일환이다. 또한 텍스트를 이미지화하는 과정에서 유능한 평가자들은 쓰기 평가 기준에 적합한 글의 특성을 수준별로 기억하여 비교하고 판단하며 점수를 결정하였다. 따라서 평가자의 정보 처리 과정을 파악하고 과정별 평가 전략을 확인할 필요가 있다.

평가자가 평가할 글의 특성을 파악하고 이미지화하는 과정에서 개별 평가자는 서로 다른 평가 전략을 활용하기 때문에 쓰기 평가 과정은 평가자 별로 매우 다른 양상을 보인다. 따라서 쓰기 평가 과정에 관한 연구 가운데 인지주의 접근을 하였던 대부분의 연구는 한 편의 학생 글을 평가하는 평가자의 인지 과정에 관한 연구를 수행하였다. 특히 유능한 쓰기 평가자들의 특성을 파악하고 평가 전략을 분석하기 위한 질적 연구가 많이 이루어졌다. 전기의 연구는 주로 평가자의 특성을 파악하고 평가의 유의점을 도출하는 데 그쳤지만, 연구가 누적될수록 평가자의 평가 전략을 파악하여 모형을 제시하는 연구로 변화되었다. 따라서 유능한 평가자의 평가 과정에서 추출된 평가 전략들을

모으고 이를 모형화하여 평가자 훈련에 활용할 수 있는 평가 모형과
방법을 제안하는 연구가 나타나고 있다.

　Crisp(2012:15)은 9명의 유능한 평가자가 쓰기 평가를 수행하면서 평가
과정 사고구술을 실시하도록 하고, 생성된 사고구술 프로토콜을 평가 과
정에 따라 <표 2-2>와 같은 평가자 인지 과정으로 분석하였다.

〈표 2-2〉 평가자 사고구술 프로토콜에서 드러난 인지 과정

| 평가 과정 | 평가자 사고구술 프로토콜에서 드러난 인지 과정 |
|---|---|
| 평가 계획 및 방향 설정 | · 대상 및 평가 영역에 대한 방향 설정<br>· 특징 탐색 메모<br>· 읽기와 평가를 위한 전략 메모 |
| 읽기 및 이해 | · 읽기<br>· 스캔 및 훑어보기<br>· 이해 및 요약<br>· 의미와 관련성에 대한 면밀한 이해<br>· 필기 및 발표에 대한 의견 |
| 과제 실현 확인 | · 길이 평가<br>· 질문에 초점을 맞추었는지 메모 |
| 사회 및 정서적 반응 | · 정서적 반응<br>· 흥미로움<br>· 상상을 초월한 학생과의 질문 또는 대화<br>· 학생 작품의 기대치 예측<br>· 자기 판단에 대한 개인적인 반성<br>· 학생의 성격에 대한 의견<br>· 주석 달기 또는 메모 작성<br>· 교사 지원에 대한 의견 |
| 평가 | · 이전에 본 작품과 학생 작품의 측면을 비교<br>· 긍정적인 평가<br>· 부정적인 평가<br>· 누락 된 자료의 메모<br>· 맞춤법, 구두점 또는 문법 평가 |
| 종합적 평가 및 점수 부여 | · 평가 기준 사용<br>· 전반적인 그의 평가 방법 메모<br>· 이전에 본 작품과 평가 중인 학생 작품의 질을 비교<br>· 표상을 적용할 때 관찰된 특징의 영향 기준 메모<br>· 점수 결정<br>· 사후 정당화 |

&lt;표 2-3&gt;은 학생 글 한 편을 평가할 때의 평가자의 인지 과정과 각 과정에서 드러나는 평가 전략을 정리한 것이다. 이러한 형식으로 유능한 평가자의 평가 과정 사고구술 프로토콜을 분석하여 [그림 2-1]과 같은 평가 과정 모형을 제시하였다.

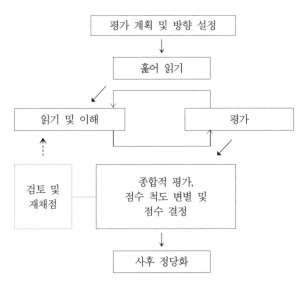

[그림 2-1] 국외 쓰기 평가자의 평가 과정 모형

[그림 2-1]을 살펴보면 교사들은 평가 시작 전 평가 계획 및 방향을 설정하고 전체 글을 훑어본 뒤, 읽기 및 이해와 평가를 회귀적으로 반복하면서 점수를 결정한다. 또한 한 번 점수를 결정하고 끝내는 것이 아니라 필요한 경우 검토와 다시 평가하는 과정을 거쳐 평가자 스스로 평가를 점검한다. 이러한 과정을 거친 후 최종적으로 부여한 점수를 사후 정당화하는 것으로 보인다. 이처럼 평가자의 평가 인지 과정을 모형으로 제시할 수 있다면, 평가자 훈련에 많은 도움을 줄 수 있

을 것이다.

따라서 이 책에서는 위와 마찬가지로 평가자의 사고구술 프로토콜을 분석하여 평가 과정 모형을 도출하고자 한다. 이론적 탐색으로 도출한 평가 과정 모형과 달리 Crisp(2012)는 평가자에게 실제 쓰기 평가를 수행하도록 하면서 함께 실시한 사고구술을 바탕으로 평가자의 평가 전략을 만들었다. 그리고 사고구술 프로토콜 분석을 통해 평가자가 실제 사용한 것을 확인한 평가 전략을 바탕으로 평가 과정 모형을 도출하였다. 이러한 연구 결과는 평가자의 실제 평가 훈련에 많은 도움이 될 수 있을 것이다. 그러나 Crisp(2012)의 연구는 외국 평가자를 대상으로 진행한 국외 연구이기 때문에 국내 국어교사의 평가 전략으로 적용하기에는 한계가 있다. 따라서 이 책에서는 국내 연구를 탐색하고 이를 바탕으로 국어교사를 대상으로 학생 논설문 평가를 수행하여 국어교사의 평가 전략을 도출할 것이다.

국내 연구에서 박종임(2013:35)은 선행 연구를 바탕으로 쓰기 평가자의 평가 과정 모형을 [그림 2-2]와 같이 제시하였다. [그림 2-2]의 쓰기 평가자의 인지 과정 모형은 평가의 단계를 '글 읽기, 점수 결정 근거 마련, 점수 결정'의 세 단계로 설정하였다. 또한 각 단계에서 이루어지는 평가 전략을 함께 제시하여 쓰기 평가 과정에서 이루어지는 평가 요인 및 과정을 상세하게 나타내었다. 그리고 모든 과정을 점검하고 조정할 수 있는 상위인지 과정을 추가하여 평가 과정에서 이루어지는 회귀와 점검을 반영하였다. 이는 쓰기 평가에서 필요한 점검 및 조정이라는 평가자의 상위인지 전략을 포함하였다는 것에 의의가 있다.

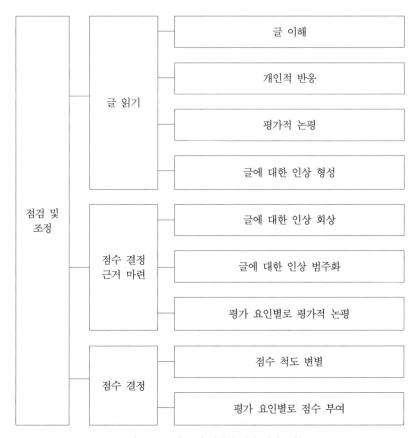

[그림 2-2] 국내 쓰기 평가자 평가 과정 모형

　　그러나 국외 연구에서는 유능한 평가자들의 평가 과정 사고구술을 통해 평가 전략을 직접 확인하여 모형화한 연구가 진행되었으나, 국내 연구에서는 이론적 배경을 바탕으로 제안한 평가 과정 모형만 있을 뿐 국어교사의 실제 평가 과정을 분석하여 모형화한 연구는 찾아보기 어렵다. 따라서 국외 연구나 이론과는 차이가 있을 수 있는 국어교사의 논설문 평가 과정에 따른 평가 전략을 확인하고 이를 모형으로 제시한다면, 국어교사들의 평가 전문성 신장과 평가자 훈련 프로그램 마련 등에 기여할 수 있을 것이다.

따라서 Crisp(2012)이 실시한 실제 평가 과정 사고구술 프로토콜 분석을 통한 평가 전략 확인을 국어교사의 논설문 평가를 대상으로 수행해보고자 한다. 그리고 이러한 연구를 통해 얻은 평가 전략들을 정리하고 선행 연구의 쓰기 평가자 평가 과정 모형을 참고하여, 평가 과정에 따른 국어교사의 평가 전략 변화를 확인할 수 있는 평가 과정 모형을 제시할 것이다. 국어교사의 실제 평가 과정과 결과 분석을 통해 도출한 평가 전략과 평가 과정 모형은 평가자 훈련 및 평가 전문성 신장에 기여할 수 있을 것으로 기대된다.

## 3. 쓰기 평가 과정 특성

평가자가 한 편의 글을 평가하면서 겪는 인지 과정에서 평가를 위한 읽기와 평가하기의 각 과정별 평가 전략을 확인하기 위한 많은 연구가 있었다. 먼저 Vaughan(1991)은 평가자별 쓰기 평가 특성 차이에 관해 관심을 가지고 9명의 쓰기 평가자에게 6편의 글을 평가하고 그 과정을 사고구술 하도록 하였다. 평가 인지 과정 사고구술 프로토콜을 분석한 결과, 평가자들은 이미 훈련을 받고 내면화한 평가 기준이라도 글에 따라서 평가 기준을 다르게 적용하였다. 따라서 평가자마다 안내된 평가 기준을 해석하는데 차이가 있고, 같은 평가 기준이라도 평가하는 글마다 다르게 적용하고 있음이 발견되었다. 또한 주어진 쓰기 평가 기준을 염두에 두지 않고 학생 글을 읽은 교사들은 자신만의 개인적 평가 기준에 의해서 학생 글을 이해하고 평가했다. 이러한 인상을 중심으로 한 평가는 평가자 태도의 규제력이 약하여 평가 결과의 일관성을 유지하기 어려우므로 평가 기준을 잘 이해하고 적용하여 평가하려는 평가자의 노력이 필요하다.

평가자의 인지적 과정에서 가장 중요한 정보 처리 과정은 쓰기 평가 기준의 고려이다. Wolfe(1997)의 연구에서 유능한 평가자들은 평가 기준을 고려하여 하향적 처리 방식으로 학생 글에 대한 정보들을 처리한다고 보았다. 이에 비해 미숙한 평가자들은 평가 정보들의 상향적 처리 방식을 보였다. 하향적 처리 방식에서는 텍스트 이미지 형성 과정에 평가자의 사전지식이 작용하여 무의식적인 추론과 지각적 조직화가 나타난다. 그러나 상향적 처리 방식에서는 학생 글의 특징을 세부 단위로 분석한 후 더 큰 단위로 구성하는 과정을 거치게 된다. 이러한 과정에서 미숙한 평가자들은 글의 부분만을 고려하여 글 전체를 평가하는 미숙한 정보 처리 양상을 보이게 되는 것이다. 평가자의 정보 처리 방식에 따라 평가 결과는 달라질 수 있다. 따라서 유능한 평가자들의 하향적 정보 처리 방식에 따라서 평가를 수행하는 평가자 훈련이 제공되어야 한다.

학생 글을 평가하기 위한 교사들의 읽기 양상은 '쓰기 평가 기준을 쓰기 평가 맥락에 맞게 구성하면서 학생 글을 읽는 양상, 읽기를 통해 학생 글의 인상을 빠르게 파악하여 바로 평가하는 양상, 쓰기 평가 맥락에 대한 고려 없이 주어진 쓰기 평가 기준에만 초점을 맞추어 학생 글을 읽는 양상'으로 나누어 설명할 수 있다(DeRemer 1998). 그리고 쓰기 평가자들의 다른 평가 결과는 학생 글에 대한 이해의 차이에 있는 것이 아니라, 평가자들의 개별적인 평가 전략과 경향성의 차이에 있다.

또한 사고구술 분석을 통해 교사의 쓰기 직접 평가에서 나타나는 학생 글 읽기의 양상과 판단 과정의 특성을 분석한 연구에서, 평가 기준을 바탕으로 한 읽기 전략과 판단의 중요성이 확인되었다(Smith 2000). 특히 이 연구에서는 평가자들의 읽기 특성을 즉시 읽고 전체 파악하기 평가 전략, 준거 초점화 실행 평가 전략, 첫인상 중심 평가 전략으로 설명하였다. 평가자의 읽기 양상과 전략에 따라 평가 학생 글에 대한 이해 정도가 달라질 수 있다. 이러한 이해의 차이는 평가 결과의 차이를 가져온다. 따라서 평가자의 평가를 위한 읽기에 관한 지속적인 연구를 통해 그 특성을 밝혀야 한다.

쓰기 평가를 위한 텍스트 이미지화의 과정에서는 '비교'와 '판단'이라는 사고 과정이 평가자의 인지 과정에서 매우 중요하다(Bejar 2012). 평가자는 평가가 필요한 텍스트의 이미지를 형성하고 평가를 위해 각 텍스트 이미지에 부여된 점수를 비교하며 적절한 점수를 부여하기 위한 정보 처리 과정을 거치게 된다. 그리고 이러한 과정에서 근거가 되는 것이 바로 평가 기준인데, Eckes(2012)는 평가 기준이 텍스트를 이미지화하는 과정에서 세세한 항목 그대로가 개별적으로 기억되어 있기보다는 집단 형태로 기억되어 텍스트 이미지화의 복잡한 사고 과정이 간소화되기도 한다고 주장한다. 쓰기 평가 수행은 평가자의 인지적 부담이 매우 크기 때문에 자신만의 전략을 사용하여 평가 기준을 축소하거나 조정하는 것이다.

쓰기 평가를 위한 학생 글 읽기 과정에는 평가자들의 성별, 경력, 나이, 학습 경험, 피로도 등도 영향을 미친다. 학생 글을 읽는 과정에서 평가 기준은 이러한 다양한 변인을 통제하면서 표준화된 상태로 평가를 유지할 수 있도록 돕는다. 평가자는 이러한 쓰기 평가 기준을 이해

하는 정보 처리 과정을 거친 후 평가 기준을 범주화하여 학생 글에 적
용할 수 있어야 한다(오세영 2014). 평가 기준의 항목들이 지나치게 많다
면 범주화하고 간소화하여 평가 과정의 인지적 부담을 줄일 수 있다.
또한 이러한 평가 기준 항목 고려를 통한 학생 글 읽기 과정에서 무엇
보다 중요한 것은 텍스트 이미지화이다.

　평가자가 한 편의 글을 평가하면서 겪는 인지 과정도 다를 수 있지
만, 여러 편의 글을 평가하면서 겪는 평가 과정도 다를 수 있다. 따라
서 이지원·박영민(2015)은 평가하는 글 수 누적에 따른 쓰기 평가 과
정의 눈동자 움직임 연구를 통해 평가 과정에 따른 평가자의 평가 전
략 변화를 확인하였다. 그 결과 30편의 학생 글 평가 과정에서 평가자
들은 평가 기준의 고정 빈도와 고정 시간이 지속해서 하향하는 추세
를 보였다. 특히 평가 초반부인 10번 글까지의 급격한 감소 이후 완만
하게 감소하는 경향을 보였다. 이는 평가가 진행될수록 평가 기준이
내면화되어 고정 빈도와 시간이 하락하고 있음을 추론할 수 있다. 또
한 평가자들은 글이 길거나, 글에 관한 판단이 어려울 때 평가 기준을
더 자주 그리고 오래 보았다. 그러나 평가자마다 평가 시간은 다양한
양상을 보였는데, 이는 평가자의 개별적인 읽기 능력과 평가 전략의
차이가 평가 시간에 영향을 미칠 수 있음을 보여 준다. 또한 학생 글
의 평가 난도에 따라서도 평가 시간이 달라졌는데, 평가 시간에는 평
가자의 인지 과정, 피로도, 평가 전략 등 다양한 요소가 영향을 미치기
때문이다.

　쓰기 평가를 위해 평가자에게 같은 평가 기준을 제공하더라도 평가
자마다 사용하는 양상은 다르다. 이처럼 평가자마다 다른 학생 글 읽
기의 정보 처리 과정, 텍스트 이미지화 평가 전략, 텍스트 수준 판단의

기준점 등은 쓰기 평가에 대한 단일한 정의나 규칙화의 어려움을 보여 준다(이현준·박영민 2019). 즉 쓰기 평가 상황에서 평가자는 실제 기준에 관한 판단을 위해 평가 기준을 활용하지만, 평가자마다 활용 양상이 달리서 일반화하기가 어렵다. 이는 곧 평가 기준이 정확히 수치로 환산되는 것이 아니라 하나의 이미지 뭉치로 저장되어 비교되기 때문에 평가자의 주관적 판단이 개입할 수밖에 없기 때문이다. 따라서 텍스트 이미지화 과정에서 이루어지는 '비교'와 '판단'의 기준이 모두 다를 수 있으며 이에 따라 평가 결과 역시 달라질 수 있다. 그러므로 평가 과정에서 보이는 국어교사들의 평가 전략을 확인하고 그 공통점과 차이점을 정리할 필요가 있다.

그러나 쓰기 평가자들의 한 편의 글 평가 과정은 유사성이 있다. 평가자는 먼저 쓰기 평가 기준을 고려하면서 평가를 위해 텍스트를 읽으며 이미지를 형성한다. 다음으로 평가 기준과 학생 글 이미지 등과 비교·판단하는 단계를 거친다. 마지막으로 이러한 절차를 통해 파악한 학생 글의 수준에 맞는 점수를 결정한다. 이러한 세 단계의 평가 과정에 대한 구분과 명칭은 달라질 수 있지만, 평가자가 쓰기 평가 과정에서 이러한 단계를 거친다는 것은 여러 선행 연구를 통해서도 확인할 수 있다. 따라서 이러한 과정을 바탕으로 각 과정에서 보이는 평가 전략이 평가 과정에 따라 어떻게 변화되어 가는지를 밝힌다면, 국어교사가 자신의 평가 과정을 스스로 점검하고 발전시킬 수 있을 것이다.

# 쓰기 평가 전략 연구의 실행

## 1. 연구 대상

이 책은 논설문 평가 과정에 따른 국어교사의 평가 전략 변화를 1차 평가와 2차 평가로 나누어 탐색해 보았다. 따라서 국어교사 37명이 참여한 1차 평가에서는 교육경력 5년 이상의 국어교사를 연구 참여자로 선정하였다. 그 이유는 국어교사는 경력에 따라 평가에 대한 인식에서 차이가 존재한다(장은섭 2015, 박형우 2018). 또한 교육경력 5년 이상 국어교사의 평가 결과가 가장 적절한 것으로 분석되었기 때문이다(박영민 2009, 장은주 2015).

쓰기 평가에서 발견되는 국어교사의 평가 특성은 경력과 성별에 따라 차이가 있다(최숙기·박영민 2011, 장은주 2015). 따라서 1차 평가에 참여한 국어교사를 경력과 성별에 따라 정리하면 <표 3-1>과 같다.

〈표 3-1〉 1차 평가에 참여한 국어교사 표집 분포

| 경력＼성별 | 남 | 여 | 전체 |
|---|---|---|---|
| 5년 이상 10년 미만 | 3 | 14 | 17 |
| 10년 이상 15년 미만 | 3 | 9 | 12 |
| 15년 이상 | 3 | 5 | 8 |
| 전체 | 9 | 28 | 37 |

1차 평가에 참여한 국어교사의 성별을 살펴보면, 남교사는 9명(24.8%) 여교사는 28명(75.6%)으로 여교사의 비율이 상대적으로 높다. 그렇지만 이것은 현직 교원의 성별 현황에서 여성 교사의 비율이 높다는 점을 고려할 때 실제 교사의 성비에 가깝다.1) 또한 1차 평가에 참여한 국어 교사의 경력을 살펴보면, 경력 5년 이상에서 10년 미만인 교사는 17명, 경력 10년 이상에서 15년 미만인 교사는 12명, 경력이 15년 이상인 교 사는 8명으로 다양한 경력의 교사가 연구에 참여하였다.

교육경력별 교사의 표집이 균등하지 않은 이유 첫째는 선행 연구에 서 평가 결과가 적절한 경향의 집단으로 제시된 경력 5년 이상~10년 미만 교사를 표집하기 위해 노력했기 때문이다. 둘째는 전체 교사의 직급 비율을 살펴보면 교장, 교감, 수석교사를 포함한 보직교사의 비 율이 25.54%로, 경력이 높은 교사일수록 보직교사일 확률이 높아서 실제 학생 글을 평가하는 이 연구에 참여할 수 있는 교육경력 15년 이 상 교사의 모집단이 적었다.2)

---

1) 교육통계서비스에서 제공한 2019년 유초중등통계에 따르면 전체 교원 485,627명 중 여교원은 346,708명으로 전체 교원 대비 여성 교원은 71.39%이다(교육통계연구 센터(2019), <kess.kedi.re.kr>, 서울: 한국교육개발원).

2) 교육통계서비스에서 제공한 2019년 직급별 유초중등통계에 따르면 전체 교원 485,

　1차 평가에 참여한 국어교사 37명의 평가 결과를 Rasch 모형으로 분석하여, 적합한 교사 3명, 부적합한 교사 3명, 변화된 교사 4명이 2차 평가에 참여하였다. 여기서 변화된 교사는 평가 과정에서 엄격성의 일관성의 변화가 있었던 교사로, 논설문 30편 평가 과정 중 적합, 부적합, 과적합이 혼재되어 나타난 교사 중에서 평가 전기, 중기, 후기에서 2회 이상 적합했으나 1회가 부적합을 보인 교사 4명을 연구 대상으로 선정하였다. 일관성이 적합한 교사들의 평가 전략을 살펴보는 것도 중요하지만, 그와 반대로 부적합 일관성 유형을 가진 교사의 평가 전략을 확인한다면 국어교사의 평가 오류를 줄일 수 있을 것이다.

　채점 일관성 유형이 과적합한 국어교사들을 연구 대상에서 제외한 이유는 이 연구의 목적이 논설문 평가 과정에 따른 국어교사의 평가 전략 변화를 분석하여 평가자 훈련에 적용할만한 평가 전략을 찾는 것이기 때문이다. 따라서 평가 과정에 따라 평가 결과가 적합한 교사를 찾고, 적합한 교사들의 평가 전략이 평가 과정에 따라 어떻게 변화되어 가는지를 확인하고자 했다. 따라서 채점 일관성 유형이 부적합하거나 과적합한 국어교사는 평가 전문성이 없는 것으로 판단되기 때문에 제외하였다. 그러나 선행 연구에서 평가자의 채점 일관성이 지속해서 부적합 경향을 보이는 경우는 주로 평가 기준을 명백하게 잘못 사용하였을 때 나타난다고 하였다(박종임·박영민 2011). 이에 착안하여 적

---

　627명 중 보직교사 이상의 직급을 가진 교원은 124,069명으로 전체 교원 대비 25.54%이다. 보직교사 이상의 직급에는 교장, 교감 등 실제 수업을 수행하지 않는 교원의 수까지 포함된 것으로 경력이 높은 교원 중 쓰기 직접 평가를 수행하고 이 연구에 참여할 수 있는 교사의 수는 다른 경력 군에 비해 적을 것이다. 교육통계에서 경력별 교원의 수에 대한 정보를 제공하지 않아 부득이 직급별 교원의 수를 통해 추론하였다. 경력별 교원의 수에 대한 정보 제공 또한 학교 현장 연구에 필요하다고 생각한다(교육통계연구센터(2019), <kess.kedi.re.kr>, 서울: 한국교육개발원).

합한 평가자와 부적합한 평가자의 평가 기준 활용 양상의 차이를 비교한다면 대조적인 차이를 발견할 수 있을 것으로 기대하여 부적합한 평가자 3명을 2차 평가에 포함하였다.

그리고 평가 과정에 따라 채점 일관성 유형이 변화하는 국어교사의 평가 과정을 확인하여 그 변화의 원인을 파악할 수 있다면, 국어교사의 채점 일관성에 영향을 주는 요인을 확인할 수 있을 것이다. 따라서 모든 과정에서 적합한 평가를 보이다가 전기, 중기, 후기 중 한 부분에서만 부적합한 평가를 보인 국어교사가 있었다. 즉 전체 30편의 평가 결과로 분석을 했다면 적합한 평가자로 분류가 되었겠지만, 평가 과정에 따라 분석을 하니 한 부분의 부적합이 발견된 교사 4명을 2차 평가에 포함하였다. 따라서 1차 평가에 참여한 전체 37명의 국어교사 중에서 2차 평가를 위해 10명만 선정한 기준은 다음과 같다. '채점 일관성 유형에 따라 적합, 부적합, 변화로 분류된 평가자, 평가 과정을 사고구술 할 수 있고 이를 녹화하고 녹음하는 연구 방법에 동의하는 평가자, 평가 과정을 연구자가 모두 참관해야 하므로 연구자와 만날 수 있는 물리적 시간과 거리가 가능한 평가자'이다. 이러한 조건에 맞추어 연구 대상자를 선정하다 보니 평가자의 수가 1차 평가보다 많이 줄었다. 그러나 평가자 한 명당 3~5시간에 이르는 평가 과정 사고구술을 전사하고 분석하는데 사용되는 시간과 노력 그리고 정리 가능성을 판단하여 2차 평가 참여자 수를 확정하였다. 따라서 1차 평가의 결과를 Rasch 모형으로 분석하여 나온 평가자 일관성 유형을 평가 과정에 따른 변화 양상에 따라 '적합, 부적합, 변화'의 세 집단으로 나누고, 사고구술이 가능한 국어교사를 2차 평가 참여 대상 10명으로 선정하였다. 이렇게 선정한 2차 평가에 참여한 국어교사의 수를 경력, 성별, 엄격성의 일관성 유형에 따라 정리하면 <표 3-2>와 같다.

<표 3-2> 2차 평가에 참여한 국어교사 표집 분포

| 경력 | 성별 / 일관성 | 적합 | | 부적합 | | 변화 | | 전체 |
| --- | --- | --- | --- | --- | --- | --- | --- | --- |
| | | 남 | 여 | 남 | 여 | 남 | 여 | |
| 5년 이상 10년 미만 | | - | 2 | 1 | - | - | 1 | 4 |
| 10년 이상 15년 미만 | | 1 | - | - | 2 | 1 | - | 4 |
| 15년 이상 | | - | - | - | - | - | 2 | 2 |
| 전체 | | 1 | 2 | 1 | 2 | 1 | 3 | 10 |

채점 일관성 유형과 연구 방법에 동의하면서 연구 참여가 가능한지에 따라 2차 평가에 참여할 국어교사를 선정하였기 때문에 위와 같이 10명의 국어교사가 2차 평가에 참여하였다. 평가자의 엄격성의 일관성이 적합한 국어교사 3명, 부적합한 국어교사 3명, 그리고 평가 과정에서 엄격성의 일관성이 변화하는 국어교사 4명이 선정되었으며, 국어교사별로 평가 일정을 잡아 평가 과정을 사고구술하고 이를 녹음하고 녹화하는 2차 평가를 진행하였다.

이 연구는 논설문 평가 과정에 따른 국어교사의 평가 전략 변화를 알아보기 위해 수행되었다. 따라서 국어교사가 평가할 검사지를 제작하기 위해 고등학교 1학년 학생이 쓴 논설문 30편을 수집하였다. 가은아(2011b)에서는 중학교와 고등학교 1학년까지를 확장적 쓰기 단계, 고등학교 2학년과 3학년을 통합적 쓰기 단계로 구분했다. 이를 바탕으로 완성되고 수준 높은 통합적 쓰기 단계의 글보다는 확장적 쓰기 단계의 논설문이 이 연구에 적합하다고 생각했다. 왜냐하면 평가 과정에서 학생 수준의 편차가 크고 학생 글의 다양한 특성이 드러나는 확장적 쓰기 단계의 논설문에서 평가자들이 다양한 평가 전략을 활용할 가능성이 크기 때문이다.

학생 글 수준의 차이를 파악하고 수준에 적합한 평가를 할 수 있는 능력이 쓰기 평가 전문성이다. 따라서 좀 더 다양한 수준과 특성을 보일 수 있는 확장적 쓰기 단계의 학생 논설문이 검사 도구로 적합하다. 이러한 다양성을 적절하게 판단하는 평가 과정이 국어교사의 평가 전략 변화를 더 뚜렷이 드러내기 때문이다. 또한 연구에 참여한 국어교사의 근무학교가 중학교와 고등학교가 혼재되어 있으므로 두 수준을 아우를 수 있는 확장적 쓰기 단계의 글을 대상으로 하는 것이 적절하다고 판단했다.

확장적 쓰기 단계 중 중학교와 고등학교의 쓰기 특성을 동시에 가지면서 가장 높은 쓰기 수준을 가졌을 것으로 예상되는 고등학교 1학년의 논설문을 수집하기 위하여 2019년 4월 19일~4월 25일(7일간) S시 소재 남녀공학 A고등학교 1학년 5개 학급을 대상으로 102편의 논설문을 수집했다. 수업 시간 동안 작성된 고등학교 1학년 학생의 논설문 중에서 지나치게 짧거나 미완성 되어서 평가할 수 없는 논설문을 제외하고, 나머지를 논설문의 분량(A, B, C)에 따라 분류한 다음 각 집단에서 단순 무작위 추출을 통해 무선 층화표집을 실시하였다.

논설문의 분량을 A(적음), B(보통), C(많음)의 세 가지로 분류한 이유는 평가 전기, 중기, 후기별로 균등한 분량을 평가할 수 있도록 실험을 설계하기 위함이다. 또한 고등학교 1학년 학생이 작성한 논설문은 손글씨나 학생의 개별 특성 등 평가에 영향을 줄 수 있는 요인을 제거하기 위하여, 일련번호를 부여한 후 워드프로세서로 전사하여 평가할 교사에게 제공하였다. 표집된 학생의 논설문을 분량과 평가 과정에 따라 정리하면 <표 3-3>과 같다.

〈표 3-3〉 학생 논설문 표집 분포

| 평가 과정＼분량 | A(적음) | B(보통) | C(많음) | 전체 |
|---|---|---|---|---|
| 평가 전기 | 3 | 4 | 3 | 10 |
| 평가 중기 | 3 | 4 | 3 | 10 |
| 평가 후기 | 3 | 4 | 3 | 10 |
| 전체 | 9 | 12 | 9 | 30 |

<표 3-3>을 살펴보면 표집된 학생의 논설문은 글의 분량에 따라 A(적음), B(보통), C(많음)로 나누고, 평가 전기, 중기, 후기의 과정마다 적음(3편), 보통(4편), 많음(3편)으로 그 분량을 고르게 표집했다. 이를 통해 학생 글의 분량 차이로 인한 평가 전기, 중기, 후기의 평가 시간과 과정의 차이가 생기는 것을 최소화할 수 있도록 설계하였다.

## 2. 검사 도구

### 가. 논설문 평가 검사지

논설문 평가 과정에 따른 국어교사의 평가 전략 변화를 연구하기 위해서는 실제 국어교사의 논설문 평가 수행 과정과 결과가 필요하다. 따라서 논설문 평가 과정에 따라 학생 글 30편(전기 10편, 중기 10편, 후기

10편)을 선정하고 국어교사가 평가하여 결과를 수집하기 위한 논설문 평가 검사지를 제작하였다. 이렇게 제작된 검사지는 1차 평가와 2차 평가에 참여한 국어교사들에게 파일 혹은 인쇄본으로 배부하여 이를 인쇄하여 평가하도록 안내하였다.

박영민(2009)에 따르면 평가가 진행됨에 따라 평가자의 집중도 및 피로도가 증가하고 평가에 대한 긍정적 정서는 감소하는 경향을 보였다. 또한 평가자는 1,800~2,000자로 작성된 학생 답안 1편을 약 4분 정도의 속도로 평가할 수 있었다. 이 연구는 국어교사의 논설문 평가 과정을 확인하기 위한 연구이기 때문에 가능하면 평가자의 피로나 집중에 부정적인 요인은 제거하려고 노력했다. 따라서 800~1,200자 사이의 고등학교 1학년 학생의 논설문 30편을 평가 대상으로 하며, 평균 속도 정도로 평가한다면 국어교사 1인이 2~3시간 정도로 완료할 수 있는 분량을 설정하였다. 또한 이는 현재 고등학교 학급 당 학생 수 기준인 30명에도 부합하여 국어교사가 실제 학교에서 한 학급의 글을 평가하는 실제 교실 상황과도 비슷하도록 실험 상황을 설계하였다.

이 연구에서 사용된 논설문 평가 기준은 Spendel(1996)이 제시한 6특성 평가 기준을 국내 논설문 평가에 적합하도록 수정한 박영민·최숙기(2010)와 권태현(2014)의 논문, 그리고 2015 개정 국어과 교육과정의 성취기준을 참고하여 설계하였다. 이렇게 설계된 평가 기준을 교육경력 10년 이상의 국어교사 3인과 협의하여 평가 기준을 작성하였다. 평가 기준은 내용, 조직, 표현의 평가 요인으로만 구성하였고, 확장적 쓰기 단계의 학생에게 요구되는 성취기준을 평가 기준으로 포함하여 학교 현장에서의 논설문 평가 상황과 비슷하도록 구성하였다. 평가 기준을 상세화하면 학생의 글을 평가할 때 평가자가 자의적으로 기준을 해석할 가능성을 줄임으로써 평가 결과의 신뢰도를 높일 수 있다(Stuhlmann et al., 1999). 그러나 평가 기준이 너무 많으면 평가자의 인지 부담이 클 수 있으므로 적절한 조정이 필요하다.

선행 연구를 통해 작성된 평가 기준 확인을 위해 국어교사 3명이 논설문 30편의 평가를 진행한 후 Rasch 모형으로 분석하여 적합하지 않은 평가 기준은 삭제하였다. 따라서 제시된 평가 기준의 내적합도는 0.85~1.28로 적합한 영역인 0.75~1.3 사이에 존재한다. 그중 평가 기준 ⑦의 내적합도는 1.28로 가장 높았다. 다른 평가 기준은 1에 가까운데 비하여 평가 기준 ⑦은 부적합 판단 기준인 1.3 이상보다 내적합도가 아주 조금 작으므로 다른 평가 기준과 비교해 적합성이 떨어진다고 볼 수 있다. 그러나 내적합도가 1.28로 경계와 가깝지만 적합한 범위에 들어오고, 평가 기준 수에 따라 발생할 수 있는 평가 전략의 차이를 줄이기 위해 각 항목의 평가 기준수를 같게 설정하였다.

또한 기준이 너무 많으면 평가자의 피로도와 평가 난도가 높으므로 평가 결과의 정확성이 떨어질 수 있다는 전문가의 의견을 반영하여 각 항목당 평가 기준이 3개가 되도록 분석적 평가 기준을 확정하였다. 항목당 평가 기준의 수가 너무 적으면 평가 기준이 모호해지고, 너무 많으면 평가자의 인지 부담이 높아지는 문제가 발생한다. 따라서 항목당 3개 정도의 평가 기준이 적당하다고 협의하여 평가 기준표를 작성하였다. 이렇게 작성된 평가 기준은 작문 교육 박사 과정 3인과 작문 교육 전문가 1인의 검토를 받아 최종 작성되었다. 이 책의 연구에 사용된 평가 기준은 <표 3-4>와 같으며, 평가자에게 기준별 6점 척도를 사용하여 평가하도록 안내하였다.

〈표 3-4〉 논설문 평가 기준

| 항목 | 평가 기준 | 평가 척도 | | | | | |
|---|---|---|---|---|---|---|---|
| 내용 | ① 글의 주장이 분명하고 일관성이 있는가? | 1 | 2 | 3 | 4 | 5 | 6 |
| | ② 주장에 대해 다양하고 타당한 근거를 들었는가? | 1 | 2 | 3 | 4 | 5 | 6 |
| | ③ 글쓰기 상황(목적, 주제, 예상 독자)에 맞는 다양한 내용을 선정하였는가? | 1 | 2 | 3 | 4 | 5 | 6 |
| 조직 | ④ 설득하는 글에 적합하게 조직되었는가? | 1 | 2 | 3 | 4 | 5 | 6 |
| | ⑤ 주제에 관한 생각이 잘 드러나도록 조직되었는가? | 1 | 2 | 3 | 4 | 5 | 6 |
| | ⑥ 내용의 순서나 구조가 독자가 이해하기 쉽도록 조직되었는가? | 1 | 2 | 3 | 4 | 5 | 6 |
| 표현 | ⑦ 독창적이며 흥미롭게 표현하고 있는가? | 1 | 2 | 3 | 4 | 5 | 6 |
| | ⑧ 주제와 독자에 대한 분석을 바탕으로 독자가 이해하기 쉽도록 표현되었는가? | 1 | 2 | 3 | 4 | 5 | 6 |
| | ⑨ 글이 끼치는 영향을 고려하여 책임감 있게 표현하였는가? | 1 | 2 | 3 | 4 | 5 | 6 |

다시 한 번 정리하면, 작성된 평가 기준이 제대로 작동하는지를 확인하기 위해 학생 글 10편을 평가하는 논설문 평가 검사지를 제작한 후 교육경력 5년 이상의 국어교사 3인에게 사전검사를 시행하였다. 사전검사 후 Rasch 분석을 한 결과 평가 기준이 제대로 작동하는 것을 확인했고, 논설문 평가 과정에 따른 국어교사의 평가 전략 변화를 확인하는 연구에 필요한 논설문 평가 검사지를 확정하였다. 논설문 평가 검사지의 작성 과정을 정리하면 [그림 3-1]과 같다.

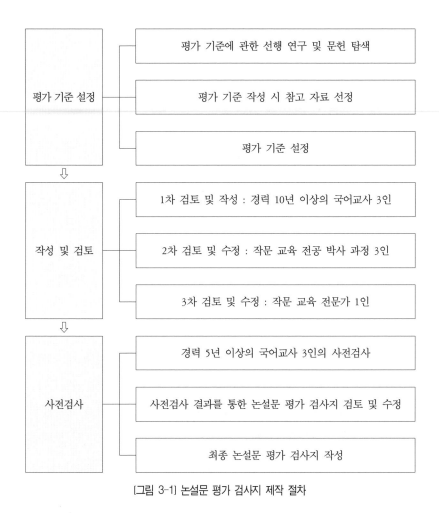

<table>
<tr><td rowspan="3">평가 기준 설정</td><td>평가 기준에 관한 선행 연구 및 문헌 탐색</td></tr>
<tr><td>평가 기준 작성 시 참고 자료 선정</td></tr>
<tr><td>평가 기준 설정</td></tr>
</table>

⇩

| 작성 및 검토 | 1차 검토 및 작성 : 경력 10년 이상의 국어교사 3인 |
| | 2차 검토 및 수정 : 작문 교육 전공 박사 과정 3인 |
| | 3차 검토 및 수정 : 작문 교육 전문가 1인 |

⇩

| 사전검사 | 경력 5년 이상의 국어교사 3인의 사전검사 |
| | 사전검사 결과를 통한 논설문 평가 검사지 검토 및 수정 |
| | 최종 논설문 평가 검사지 작성 |

[그림 3-1] 논설문 평가 검사지 제작 절차

논설문 평가 검사지는 '평가 기준 설정 → 작성 및 검토 → 사전검사'의 절차로 제작되었다. 제작된 검사지는 1차 평가에서 국어교사 37명에게 메일로 발송하여 논설문 평가를 의뢰하였으며, 논설문 평가 결과는 평가자의 편의에 따라 엑셀 파일이나 인쇄물의 형태로 제출하도록 안내하였다. 평가 과정 사고구술이 필요한 2차 평가는 국어교사 10

인에게 인쇄된 검사지를 배부하고 평가 결과를 인쇄물로 수집하였다.

## 나. 평가자 설문 검사지

국어교사가 논설문 평가 과정에서 느끼는 평가 전략의 차이를 파악하기 위해 논설문 평가 과정별 특징, 논설문 평가에서 평가 기준의 사용 양상, 평가자 정보 등을 묻는 검사지를 만들어 1차 평가에 투입하였다. 검사 문항은 영역 I 논설문 평가 과정과 평가 기준 인식, 영역 II 논설문 평가의 평가 기준 사용 양상, 영역 III 평가자 정보로 구성하였다.

설문은 국어교사가 총 30편의 논설문을 평가하는 과정을 10편씩 나누어 평가 전기, 중기, 후기로 나누고, 10편의 논설문 평가가 마무리될 때마다 반복적으로 설문에 응답하도록 구성하였다. 이러한 설문을 통해 국어교사는 스스로 평가 과정을 점검할 수도 있고, 이를 분석한다면 평가 과정에 따른 국어교사의 평가 전략 차이를 발견할 수 있다.

영역 I 논설문 평가 과정과 평가 기준 인식은 총 3문항으로 구성되었다. 각 문항은 10편의 논설문 평가에 든 평가 시간과 다시 보기를 파악하기 위한 질문으로 구성되었다. 또한 논설문 평가 과정에서 '평가 기준, 쓰기 과제, 학생 논설문, 이전 평가 결과, 다른 학생 글'의 평가 자료 중 어느 자료를 많이 보게 되는지를 순서대로 적도록 하여 평가 과정에서 국어교사가 중점을 두는 부분을 파악하고자 했다.

영역 II 논설문 평가의 평가 기준 사용은 총 8문항으로 구성되었다. 우선 논설문 평가를 진행하면서 새롭게 추가한 평가 기준의 유무를 조사하였다. 다음으로 논설문 평가 기준의 항목인 내용, 조직, 표현 평가의 어려움을 6척도로 표시하도록 하였다. 또한 국어교사가 논설문을 평가할 할 때, '가장 중요하다고 생각하는 항목, 가장 점수 변별이 쉽다고 생각하는 항목'을 각각 물었다. 남은 두 문항은 논설문 평가의 평가 전략 중 하나인 '세부 기준 설정'에 대한 실행과 필요성을 묻는 문항으로 구성되었다. 설문 응답 분석을 통해 논설문 평가 기준의 각 항목에 대한 국어교사의 인식과 활용 양상을 발견할 수 있으며, 평가 과정에 따른 평가 기준 적용과 관련한 평가 전략을 파악하고자 했다.

앞의 두 영역은 모두 논설문 평가 과정에 따른 국어교사의 평가 전략 변화를 확인하기 위한 문항으로 평가 과정에 따른 국어교사의 평가 전략 차이를 살펴보고자 문항을 구성하였다. 따라서 쓰기 평가자 특성과 관련된 여러 선행 연구를 참고하여 평가 시간, 다시 보기, 평가 기준 적용 방법 등을 확인할 수 있는 문항을 만들고 이를 논설문 10편의 평가가 끝날 때마다 반복적으로 설문에 응답하게 한 후 평가 과정 차이를 파악하였다(박영민 2009, 박영민·최숙기 2010, 박종임 2013, 장은주 2015, 송민영·이용상 2015). 따라서 영역 I 과 영역 II 는 평가자가 평가 전기, 중기, 후기 별로 총 3회 설문에 응답하도록 하였고, 영역 III 은 평가 후기에 1회만 응답하도록 하였다.

영역 III 평가자 정보는 총 5문항으로 구성되었다. 평가에 참여한 국어교사의 기본 정보를 파악하기 위한 설문으로 '이름, 성별, 경력, 100편 이상의 대규모 논설문 평가 경험, 연락처'등을 파악하여 평가자의 특성을 파악하고자 했다. 쓰기 평가에 영향을 줄 수 있는 평가자의 배경 요인으로는 성별, 연령, 경력, 평가 경험, 학문적 배경 등이 있다(장은주 2015). 평가 경험이 많은 평가자는 읽기 과정이 더 유창하며 글을 읽는 중에 점수 결정을 하기보다는 읽은 후에 점수를 결정하는 경향이 있다(Huot 1993). 따라서 평가자의 성별과 경력을 묻고, 100편 이상의 대규모 논설문 평가 경험의 횟수를 묻는 문항을 만들어 평가자의 대규모 평가 경험을 파악하였다. 교육경력과 평가 경험이 꼭 비례하지는 않기 때문이다.

　이러한 배경 요인 중에서 논설문 평가 과정에 따른 국어교사의 평가 전략 변화를 확인하기 위해, 평가 결과를 분석하고 해석하는 데 필요한 평가자의 성별, 경력, 대규모 평가 경험 등을 묻는 문항을 작성하였다. 또한 이종환(2011)의 설문지 작성법에서 응답하기 어려운 문항은 가급적 뒤에 배치하는 것이 좋으며, 개인의 인적 사항을 묻는 말 역시 될 수 있으면 나중에 배치해야 한다고 제시한 것을 바탕으로 평가자 정보를 묻는 영역Ⅲ을 설문지의 가장 마지막에 배치하였다.

　평가자 설문 검사지의 작성 과정은 [그림 3-2]와 같다. 평가자 설문 검사지의 내용 타당도 확인을 위해 작문 교육 박사 과정 이상의 검토자 3인, 경력 10년 이상의 국어교사 3인, 그리고 작문 교육 전문가 1인의 최종 검토를 거쳤다. 그 과정에서 중복 문항 삭제, 문항의 가독성 향상 등의 문항 편집 관련 의견과 표현이 모호한 문항의 교체, 세부 기준 설정 문항의 구체화 등의 수정 의견을 반영하였다. 이렇게 수정된 검사지의 적합성을 확인하기 위해 경력 5년 이상의 국어교사 3인에게 사전검사를 하고 설문 검사지를 확정하였다.

　작성된 평가자 설문 검사지는 온라인 설문 조사를 위한 프로그램인 N사의 폼을 활용하여 국어교사들에게 전달하였다. 온라인 설문 조사 프로그램은 컴퓨터나 휴대전화로 전송된 링크를 클릭하면 시간과 공간의 제약 없이 설문 조사를 시행할 수 있어 매우 편리하다. 또한 설문 응답 기간을 설정하고, 결과를 워드나 엑셀 파일로 저장할 수 있어서 결과 정리에도 유용하다.

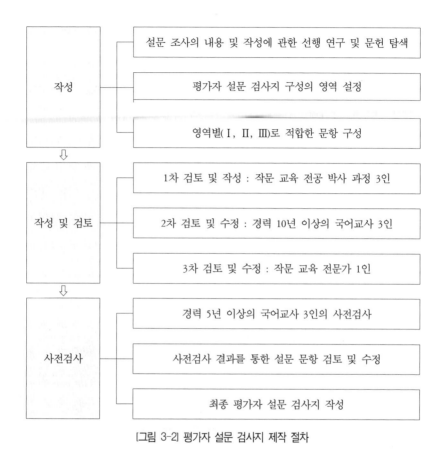

| 작성 | 설문 조사의 내용 및 작성에 관한 선행 연구 및 문헌 탐색 |
| | 평가자 설문 검사지 구성의 영역 설정 |
| | 영역별(Ⅰ, Ⅱ, Ⅲ)로 적합한 문항 구성 |
| 작성 및 검토 | 1차 검토 및 작성 : 작문 교육 전공 박사 과정 3인 |
| | 2차 검토 및 수정 : 경력 10년 이상의 국어교사 3인 |
| | 3차 검토 및 수정 : 작문 교육 전문가 1인 |
| 사전검사 | 경력 5년 이상의 국어교사 3인의 사전검사 |
| | 사전검사 결과를 통한 설문 문항 검토 및 수정 |
| | 최종 평가자 설문 검사지 작성 |

[그림 3-2] 평가자 설문 검사지 제작 절차

## 다. 평가 과정 메모지

논설문 평가 과정에 따른 국어교사의 평가 전략 변화를 확인하기 위해서는 국어교사가 평가 과정에서 하는 모든 생각을 파악하는 것이 중요하다. 따라서 국어교사의 평가 과정을 촬영하고 사고구술 하도록 했지만, 방법이나 자료를 다양화하는 삼각측정법을 활용하면 좀 더 믿을 수 있는 결과를 얻을 수 있을 것이다(Denzin 1978). 따라서 촬영과 사고구술 외에 평가자의 생각을 확인할 수 있는 다른 자료와 방법 중 하나로 평가 과정 메모지를 설정하였다.

평가 과정 메모지는 상위 수준 평가자의 특성 중 하나인 '메모하기' 평가 전략을 확인할 수 있다. 송민영·이용상(2015)은 영어 말하기 평가자의 행동 특성을 분석하여, 상위 수준 평가자와 하위 수준 평가자의 평가 전략 차이를 확인하였다. 그중 '메모하기' 평가 전략은 상위 수준 평가자가 평가를 할 때 답안을 들으면서 백지나 점수 기록 시트 빈칸에 발화의 전체 또는 일부를 메모하면서 평가를 하는 것이다. 평가자는 백지에 점수를 기록하거나 학생 답안의 일부를 단어나 문장으로 받아 적었다. 좀 더 구체적으로 살펴보면, 상위 수준 평가자들은 각 문항이 요구하는 과제에 대해 O와 X로 완수되었는지를 표시하여 전체적인 인상에 휘둘리지 않고 평가 영역별로 정확한 판단을 위해 메모를 한다고 하였다. 또 다른 평가자는 학생의 말을 받아 적으며 들을 때 기억이 잘되고 평가의 신뢰도가 높아지며, 평가자가 학생의 발화에 대해 '맞다, 틀리다, 좋다, 나쁘다'와 같은 판단을 할 때 '메모하기'를 통해 기록하면서 미세하게 점수를 조정한다고 하였다.

비록 영어 말하기 평가자의 평가 전략이지만, 이는 하위 수준 평가자에게는 드러나지 않는 특징으로 평가자의 수준에 따른 차이가 분명했다. 이러한 평가 전략이 논설문 평가에서는 어떻게 나타나는지를 확인한다면, 논설문 평가자의 수준에 따른 평가 전략 차이를 발견할 수도 있다. 또한 메모한 내용을 녹화 및 사고구술 자료와 교차 점검하는 삼각측정법을 활용한다면, 평가 과정 분석의 신뢰도를 높일 수 있다. 따라서 2차 평가를 위해 제공된 평가 과정 메모지는 '실험 안내, 쓰기 과제, 평가 기준, 평가할 학생 글' 별로 한 페이지씩 구성되어 있으며,

평가 과정에서 메모지 이외의 종이에는 필기하지 않도록 평가자에게
사전에 안내하였다.

## 3. 연구 절차

이 책의 연구는 크게 두 가지의 평가 과정으로 나눌 수 있다. 1차
평가는 논설문 평가 과정에 따른 국어교사의 일반적 평가 전략 변화
를 확인하기 위한 연구로 국어교사 37명을 연구 대상으로 진행한다.
교육경력 5년 이상의 국어교사 37명에게 고등학교 1학년의 논설문 30
편을 평가 전기, 중기, 후기로 나누어, 10편씩 3회로 분류하여 평가하
도록 했다. 각 10편의 평가가 끝나면 온라인 설문에 접속하여 설문 문
항에 답한 후 다음 10편의 평가를 시작하도록 했다.

국어교사의 논설문 평가를 10편씩 3회로 나눈 이유는 먼저 평가 과
정에 따라 다른 국어교사의 평가 전략을 살펴보고 싶었기 때문이다.
국어교사가 논설문 30편을 평가하면서 그 평가의 과정에 따라 중점
사항이나 평가 전략이 달라질 수 있다. 선행 연구에서도 학생 글 30편
의 평가 과정에서 평가자들은 평가 기준의 고정 빈도와 고정 시간이
지속해서 하향하는 추세를 보였으며, 특히 평가 초반부인 10번째 글까
지의 급격한 감소 이후 완만하게 감소하는 경향을 보인다는 결과를
확인했다(이지원·박영민 2015). 또한 평가 과정에 따라 평가자의 피로도
증가로 인한 변화가 나타날 수 있으므로 피로도를 최대한 통제하고
평가 과정에 따른 평가자의 전략 변화를 살펴보고자 했다. 이를 위하
여 전체 30편의 평가 과정을 10편씩 나누어 잠시 휴식한 후 평가를 진

행하였다. 이렇게 하는 것이 평가자의 피로도를 줄이고 집중력을 높일 수 있어, 평가자의 피로도로 인한 변화를 통제하고 평가 전략 파악에 쉽다고 생각했기 때문이다.

이렇게 수집된 결과는 FACETS 3.8을 사용하여 Rasch 모형으로 분석을 한 후 평가자 유형을 적합, 부적합, 변화로 나누었다. 전체 30편의 평가 결과와 각 10편씩의 평가 과정에 따른 평가자 유형을 분석하여, 모든 과정에서 적합한 평가자는 '적합', 부적합한 평가자는 '부적합', 유형이 혼재하는 평가자는 '변화'로 나누어 분석하였다. 그리고 평가와 설문의 결과를 평가 과정 및 평가자 유형별로 분석하여 논설문 평가 과정에 따른 국어교사의 평가 전략 변화를 확인하기 위한 기초연구를 진행하였다.

2차 평가는 교육경력 5년 이상인 국어교사 10인을 대상으로 평가 결과 수집과 평가 과정 기록을 함께 진행하였다. 이를 위하여 검사 도구와 방법에 차이를 두었는데, 2차 평가에 참여한 국어교사는 평가 과정을 사고구술 하도록 하였고 그 과정을 녹음 및 녹화하였다. 또한 평가 과정 메모지를 제공하여 평가 과정을 메모하도록 안내하고, 평가가 끝난 직후 회상적 사고구술을 실시했다. 따라서 2차 평가에 참여한 국어교사들은 평가 중 사고구술과 평가 직후 회상적 사고구술로 평가 과정을 기록했다.

평가 중에 진행되는 사고구술은 두 가지 이상의 생각을 함께해야 하므로 연구 참여자의 인지 부담이 큰 연구 방법이다. 따라서 원활한 사고구술을 위하여 언어 발달이 뛰어나고 평가 경험이 풍부한 교육경력 5년 이상의 국어교사를 연구 대상으로 선정하였다. 또한 2차 평가 시작 전 별도의 논설문을 제공하여 평가 과정의 사고구술을 연습하도록 하였다. 그러나 이러한 노력에도 불구하고 인지 부담이 높은 논설문 평가와 사고구술을 함께 하는 것은 많은 어려움이 따른다. 이러한 방법들의 한계를 보완한 방법의 하나가 즉시 회상법이다.

즉시 회상법은 수행 과정을 몇 가지 국면으로 나누고, 연구 참여자가 각각의 국면에서 떠올린 생각을 즉각적으로 회상하여 녹음하게 하는 방법이다(이윤빈 2013). 두 가지 이상의 수행으로 인지 부담이 높은 국어교사에게 평가를 마친 후 즉시 회상법을 실시하면 생각 표현이 활성화될 수 있다. 따라서 국어교사가 10편의 논설문 평가를 마친 직후 평가 과정을 회상적으로 사고구술 한다면, 인지적인 부담으로 표현에 어려움을 겪었던 평가자의 생각이 좀 더 자유롭게 표출될 수 있다. 따라서 회상적 사고 구술과 사후 인터뷰를 활용하여 사고구술의 한계를 보완하려 노력하였다.

이렇게 수집된 결과는 FACETS 3.8을 사용하여 Rasch 모형으로 분석을 한 후 평가자 유형을 적합, 부적합, 변화로 다시 나누었다. 1차 평가와 2차 평가에 사용된 학생 논설문 30편이 같기 때문에 정말 유능한 평가자는 1, 2차 평가 모두에서 적합이 나온 평가자일 것이다. 더불어 1차 평가와 2차 평가 결과 분석에 따른 평가자 유형에 차이가 있다면, 그 원인을 파악하여 평가 전략의 차이를 밝히는 것 또한 평가자의 전문성을 연구하는 데 의의가 있을 것이다.

분석된 평가자 유형을 바탕으로 2차 평가에서 수집된 촬영, 사고구술 프로토콜, 평가 과정 메모 등은 NVivo 10을 이용하여 분석하였다. NVivo는 질적 자료의 분석·관리·형성을 도와주는 소프트웨어로, 수많은 자료를 연구자가 일일이 분류하고 범주화하던 것을 기계적으로 처리함으로써 연구에 드는 시간을 줄이고 효율성을 높일 수 있다(박종원 2015). 이러한 과정을 통해 국어교사들의 공통된 특성을 추출하고,

논설문 평가 과정에 따른 국어교사의 평가 전략 변화를 확인할 수 있다. 이러한 연구의 절차는 [그림 3-3]과 같이 정리할 수 있다.

　연구 절차를 살펴보면, 이 연구는 크게 여섯 단계의 절차로 이루어졌다. 이러한 연구 절차를 통하여 교육경력이 5년 이상인 국어교사의 논설문 평가의 결과뿐 아니라 평가 과정 분석을 통해 평가 전략을 살펴볼 수 있다. 또한 양적 연구와 질적 연구 방법을 병행하여 국어교사의 평가 전략을 확인할 수 있으며, 평가 과정에 따른 전략의 변화를 분석할 수 있다는 점에서 연구의 의의가 있다.

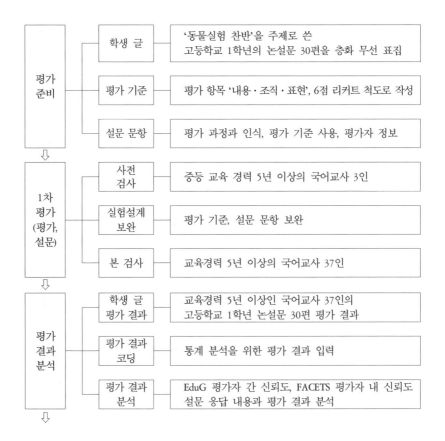

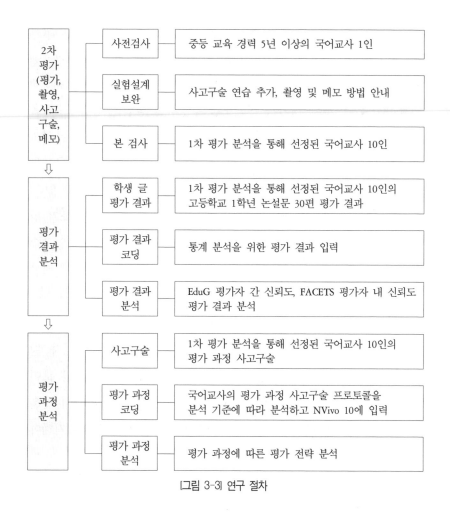

[그림 3-3] 연구 절차

## 4. 분석 도구

### 가. 논설문 평가 결과 분석

그동안 평가자의 신뢰도를 파악하기 위한 쓰기 평가 연구가 활발하

게 진행되었다. 연구는 주로 평가의 결과를 통계적으로 측정하여 평가
자 간 신뢰도나 평가자 내 신뢰도를 검증하는 방향으로 이루어졌다(김
성숙 1995, 김성숙 2001, 박영민·최숙기 2010, 박종임·박영민 2011, 이영식 2014, 이
인혜 2014, 조재윤 2009). 평가자 신뢰도를 추정하는 방법은 상관계수법을
활용한 방법이 많이 사용되는데, 주로 평가자들의 평가 결과를 분석하
여 Cronbach α계수를 도출하여 신뢰도를 검증하는 방법이다. 최근에는
일반화 가능도 이론이나 Rasch 모형을 활용한 방법도 활용되고 있다.

쓰기 평가 결과를 다국면 Rasch 모형을 사용하여 분석하면, 쓰기 평
가자의 개별적인 신뢰도의 정보를 알 수 있다. Linacre(1989)는 일모수
문항반응이론인 Rasch 이론을 발전시켜 쓰기 평가 결과의 분석에 적합
하도록 다국면 Rasch 모형을 개발하고, 이를 컴퓨터로 분석할 수 있는
FACETS 프로그램을 개발하였다. FACETS 프로그램을 이용하여 다국면
Rasch 모형을 분석하면 평가자의 엄격성과 적합도를 구할 수 있다. 평
가자의 엄격성은 평가를 진행하면서 평가자가 점수를 부여할 때 보이
는 관대함의 정도로 엄격성이 높은 평가자일수록 점수 평균이 낮은
경향이 있다. 전체 평가 과정에서 이러한 엄격성을 일정하게 유지해야
적합한 평가자라 할 수 있다.

Rasch 모형에서 적합도 분석은 중요한 의미가 있다. 적합도 분석을
통하여 모형의 적합성은 물론이고, 연구 참여자에 대한 진단 및 문항
의 타당성을 확인할 수 있기 때문이다. FACETS 프로그램을 통한 Rasch
모형의 분석은 특정 문항에서 각 피험자의 예측된 응답과 관찰된 응
답을 비교하고, 예측된 자료와 관찰된 자료가 충분히 맞을 때까지 자
동으로 계속해서 재추정을 한다(장소영·신동일 2009). 따라서 Rasch 모형
분석을 통해 적합한 피험자, 검사 도구, 평가자를 판별하고 통계적으

로 조정할 수도 있다. 문항 난도와 피험자 능력의 추정이 이루어지면 FACETS 프로그램은 각 피험자와 문항에 대한 적합도 통계 자료를 제시한다. 이러한 적합도 통계 자료를 통해 평가자의 적합도 유형을 적합, 부적합, 과적합으로 분류할 수 있다.

이 연구에서는 1차 국어교사 37명, 2차 국어교사 10명의 논설문 평가 결과를 분석하여 평가 결과를 확인하기 위해 FACETS 프로그램을 사용하였다. 분석을 통하여 논설문 평가에서 국어교사 j가 쓰기 능력이 n인 고등학생의 논설문 쓰기 평가 기준 i에 대해 부여한 점수가 k-1이 아닌 k를 부여할 확률과, 그 확률을 log로 변환한 값을 얻을 수 있다(Linacre 1989). 이를 위한 Rasch분석 모형을 정리하면 <표 3-5>와 같다.

<표 3-5> 논설문 채점 결과 분석을 위한 Rasch 분석 모형

$$\log ( P_{nijk} / P_{nij(k-1)} ) = A_n - B_i - C_j - D_k$$

$A_n$ : 고등학생 n의 논설문 쓰기 능력
$B_i$ : 채점 기준 i의 난도
$C_j$ : 채점자 j의 엄격성
$D_k$ : 등급 점수 k-1에서 등급 k로 올라가기 위한 난도
$P_{nmijk}$ : 피험자 n이 기준 m에 근거하여 채점자 j로부터 문항 i
        에 k점수를 받을 확률
$P_{nmij(k-1)}$ : 피험자 n이 기준 m에 근거하여 채점자 j로부터 문
        항 i에 k-1 점수를 받을 확률

<표 3-5>와 같은 다국면 Rasch 모형의 분석 결과를 logit 척도로 변환하면, 고등학생의 쓰기 능력 및 평가 기준의 난도에 따른 국어교사의 엄격성 수준과 엄격성의 일관성이 적합한 정도에 대한 값을 얻을 수

있다. 이를 위하여 평가 결과 자료를 FACETS 3.8을 사용하여 분석하고 모형 분석의 적합도를 확인한 후 평가자 유형을 분류하였다. 또한 평가 결과는 PASW 18과 R 4.0 등의 프로그램을 활용하여 추가 분석을 하였다.

## 나. 논설문 평가 과정 사고구술 프로토콜 분석

FACETS 프로그램은 평가자의 엄격성이나 일관성과 같은 정보를 제공한다. 그러나 다국면 Rasch 모형을 활용한 평가 결과 분석만으로는 어떤 과정과 차이로 인해 평가자의 엄격성이나 일관성이 달라지는지 알 수 없다. 이처럼 쓰기 평가 결과를 통계적으로 분석하는 결과 중심의 평가자 연구는 평가자의 평가 경향에 대한 유용한 정보를 줄 수 있지만, 평가자의 평가 과정과 평가 전략을 보여 주지는 못한다. 따라서 다국면 Rasch 모형 분석과 같은 결과 분석 중심의 평가자 연구뿐만 아니라, 평가 과정 연구에 대한 관심과 필요성이 요구된다(안수현·김정숙 2017). 평가 결과뿐 아니라 평가 과정도 적절할 때 믿을 수 있는 평가가 될 수 있기 때문이다. 따라서 이제는 평가 과정에 대한 면밀한 분석과 확인이 필요하다.

평가자 유형의 차이 및 일관성의 변화는 여러 가지 형태로 나타난다. 예를 들면 평가자들은 평가 항목 및 기준을 다르게 해석하거나 평가 과제, 평가 기준, 학생 글에 대해 난도를 얼마나 일관되게 적용하는지에서 차이를 보일 수 있다. 이렇게 다양한 형태로 나타나는 평가 전략의 특성을 심층적으로 이해하기 위해, 많은 연구가 심층 면담 또는 사고구술 등의 구두 보고 분석 기법을 활용한 질적 연구를 시도하였다(McNamara 1996, DeRemer 1998). 이를 통해 쓰기 평가 시 평가자들이 어떻게 실제 답안의 질을 파악하고 최종 점수를 부여하는지에 대한 구체적인 평가 전략과 기준 적용의 이유를 파악하고자 하였다.

논설문 평가 과정에 따른 국어교사의 평가 전략 변화를 파악하기 위해 국어교사의 평가 과정 사고구술 프로토콜을 분석하였다. NVivo를 활용하여 분석하기 위해 먼저 녹음된 사고구술을 전사하고, 이 사고구술 프로토콜을 NVivo 10 자료로 전환하였다. NVivo 10은 평가자의 사고구술 내용 자료의 범주화 및 조직화가 단계적이면서도 효율적으로 이루어져, 연구의 시간과 노력을 절감시켜 주는 질적 연구 소프트웨어이다(박종원 2015). 따라서 질적 연구에서 많이 사용되고 있으며, 연구자들의 시간과 비용을 절감해준다.

NVivo에서는 사고구술 프로토콜에서 의미 있는 부분에 이름을 붙여 분석하는 작업을 노드(node)3)를 생성한다고 한다. 그리고 NVivo 프로그램은 원자료를 훼손하지 않고 같은 노드가 부여된 자료를 확인할 수 있으며, 노드 자료와 원자료를 자유롭게 이동할 수 있다(박종원 2015). 노드 생성을 위해 선행 연구를 분석하여 평가자 사고구술 프로토콜에서 드러나는 학생 글 한 편을 평가할 때의 평가 과정을 확인하였다. 선행 연구에서 확인된 평가 과정과 평가 과정에서 보이는 유능한 평가자의 평가 과정과 경험은 다음의 <표 3-6>과 같다.

---

3) '노드(node)'는 자료를 분석하면서 연구자가 설정할 수 있는 아이디어의 범주를 저장하는 공간이다(박종원 2015).

〈표 3-6〉 평가자의 평가 과정과 경험 분석 기준

| 평가 과정 | | | 평가 경험 |
|---|---|---|---|
| 해석 | 학생 글 이미지화 | | 글의 인상을 형성하여 신속하게 읽기 |
| | 읽기 및 이해 | | 요약, 관련성 조사, 조직 평가 |
| 평가 | 평가 기준 | 내용 | 어법보다 글 내용에 초점을 두기 |
| | | 조직 | 쓰기 기준 항목에 의한 글 특성을 수준별로 기억하여 비교하고 판단하여 점수를 결정 |
| | | 표현 | 이해하기 쉬운 어휘의 사용 |
| 정당화 | 점수 척도 변별 | | 쓰기 준거 항목별 글 수준 파악 |
| | 점수 부여 | | 수준에 따른 점수 부여 확정 |
| 점검 및 조정 | | | 평가 편향에 주의하기 |
| 정서적 반응 | | | 긍정 표현, 부정 표현 |

평가자가 한 편의 논설문을 평가하는 평가 과정을 연구한 선행 연구를 종합하여 논설문 한 편의 평가 과정을 '해석, 평가, 정당화, 점검 및 조성, 정서적 반응'으로 나누었다(Wolfe 2005, Crisp 2012). 그리고 평가 과정에 따른 유능한 평가자의 평가 특성을 선행 연구에서 찾아 함께 제시하면서 분석 기준을 마련하였다(Huot 1993, Bejar 2012, Eckes 2012, Suto 2012). 이렇게 작성된 프로토콜 분석 기준은 국어교육 박사 과정 이상이면서 교육경력 5년 이상인 국어교사 3인의 검토 및 수정을 거쳐 정리한 후 사전검사를 시행하여 적용 가능성을 확인하고 프로토콜 분석에 활용하였다.

분석 기준에서 '해석'은 국어교사가 학생 글을 읽고 이해하는 과정이다. 이때 국어교사는 학생에 대한 개인 정보, 글씨, 분량 등에 따라서 '학생 글 이미지'를 형성한다. 이 연구에서는 학생에 대한 사전 정보와 학생 글씨로 인한 인상 등의 영향을 줄이기 위해 학생의 사전 정보를 지운 후 일련번호를 부여하고, 학생 손글씨를 모두 워드프로세서로 전사하여 학생 글씨의 영향을 통제하였다. 그러나 분량에 따른 학생 글 이미지는 일관되게 통제될 수 없어서, 표집된 전체 학생 글을 분량에 따라 A, B, C 세 집단으로 나누고 각 집단에서 평가할 글을 표집으로 조사하는 무선층화표집을 통해 분량으로 인한 영향을 줄이려 노력하였다.

국어교사는 학생 글의 첫 문장이나 분량, 문단 나눔 등을 통해 전체적인 학생 글 이미지를 형성하고 어휘나 표현 등으로 학생 글 수준이나 쓰기 능력에 관한 판단을 선행하였다. 이러한 국어교사의 평가 과정을 '학생 글 이미지화'로 명명하고 분석을 실시하였다. 또한 국어교사가 학생 글을 읽으면서 보이는 평가 특성은 '읽기 및 이해' 과정으로 분석하였다. 국어교사는 학생 글을 읽으면서 소리 내어 그대로 읽기, 이해되지 않는 부분을 재질문하기, 자기 말로 재진술하기 등의 평가 방법을 사용하였다.

다음으로 국어교사가 학생 글을 평가 기준에 따라 수준을 나누는 과정으로 '평가'를 설정하였다. 국어교사는 쓰기 평가 맥락에서 주어진 평가 기준을 바탕으로 평가를 진행하게 된다. 따라서 제시된 평가 기준과 같이 평가 영역을 내용, 조직, 표현으로 나누고 각 평가 영역에 대해 사고구술하거나 평가 기준 적용과 관련된 평가 특성을 코딩하였다. '내용'은 주로 글의 주제나 근거 등에 대한 평가가 이루어지며, 근거의 수나 타당성 여부를 판단하여 평가를 진행하였다. '조직'은 주로 논설문의 형식에 맞는지와 문단 구성이 적절한지 등을 평가하는 내용에서 평가 특성이 드러난다. 마지막 '표현'은 평가 기준에 제시된 책임감이나 문장의 유려함 등을 평가하는 내용 등이 포함되었다.

이렇듯 평가 기준과 학생 글을 비교하여 학생 글을 채점한 후에는 평가 결과를 점수로 기록하게 된다. 이러한 점수 척도 변별 및 점수 부여 과정을 '정당화'로 명명하고 각 과정을 분석하였다. 먼저 정당화 과정에서 점수 척도 변별은 전체 9개의 평가 기준을 각 기준별로 6점 리커트 척도로 평가하도록 설계한 쓰기 평가 맥락과 관계가 있다. 따라서 국어교사는 평가 기준에 따라 학생 글을 6점 척도에서 어느 정도 위치하는지 변별할 수 있어야 한다. 이 변별의 과정에서 보이는 국어교사의 사고구술 프로토콜을 점수 척도 변별로 배분하였다. 또한 변별된 척도는 1~6점 사이의 점수로 표현되는데, 이렇듯 학생 논설문 쓰기 능력에 숫자인 점수가 부여되는 사고구술을 점수 부여로 배분하였다.

마지막으로 점검 및 조정과 정서적 반응은 쓰기 평가 과정 중 어느 때나 나타날 수 있는 것으로 평가자의 상위인지와 관련이 있다. '점검 및 조정'은 평가자가 자신의 평가 과정을 점검하고 이를 통해 비교나 회귀를 하면서 조정하는 과정이다. 이는 평가 전체 과정에서 어느 때나 나타날 수 있으며 쓰기 평가 전반에 평가자의 상위인지가 작동하고 있음을 보여 준다. '정서적 반응'은 인간 평가자에게 드러나는 자연스러운 현상으로 평가 과정에서 학생 글이나 평가 상황에 대한 정서 표현을 말한다.

'해석, 평가, 정당화, 점검 및 조성, 정서적 반응'이라는 평가 과정에서 평가자는 다양한 사고와 경험을 하게 된다. 그러나 이러한 경험들이 모두 평가 전략을 의미하지는 않기 때문에 좀 더 세밀한 분석을 통해 평가 전략을 찾아낼 필요가 있다. 따라서 교육경력이 5년 이상이면서 국어교육 석사과정 이상인 6명의 국어교사가 아무런 제약 없이 적합한 평가자 5명의 평가 과정 메모지와 사고구술 내용을 세밀하게 읽으면서 논설문 평가 전략과 관련된 내용을 특징지을 수 있는 전략을 찾아 이름을 부여하고 절 이상의 단위로 분석하였다.

국어교사가 분석한 사고구술 프로토콜의 평가 과정 특성에서 유사한 평가 전략을 병합하거나 중복된 평가 전략을 범주화하면서 분석 기준을 최종적으로 확정하였다. 그리고 일부 교사에게서 가끔 발견된 평가 전략은 분석 기준에 포함하지 않았다. 이렇게 분석된 평가 전략을 국어교육 박사 과정에 있는 교육경력 10년 이상의 국어교사 3인이 검토 및 수정하였다. 이러한 과정으로 마련된 평가 전략의 분석 기준은 <표 3-7>과 같다.

<표 3-7> 평가 전략 분석 기준

| | 평가 전략 | 평가 전략 설명 |
|---|---|---|
| 내용 확인 | 내용 확인 전략 | 평가자가 글을 보면서 어떠한 판단 없이 글의 내용이나 구조 등을 객관적으로 확인 |
| | 예측 전략 | 글을 평가하면서 글의 특성이나 평가 결과를 예상 |
| | 다시 읽기 전략 | 이미 읽은 부분을 다시 읽어서 확인 |
| 기준 해석 및 조정 | 기준 조정 전략 | 평가 기준을 평가자가 생각하는 주요 요소에 맞게 조정하여 사용 |
| | 기준 축소 전략 | 여러 개로 나누어진 평가 기준을 합하여 줄이거나, 6첨 척도로 부여하는 점수를 상, 중, 하 등의 방법으로 줄여서 적용 |
| | 기준 해석 전략 | 평가 기준을 더 정밀하게 세분화하여 사용 |
| 자기 강화 | 객관적 자기 강화 전략 | 평가자가 판단의 근거를 마련하기 위해서 객관적인 이유를 제시 |
| | 주관적 자기 강화 전략 | 평가자가 판단의 근거를 마련하기 위해서 주관적인 이유를 제시 |

| | 대화 전략 | 글을 쓴 필자나 글의 내용과 소통 |
|---|---|---|
| | 비교 전략 | 이전에 평가한 학생 글과 공통점이나 차이점 찾기 |
| 점수<br>결정 | 점수 결정 전략 | 점수 부여를 위해 6점 척도 중 해당하는 수준을 수치화 |
| | 판단 보류 전략 | 평가자가 점수 부여의 판단을 일단 보류한 후 다음에<br>결정 |
| 자기<br>점검<br>및<br>조정 | 자기 질문 전략 | 평가자가 자신의 판단이나 평가 과정에 질문을 제기 |
| | 자기 점검 전략 | 평가자가 스스로 평가한 결과의 적절성을 점검 |
| | 자기 조정 전략 | 평가자가 점검을 통해 찾은 문제점을 스스로 수정 |

평가자가 평가 과정에서 사용하는 평가 전략은 매우 다양하다. 이미 내면화된 평가 기준이라도 글에 따라서 평가 기준을 다르게 적용하듯이, 평가 상황이나 평가할 학생 글의 특성에 맞는 적절한 평가 전략을 사용하는 것이 유능한 평가자의 특성이기 때문이다(Vaughan 1991). 따라서 평가 전략은 평가자, 평가 대상, 평가 상황, 평가 과정에 따라서 달라질 수 있다. 이렇게 다양하고 유동적인 평가 전략을 정리하는 것은 많은 어려움과 한계가 따른다.

이 연구에서는 채점 일관성이 적합한 평가자 5명의 평가 과정 사고 구술 프로토콜 분석을 통해 구체적인 평가 전략을 추출하고, 공통으로 드러나는 평가 전략을 찾아 분류하였다. 평가자 신뢰도가 적합한 평가자의 평가 전략을 확인하면 평가 신뢰도를 높일 수 있는 평가 전략을 찾을 수 있기 때문이다. 이렇게 찾은 전략을 유형별로 분류한 후 검토와 협의를 통해 15개의 평가 전략을 추출하였다. 비록 적합한 평가자라는 일부 평가자만을 분석하여 분석 대상이 된 평가 대상이나 평가자의 수가 적고 글의 유형도 논설문으로 한정적이지만, 국어교사의 실제 평가 과정에서 국어교사가 사용한 평가 전략을 확인하였다는 것에 의의가 있다. 또한 학생 논설문 평가 과정에서 국어교사가 공통으로 보인 평가 전략을 추출하였기 때문에 향후 평가자의 평가 전략 연구에 기여한 것으로 기대한다.

## 다. 프로토콜 분석자 간 신뢰도

이 연구에서는 평가자의 평가 전략 확인을 위해 사고구술 프로토콜 분석을 하였다. 먼저 선행 연구를 통해 평가 과정별로 유능한 평가자의 평가 전략을 파악하여 참고 자료로 제시하고, 이를 바탕으로 국어교사의 평가 과정 사고구술 프로토콜을 분석하도록 하였다. 따라서 연구자를 포함한 교육경력 10년 이상의 국어교사 5명이 평가자의 사고구술 프로토콜에서 발견되는 평가 전략을 모두 찾은 후 이를 협의하여 조정하였다. 이를 위해 적합한 평가자 5명의 평가 과정 사고구술 프로토콜에서 나타나는 평가 전략을 모두 찾고 이를 NVivo 10에 입력하여 정리하였다. 평가 전략 분석 기준을 마련하면서 협력적 분석을 사용하였는데, 협력적 분석은 연구자의 코딩과 분석 과정을 점검할 수 있고 연구 결과에 관한 내용을 검증받을 수 있다(Hatch 2002). 또한 협력적 분석을 통해 프로토콜 분석의 시간을 절약하면서도, 프로토콜에서 드러나는 다양한 평가 전략을 효과적으로 찾을 수 있다. 따라서 평가 과정 사고구술 프로토콜에 대한 개별 분석과 협력 분석 결과를 바탕으로 평가 전략 분석 기준을 확정하였다.

사고구술 프로토콜 분석은 평가자 1인의 프로토콜을 3인 이상의 국어교사가 분석하도록 교차 설계하였으며, 3인의 분석에 차이가 발생하는 경우는 협의를 통해 조정하였다. 그리고 자료 분석의 타당도를 높이기 위해 논설문 평가 과정 별로 R 4.0[4]을 이용해 Fleiss' Kappa 계수를 구하여 프로토콜 분석자 간 신뢰도를 확인하였다. 이렇게 확인한 논설문 평가 과정에 따른 사고구술 프로토콜에 대한 분석자 간 신뢰도 계수는 다음 <표 3-8>과 같다.

　분석자가 3명 이상일 때 권장되는 신뢰도 계수는 Fleiss' kappa 계수이다. Fleiss' kappa 계수는 분석자가 우연히 일치할 확률을 제외하므로 신뢰도 값이 Cohen's kappa 계수보다 낮게 도출된다. 따라서 Fleiss' kappa 계수가 0보다 작을 때는 일치도 없음, 0.01 이상 0.21 미만일 때는 아주 약간의 일치, 0.21 이상 0.41 미만일 때는 약간의 일치로 해석한다. 또한 Fleiss' kappa 계수가 0.41 이상 0.61 미만일 때는 보통의 일치, 0.61 이상 0.81 미만일 때는 상당한 일치, 0.81 이상 1.00 이하일 때는 거의 완벽한 일치로 해석한다(Landis & Koch 1977). 이를 토대로 <표 3-8>의 신뢰도 계수를 살펴보면, 대부분이 보통의 일치에 해당하고 일부는 0.61 이상 0.80 이하로 상당한 일치를 보인다. 일치도가 높은 편은 아니지만, 모두 0.50 이상으로 일치를 보이기 때문에 적절하다고 판단하고 연구를 계속 진행하였다.

<표 3-8> 사고구술 프로토콜 분석자 간 신뢰도 계수

| 평가자 | 평가 과정 | 평가 전략 분석자 간 신뢰도 |
|---|---|---|
| R5 | 전기 | 0.72 |
| | 중기 | 0.68 |
| | 후기 | 0.70 |

---

4) R은 무료로 사용할 수 있는 공개 소스 데이터 분석 프로그램이다.

| | | |
|---|---|---|
| R6 | 전기 | 0.67 |
| | 중기 | 0.63 |
| | 후기 | 0.61 |
| R10 | 전기 | 0.65 |
| | 중기 | 0.63 |
| | 후기 | 0.67 |
| R14 | 전기 | 0.61 |
| | 중기 | 0.73 |
| | 후기 | 0.65 |
| R17 | 전기 | 0.69 |
| | 중기 | 0.64 |
| | 후기 | 0.67 |
| R19 | 전기 | 0.65 |
| | 중기 | 0.59 |
| | 후기 | 0.68 |
| R20 | 전기 | 0.59 |
| | 중기 | 0.53 |
| | 후기 | 0.57 |
| R26 | 전기 | 0.61 |
| | 중기 | 0.65 |
| | 후기 | 0.68 |
| R32 | 전기 | 0.71 |
| | 중기 | 0.66 |
| | 후기 | 0.62 |
| R35 | 전기 | 0.70 |
| | 중기 | 0.73 |
| | 후기 | 0.69 |

# 쓰기 평가 결과와 과정 분석

## 1. 평가 결과 분석

### 가. 1차 평가

평가 과정에 따른 국어교사의 평가 전략 차이를 살펴보기 위해, 국어교사 37명이 고등학교 1학년 학생 논설문 30편 평가를 진행하였다. 30편의 평가 과정을 전기(10편), 중기(10편), 후기(10편)로 나누어 평가를 실시하고, 10편의 평가가 진행되면 잠시 휴식을 취하도록 안내하였다. 왜냐하면 평가 과정에 따른 국어교사의 평가 전략을 분석하기 위한 연구이기 때문에 피로도가 평가 결과에 미치는 영향을 휴식을 통해 줄이고 싶었기 때문이다. 또한 각 전기, 중기, 후기의 평가 과정마다 평가를 점검하는 간단한 설문을 진행하였다. 이렇게 도출한 평가 과정에 따른 국어교사 평가 점수의 기술통계는 <표 4-1>과 같다.

〈표 4-1〉 평가 과정에 따른 1차 평가 점수 기술통계

| 평가자 | 평가 과정 | 평균 | 표준편차 |
|---|---|---|---|
| 국어<br>교사<br>(37명) | 평가 전기 | 36.46 | 8.59 |
| | 평가 중기 | 31.59 | 5.56 |
| | 평가 후기 | 33.81 | 5.09 |
| | 전체 | 33.96 | 6.57 |

<표 4-1>과 같이 전체(30편) 평가 평균은 33.96(54점 만점)이고 표준편차는 6.57이다. 그리고 각 과정에 따른 평균과 표준편차를 살펴보면, 평가 전기, 중기, 후기의 평균은 36.46, 31.59, 33.81로 평가 전기의 평균이 가장 높고, 평가 중기의 평균이 가장 낮다. 그리고 후기가 되면 전체 평균과 가장 비슷한 평균을 가지게 된다. 평가 과정별로 국어교사가 평가해야 할 글의 길이를 비슷하게 설계했던 실험 과정을 바탕으로 결과를 해석하면, 평가 중기의 학생 논설문이 가장 점수를 받기가 어려웠으며, 평가가 진행될수록 평가 평균은 낮아지지만, 전체 교사의 평균이 비슷해지는 경향을 보인다.

그리고 표준편차를 살펴보면 전기 표준편차가 8.59로 평가 점수가 평균에서 넓게 분포된데 비해, 중기와 후기는 5.56, 5.09로 표준편차가 비슷하고 평가 점수가 전기에 비해 평균에 가깝게 분포된 것을 확인할 수 있다. 이러한 기술통계 변화를 통해 평가 과정이 후기로 갈수록 국어교사의 점수 부여가 안정화 되어 간다고 추정할 수 있다. 그러나 기술통계에 나타난 평균과 표준편차의 변화만으로 평가 과정의 차이를 확신하기는 어렵다. 왜냐하면 평가할 학생 글의 특성이나 평가 난도 등이 함께 고려되어야 하기 때문이다. 따라서 평가 점수의 변화와 함께 평가 과정을 살펴 변화가 나타난 원인을 파악해야 한다.

다음으로 평가 과정에 따른 평가 점수의 차이가 있는지를 확인하기 위해 전기, 중기, 후기 점수의 평균을 교사별로 확인하였다. 전체적 교사의 평균에서는 중기의 평균이 가장 낮게 나왔지만, 개별 교사의 변화 양상은 다를 수 있기 때문이다. 만약 국어교사마다 점수의 변화 폭과 양상이 다르다면, 평가 과정 분석을 통해 그 원인을 파악하고 다르게 점수를 부여한 이유를 분석해야 할 것이다. 이러한 과정은 논설문 평가의 신뢰도를 높이고, 국어교사의 평가 전략을 파악하도록 할 것이다. 평가 과정에 따른 개별 국어교사의 평가 점수를 정리하면 <표 4-2>와 같다.

〈표 4-2〉 평가 과정에 따른 1차 평가 점수

| 평가자 | 전기 평균 | 전기 표준 편차 | 중기 평균 | 중기 표준 편차 | 후기 평균 | 후기 표준 편차 | 전체 평균 | 전체 표준 편차 |
|---|---|---|---|---|---|---|---|---|
| R1 | 34.50 | 7.44 | 31.20 | 7.04 | 38.70 | 4.32 | 34.80 | 6.94 |
| R2 | 36.60 | 10.35 | 30.30 | 6.62 | 37.80 | 5.27 | 34.90 | 8.16 |
| R3 | 32.20 | 11.96 | 20.20 | 5.39 | 26.10 | 8.25 | 26.17 | 9.97 |
| R4 | 29.40 | 12.33 | 21.20 | 8.60 | 25.60 | 7.60 | 25.40 | 9.98 |
| R5 | 39.10 | 12.86 | 31.10 | 12.40 | 36.90 | 8.79 | 35.70 | 11.61 |
| R6 | 34.40 | 10.74 | 30.40 | 10.70 | 27.80 | 10.39 | 30.87 | 10.60 |
| R7 | 43.50 | 10.34 | 43.60 | 6.85 | 40.00 | 7.77 | 42.37 | 8.33 |
| R8 | 43.70 | 5.70 | 42.70 | 4.42 | 44.00 | 4.35 | 43.47 | 4.73 |
| R9 | 32.40 | 10.33 | 26.20 | 7.64 | 26.80 | 6.41 | 28.47 | 8.49 |
| R10 | 43.30 | 8.19 | 41.60 | 12.89 | 47.30 | 8.59 | 44.07 | 10.06 |
| R11 | 44.30 | 7.54 | 41.00 | 4.94 | 41.20 | 6.76 | 42.17 | 6.47 |
| R12 | 31.30 | 13.32 | 23.20 | 9.62 | 22.40 | 9.01 | 25.63 | 11.21 |
| R13 | 34.50 | 13.13 | 26.10 | 9.17 | 31.10 | 9.23 | 30.57 | 10.88 |
| R14 | 35.80 | 14.75 | 35.40 | 16.09 | 35.30 | 13.31 | 35.50 | 14.24 |

| R15 | 25.50 | 7.50 | 20.40 | 2.95 | 28.40 | 3.95 | 24.77 | 6.03 |
| R16 | 35.20 | 9.51 | 28.20 | 11.44 | 31.40 | 8.76 | 31.60 | 10.05 |
| R17 | 38.10 | 10.17 | 35.40 | 12.09 | 36.60 | 8.59 | 36.70 | 10.08 |
| R18 | 43.00 | 8.83 | 37.40 | 7.65 | 43.00 | 3.94 | 41.13 | 7.38 |
| R19 | 42.00 | 14.20 | 38.00 | 8.59 | 37.80 | 11.45 | 39.27 | 11.40 |
| R20 | 44.60 | 6.60 | 38.90 | 6.26 | 42.60 | 8.85 | 42.03 | 7.47 |
| R21 | 36.10 | 12.11 | 25.30 | 8.68 | 25.80 | 10.32 | 29.07 | 11.30 |
| R22 | 39.90 | 7.50 | 38.60 | 7.60 | 37.00 | 5.96 | 38.50 | 6.92 |
| R23 | 37.00 | 10.58 | 32.30 | 8.99 | 34.40 | 8.26 | 34.57 | 9.21 |
| R24 | 46.70 | 5.64 | 42.50 | 5.38 | 46.00 | 5.44 | 45.07 | 5.61 |
| R25 | 33.70 | 10.36 | 35.20 | 7.52 | 34.80 | 4.61 | 34.57 | 7.61 |
| R26 | 34.10 | 9.79 | 32.10 | 6.87 | 29.70 | 7.27 | 31.97 | 8.01 |
| R27 | 31.20 | 11.81 | 30.00 | 8.31 | 34.40 | 9.03 | 31.87 | 9.68 |
| R28 | 43.30 | 10.48 | 34.30 | 8.26 | 37.30 | 5.52 | 38.30 | 8.90 |
| R29 | 37.00 | 13.24 | 29.10 | 8.94 | 31.50 | 5.68 | 32.53 | 10.03 |
| R30 | 38.40 | 8.66 | 30.90 | 8.46 | 31.60 | 10.91 | 33.63 | 9.71 |
| R31 | 36.60 | 9.36 | 33.10 | 7.02 | 32.70 | 9.45 | 34.13 | 8.57 |
| R32 | 24.50 | 10.41 | 16.10 | 6.54 | 19.20 | 9.65 | 19.93 | 9.39 |
| R33 | 37.60 | 12.97 | 28.60 | 8.80 | 28.50 | 11.04 | 31.57 | 11.53 |
| R34 | 36.70 | 15.66 | 30.80 | 12.34 | 27.20 | 5.85 | 31.57 | 12.24 |
| R35 | 38.60 | 10.65 | 32.90 | 7.68 | 36.30 | 9.25 | 35.93 | 9.26 |
| R36 | 24.70 | 7.20 | 27.60 | 8.19 | 27.50 | 4.38 | 26.60 | 6.69 |
| R37 | 29.70 | 3.92 | 27.00 | 7.97 | 36.30 | 9.12 | 31.00 | 8.13 |

<표 4-2>는 각 국어교사별로 평가 과정에 따른 평균과 표준편차 그리고 전체 평균과 표준편차를 정리한 것이다. 국어교사 37명의 결과를 표로 정리하다 보니, 그 결과를 한눈에 파악하기가 어려워 이를 그래프로 나타내면 [그림 4-1]과 같다.

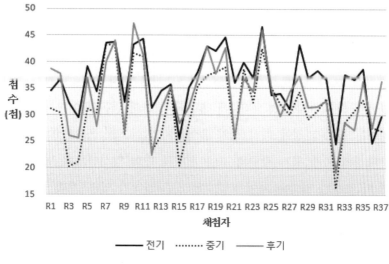

[그림 4-1] 평가 과정에 따른 1차 평가 점수 변화

&lt;표 4-2&gt;와 [그림 4-1]을 함께 살펴보면, 전체 결과와 같이 많은 국어교사의 중기 평가 점수가 가장 낮은 것을 확인할 수 있다. 그러나 일부 국어교사(R6, R7, R12, R14, R19, R22, R25, R31, R33, R34, R36)는 중기의 평가 점수가 가장 낮지 않았다. 이는 평가에 참여한 37명의 국어교사 중 11명(29.7%)에 해당하는 국어교사가 전체 평균과 다른 점수 부여를 보였음을 확인할 수 있다. 더욱이 11명 중에서 평가자 R7과 R25는 중기의 점수를 가장 높게 부여하였다. 같은 학생의 논설문을 평가한 국어교사의 평가 결과가 이렇게 달라진 이유를 파악하여 평가의 신뢰도 향상 방안을 모색할 필요가 있다.

또한 표준편차의 변화를 살펴보면, 표준편차가 10 이상인 평가자의 수가 평가 전기에는 22명, 평가 중기에는 7명, 평가 후기에는 6명으로 평가 과정에 따라 표준편차가 점차 작아진다는 것을 확인할 수 있다.

이는 37명 평가자의 표준편차 변화와도 비슷한 모습을 보인다. 그러나 개별 국어교사의 표준편차 변화를 확인하면 전체 표준편차 평균의 양상과 다른 평가자가 21명(R3, R7, R10, R13, R14, R15, R16, R17, R19, R21, R22, R24, R26, R27, R30, R31, R32, R33, R35, R36, R37)이나 된다. 이는 평가를 진행한 37명의 국어교사의 56.8%에 해당되어, 반이 넘는 국어교사의 표준편차는 평가 과정에 따라 점차 줄어들지 않는 양상을 보인다.

따라서 전체 평가 평균과 표준 편차의 변화 양상만으로 평가 과정에 따른 평가 결과의 차이를 밝히는 것은 한계가 있다. 개별 국어교사에 따라 다른 양상을 보이기 때문이다. 평가자 중재 평가인 쓰기 직접 평가에 미치는 평가자의 영향을 확인하기 위해서는 개별 평가자의 특성과 평가 전략을 파악하는 일이 필요하다(McNamara 2000). 쓰기 평가에서 간과하지 말아야 할 것은 평가자로서 국어교사 개인이 학생의 글에 담긴 쓰기 능력을 변별적으로 읽어낼 수 있는가, 그리고 그것을 일관성 있게 유지할 수 있는가이다. 왜냐하면 학생이 쓴 글의 의미를 정확히 이해하고 이를 바탕으로 학생의 쓰기 능력을 측정하여 그에 알맞은 교육을 제공할 수 있을 때 쓰기 평가와 함께 쓰기 교육 또한 발전할 수 있기 때문이다(이재기 2011). 따라서 쓰기 평가에 영향을 미치는 개별 평가자의 특성과 전략을 파악하기 위해 먼저 평가자의 엄격성을 확인하였다.

쓰기 평가에 참여하는 국어교사는 글을 평가하는 엄격성의 정도가 다른데, 어떤 국어교사는 학생 글을 매우 엄격하게 평가하지만, 다른 국어교사는 매우 관대하게 평가하기도 한다. 그런데 이러한 차이에서 중요한 문제는 국어교사 사이의 평가 점수가 얼마나 다른가가 아니라, 개인의 평가 엄격성이 적절한 수준에서 일관성 있게 유지되는가 하는

점이다. 쓰기 평가 이론에서는 글에 대한 엄격성 정도가 적절한 수준
에서 일관성 있게 유지되지 않는 부적합 평가자는 학생의 쓰기 능력
수준을 바르게 판단할 수 없는 전문성이 부족한 평가자로 본다. 또한
과적합한 평가자는 학생의 쓰기 능력을 적절하게 변별하는 능력이 부
족한 것으로 이해할 수 있다. 그러므로 학생 글을 평가할 때 엄격성을
일관성 있게 유지하는 것은 국어교사의 쓰기 평가 전문성에서 매우
중요한 역할을 한다(박영민 2011).

따라서 논설문 평가에 참여한 국어교사 37명의 쓰기 평가 엄격성의
일관성을 살펴보기 위하여 평가 결과 점수를 FACETS 3.8 프로그램을
활용하여 Rasch 모형에 따라 분석하였다. 그 결과 평가자의 엄격성의
일관성 유형을 확인할 수 있는 평가자의 내적합도를 제시하면 <표
4-3>과 같다. 평가자의 내적합 지수에 따라 0.75 이하는 과적합 평가
자로, 1.3 이상은 부적합 평가자로 판단했다(McNamara 1996).

<표 4-3> 평가 과정에 따른 1차 채점 일관성 유형 변화

| 평가자 | 전기 | 중기 | 후기 | 전체 | 엄격성의 일관성 유형 |
|---|---|---|---|---|---|
| R1 | 1.12 | 0.91 | 0.93 | 1.03 | 적합 |
| R2 | 0.62 | 0.51 | 0.62 | 0.63 | 과적합 |
| R3 | 0.72 | 0.54 | 0.85 | 0.74 | - |
| R4 | 1.07 | 0.63 | 0.9 | 0.83 | - |
| R5 | 1.57 | 2.38 | 2.32 | 2.07 | 부적합 |
| R6 | 2.43 | 2.76 | 2.92 | 2.6 | 부적합 |
| R7 | 1.33 | 1.15 | 1.75 | 1.42 | - |
| R8 | 0.83 | 0.55 | 0.41 | 0.56 | - |
| R9 | 0.39 | 0.41 | 0.56 | 0.44 | 과적합 |
| R10 | 0.91 | 1.35 | 1.07 | 1.13 | - |

| R11 | 0.55 | 0.4 | 0.66 | 0.52 | 과적합 |
| R12 | 0.68 | 0.8 | 0.81 | 0.79 | - |
| R13 | 0.74 | 0.92 | 0.81 | 0.79 | - |
| R14 | 0.89 | 1.44 | 1.18 | 1.21 | - |
| R15 | 0.46 | 0.42 | 0.4 | 0.51 | 과적합 |
| R16 | 0.53 | 1.21 | 0.8 | 0.82 | - |
| R17 | 0.88 | 1.23 | 0.79 | 0.99 | 적합 |
| R18 | 0.34 | 1.11 | 0.52 | 0.68 | - |
| R19 | 1.33 | 1.48 | 1.43 | 1.4 | 부적합 |
| R20 | 1.16 | 0.84 | 0.79 | 0.91 | 적합 |
| R21 | 0.66 | 1.3 | 1.29 | 1.09 | - |
| R22 | 0.31 | 0.27 | 0.45 | 0.38 | 과적합 |
| R23 | 1.16 | 1.19 | 0.91 | 1.04 | 적합 |
| R24 | 0.89 | 0.47 | 0.51 | 0.57 | - |
| R25 | 0.62 | 0.49 | 0.48 | 0.6 | 과적합 |
| R26 | 1.17 | 1.03 | 1.31 | 1.17 | - |
| R27 | 0.81 | 0.74 | 0.69 | 0.8 | - |
| R28 | 1.48 | 1.29 | 0.97 | 1.22 | - |
| R29 | 0.93 | 0.67 | 0.82 | 0.79 | - |
| R30 | 1.56 | 0.82 | 0.9 | 1.03 | - |
| R31 | 0.73 | 0.72 | 0.74 | 0.71 | 과적합 |
| R32 | 0.86 | 0.91 | 1.45 | 1.04 | - |
| R33 | 0.88 | 0.63 | 1.06 | 0.84 | - |
| R34 | 0.91 | 0.87 | 0.61 | 0.83 | - |
| R35 | 1.06 | 0.93 | 0.94 | 0.93 | 적합 |
| R36 | 2.91 | 2.24 | 1.64 | 2.3 | 부적합 |
| R37 | 1.25 | 0.72 | 1.58 | 1.31 | - |

<표 4-3>을 살펴보면, 평가 과정에 따라 평가자의 일관성은 유지 (43.2%)되는 경우보다 변화(56.8%)하는 경우가 많았다. 따라서 전체 논설

문 30편의 평가 결과에 대한 한 번의 분석만으로 평가자의 일관성 유
형을 확인하는 것은 한계가 있을 수 있다. <표 4-3>과 같이 평가 과
정에 따라 평가자의 내적합도가 달라진다면, 부적합한 시기에 평가된
학생의 평가 결과는 신뢰하기 어려울 수 있기 때문이다. 따라서 평가
자의 일관성 유형은 평가 과정 중에도 점검할 필요가 있다.

2차 평가의 엄격성의 일관성 유형에서 평가자의 일관성이 유지되는
경우를 먼저 살펴보면, 유지된 평가자 16명 중 적합한 평가자 5명, 부
적합한 평가자 4명, 과적합한 평가자가 7명이다. 먼저 평가자 7명(R2,
R9, R11, R15, R22, R25, R31)은 평가 과정 모두에서 내적합 지수가 0.75 이
하로 나타나 과적합한 평가자로 분석된다. 7명의 과적합한 국어교사
가 학생의 논설문 쓰기 능력을 변별력 있게 평가하지 못하고 점수 척
도를 세분화하여 사용하지 못했다는 것을 의미한다.

또한 국어교사 4명(R5, R6, R19, R36)은 내적합 지수가 1.3이상으로 평
가 과정 모두에서 부적합한 평가자로 분석된다. 부적합한 평가자는 국
어교사들이 논설문을 평가할 때 학생의 쓰기 능력에 따라 적합하게
평가하지 못하고, 낮은 쓰기 능력에 높은 점수를 부여하거나 높은 쓰
기 능력에 낮은 점수를 부여했다는 것을 뜻한다. 마지막으로 국어교사
5명(R1, R17, R20, R23, R35)은 모든 평가 과정에서 적합한 평가자로 분석되
었다. 평가 과정을 나누어 분석한 결과에서는 전체 국어교사 37명 중
에서 5명(13.5%)만이 엄격성의 일관성이 안정된 수준을 보인다고 할 수
있다.

선행연구에서 적합한 평가자의 비율은 50%정도이나(최숙기·박영민
2011, 장은주 2015), 1차 평가에 참여한 평가자 37명 중 모든 평가 과정이
적합한 평가자는 5명(13.5%)으로 매우 적다. 이 연구에서도 전체 30편의

평가자 일관성이 적합한 국어교사는 37명의 중 21명(56.8%)으로 선행 연구와 비슷한 비율을 보인다. 그러나 평가자의 채점 일관성을 평가 과정별로 분석하여 모든 과정에서 평가의 일관성이 적합한 국어교사를 확인하면 그 수가 5명으로 줄게 된다. 전체 한 번의 일관성을 확인하여 적합하다고 판단한 국어교사 21명과 쓰기 평가 과정별로 모두 적합하다고 판단한 국어교사 5명의 엄격성의 일관성이 같다고 볼 수는 없다. 따라서 국어교사의 채점 일관성은 평가 과정에 따라 달라질 수 있으므로 과정에 따른 엄격성의 일관성 변화를 확인할 필요가 있다.

　이러한 결과를 통해 평가 결과의 일관성 분석이 적합한 국어교사 21명과 평가 과정에서 이루어진 모든 일관성 분석이 적합한 국어교사 5명은 차이가 있음을 확인할 수 있다. 따라서 전체 한 번의 평가 결과 분석만으로 평가자의 쓰기 평가 전문성이나 평가 결과의 신뢰도를 확정할 수는 없다. 동일한 국어교사의 논설문 평가일지라도 평가 과정에서 평가자의 엄격성의 일관성이 변화할 수 있다는 것을 유념하고 평가 결과를 해석해야 한다. 왜냐하면 논설문 평가 과정에서 평가자의 엄격성 정도가 적절한 수준에서 일관성 있게 유지되지 않는다면 일관성이 변화하는 순간에 측정된 학생의 쓰기 능력은 정확하지 않을 수 있기 때문이다.

　쓰기 평가에서 엄격성의 일관성을 유지하기 위한 훈련은 음악에서 절대 음감을 체득하는 일에 비교할 수 있다(박영민 2011). 절대 음감을 가지면 언제든지 음을 정확하게 듣고 표현할 수 있는데, 이와 비슷하게 학생 글에 대한 엄격성을 절대적인 수준에서 체득하고 있다면 그 엄격성을 일관성 있게 유지할 수 있다. 물론 평가자의 내적 신뢰도 문제가 해결된다고 하여 쓰기 평가의 타당도와 신뢰도의 모든 문제가 해결되는 것은 아니다. 평가자들이 각자 일관성 있는 평가를 하더라도 평가자 간 차이가 너무 크면 이는 타당한 쓰기 평가라고 말하기 어렵기 때문이다. 그러나 쓰기 평가에서 평가자 간의 일치만을 지나치게 강조하였던 기존의 관점에서 벗어나 평가자의 엄격성의 일관성을 강조하는 것 또한 국어교사의 평가 능력 향상 측면에서 중요하다(박종임 ·박영민 2011).

따라서 채점의 일관성 유형이 적합한 국어교사 5명, 부적합한 국어교사 4명, 적합한 일관성을 보이다가 어느 부분에서만 부적합한 모습을 보이는 변화하는 국어교사 6명의 평가 과정을 세밀하게 살펴볼 필요가 있다. 이를 통해서 논설문 평가 과정에 따른 국어교사의 평가 전략 변화를 확인한다면, 평가 과정에 따른 국어교사의 평가 유의사항을 파악하고 적합한 평가자가 되기 위한 평가 전략 등을 확인할 수 있을 것이다. 특히 일관성이 적합하다가 어느 순간 부적합이 되어 변화하는 국어교사 6명(R10, R14, R26, R28, R30, R32)의 평가 과정을 확인하고 그 변화의 순간을 포착한다면 쓰기 평가의 신뢰도 향상과 평가자의 전문성 신장에 많은 시사점을 제공할 것이다.

## 나. 2차 평가

국어교사의 평가 과정에 따른 평가 결과와 평가 전략을 살펴보기 위해, 1차 평가에서 10명을 선정하여 2차 평가를 진행하였다. 2차 평가는 1차 평가와 동일한 논설문 평가 검사지로 실시하였는데, 1차 평가와 2차 평가를 비교하여 동일한 평가자의 평가 과정을 심층적으로 확인할 수 있었다. 또한 1차 평가 설문으로 확인한 평가 과정에 따른 평가자의 인식과 2차의 실제 평가를 비교할 수 있었다.

그러나 1차 평가와 2차 평가의 대상인 학생 논설문이 같다보니, 평가자의 기억 효과가 2차 평가에 영향을 미칠 수 있다. 따라서 평가자별로 최소 100일 이상의 시간차를 두고 재검사를 실시하여 같은 글의 평가에서 오는 기억 효과를 줄이려 노력하였다. 1차 평가와 2차 평가에서 동일한 학생 글을 평가하게 한 후 평가 결과를 비교하면, 1차 평가와 2차 평가의 차이는 학생 글로 인한 차이가 아닌 평가자나 평가 상황에 따른 차이로 그 원인을 찾을 수 있다. 만약 1차 평가와 2차 평가 대상 학생 글이 다르다면, 평가의 차이가 학생 글 특성의 차이인지 평가자 차이인지 확인하기 어렵다. 따라서 동일한 글을 다시 평가하여 1차 평가와 2차 평가 사이의 신뢰도를 확인하였다. 2차 평가의 평가 결과를 분석하기에 앞서 확인한 검사-재검사 신뢰도는 <표 4-4>와 같다.

〈표 4-4〉 1차 평가와 2차 평가의 검사-재검사 신뢰도

| 평가자 | 검사 | 재검사 | 상관계수 | 유의확률 |
|---|---|---|---|---|
| 평균 | 33.96 | 31.39 | .809 | <.01 |
| 표준편차 | 6.57 | 8.42 | | |

1차와 2차 검사에 모두 참여한 국어교사는 10명이다. 그 결과를 비교하면 국어교사 10명의 1차 평가의 평균은 33.96, 표준편차가 6.57이었던 것에 비해 2차 평가의 평균은 31.39, 표준편차는 8.42으로 평균은 낮아지고 표준편차는 커졌다. 두 검사의 신뢰도를 확인하기 위해 <표 4-4>의 검사-재검사 신뢰도를 살펴보면 상관계수 0.8이상으로 높은 상관관계를 보이고 있다. 따라서 1차와 2차 평가의 결과가 분석 및 비

교에 적합하다고 판단하여 후속 분석을 진행하였다.

2차 평가는 국어교사 10명이 1차 평가와 같이 고등학교 1학년 학생 논설문 30편을 평가 전기(10편), 중기(10편), 후기(10편)로 나누어 평가하도록 하였다. 그리고 평가 과정을 사고구술 하도록 하고 이를 녹음 및 녹화하였다. 평가의 결과만으로는 국어교사의 평가 전략을 파악할 수 없기 때문에 평가 과정을 확인하기 위해서 사고구술을 함께 실시하였다. 이렇게 실시한 2차 평가의 각 평가 과정에 따른 국어교사의 평가 점수 기술통계는 <표 4-5>와 같다.

〈표 4-5〉 평가 과정에 따른 2차 평가 점수 기술통계

| 평가자 | 평가 과정 | 평균 | 표준편차 |
|---|---|---|---|
| 국어<br>교사<br>(10명) | 평가 전기 | 32.96 | 10.29 |
| | 평가 중기 | 29.92 | 7.52 |
| | 평가 후기 | 31.29 | 7.81 |
| | 전체 | 31.39 | 8.42 |

<표 4-5>와 같이 전체(30편) 평가 평균은 31.39(54점 만점)이고 표준편차는 8.42이다. 그리고 각 과정에 따른 평균과 표준편차를 살펴보면, 평가 전기, 중기, 후기의 평균은 32.96, 29.92, 31.29로 1차 평가와 같이 평가 전기의 평균이 가장 높고, 평가 중기의 평균이 가장 낮다. 그리고 1차 평가와 같이 2차 평가에서도 후기가 되면 전체 평균과 가장 비슷한 평균을 가지게 된다. 이는 2차 평가에서도 1차 평가와 동일한 글을 평가했기 때문에 평가 중기의 학생 논설문이 가장 점수를 받기가 어려웠으며, 이에 비해 평가 전기의 학생 글은 점수를 많이 받았고 후기

로 갈수록 각 평가자들이 전체 평균과 비슷한 점수를 부여해 간다는 것을 알 수 있다. 이러한 평가 과정에 따른 평균 변화 양상을 통해 평가가 진행되어 국어교사의 평가 경험이 누적될수록 평가자별 차이는 줄어드는 것을 확인할 수 있다.

또한 평가 중기의 평균이 가장 낮은데 이것은 평가 전기나 후기와 달리 평가 중기에서만 보이는 학생 글 특성이 평가자의 평가 난도를 높였을 것으로 추정된다.[5] 학생 글의 특성을 정확하게 파악하고 학생 글 특성에 따른 평가 난도에 맞게 평가 전략을 조절하여 사용할 수 있는 평가자가 논설문 평가를 잘하는 평가자일 것이다. 따라서 평가 중기 학생 글을 평가할 때 적합한 평가자의 경우 평가 시간이 길고, 평가 과정 사고구술도 더 많이 하였다. 또한 평가 중기에 가장 많은 평가 전략을 사용하였다. 이러한 결과를 통해 평가가 적합한 평가자는 평가 난도에 따라 자신의 평가 과정을 조정하고 적절한 평가 전략을 사용하는 평가자라는 것을 추론할 수 있다.

평가 중기 학생 글의 특성으로 인해 평가 중기 학생 글은 평가 전기나 후기에 비해 낮은 점수를 받았다. 그러나 1, 2차 평가 모두에서 평가 중기의 평균이 가장 낮았던 것과는 달리, 평가 과정별 평균 변화 양상은 차이가 있었다. 1차 평가에서는 국어교사 37명의 평가 과정별 평균이 36.46, 31.59, 33.81이지만 2차 평가에서 국어교사 10명의 평가 과정별 평균은 32.96, 29.92, 31.29이다. 즉, 평가 중기와 후기는 1차 평

---

5) 평가자들은 사후 인터뷰에서 중기의 학생 글에 '글의 길이는 길지만 논제에 접근하지 못해서 고민이 많이 되는 글(R5), 평가하기 애매하고 내용이 명확하지 않거나 평가 기준에 없는 내용들이 발견되는 글(R10), 근거가 대부분 유사하고 무리인 글(R14), 학생 생각의 수준을 글 표현에서 따라가지 못하거나 전형적인 글을 평가하는 것보다 평가가 어려운 글(R19), 정확한 찬성 또는 반대 입장이 명확하게 드러나지 않는 글(R35)'이 있어 고민이 많이 되고 평가가 어려웠다고 했다.

가에 비해 2차 평가에서 2점 정도의 평균 하락이 있었던 데 비하여, 평가 전기는 4점의 하락이 있다. 이는 평가자에 따라 부여하는 점수가 다르고 평가 과정에 따라 평가 전략과 엄격성이 변화했기 때문으로 추정된다.

따라서 한 명의 평가자가 수행한 단 한 번의 평가로 학생의 쓰기 능력을 확인하는 것은 많은 위험이 따른다. 평가자의 상태나 평가 과정에 따라 평가 결과가 달라질 수 있기 때문이다. 이는 평가의 신뢰도 측면에서 심각한 오류를 초래한다. 평가 과정에 따라 평가자가 점수를 부여하는 기준이 달라진다면 처음에 평가된 학생과 마지막에 평가된 학생이 동일한 기준으로 평가되었다고 볼 수 없기 때문이다. 따라서 이에 대한 보완책으로 한 학생 글에 대한 3명 이상 평가자의 평가나, 반복적인 평가 시행 등 평가 결과의 검토 과정이 필수적이다.

다음으로 표준편차를 살펴보면 전체 표준편차가 8.42로 1차 평가의 전체 표준 편차 6.57에 비하면 표준편차가 커졌다. 그러나 전기 표준편차가 10.29로 평가 점수가 평균에서 넓게 분포된데 비해, 중기와 후기는 7.52, 7.81로 표준편차가 비슷하고 평가 점수가 전기에 비해 평균에 가깝게 분포된 것은 1차 평가와 변화 양상이 같음을 확인할 수 있다. 이러한 기술통계를 통해 전체 평균과 표준편차는 다르지만, 평가 과정에 따른 평균과 표준편차의 변화 양상은 1차 평가와 2차 평가가 비슷하게 나타남을 확인할 수 있다. 이는 같은 글을 평가하여 학생 글 특성과 학생의 쓰기 능력이 같았기 때문에 비슷한 결과가 나온 것으로 볼 수 있다. 그러나 그 점수의 변화폭은 다르기 때문에 평가 점수 결과의 변화와 함께 평가 과정을 살펴 이러한 점수 변화 폭이 나타난 원인을 파악해야 한다.

　다음으로 평가 과정에 따라 평가 점수의 차이가 있는지를 확인하기 위해 전기, 중기, 후기 점수의 평균을 교사별로 확인하였다. 전체적으로는 중기의 평균이 가장 낮게 나왔지만, 개별 교사의 변화 양상은 다를 수 있기 때문이다. 1차 평가 결과와 같이 국어교사마다 점수의 변화 폭과 양상이 다르다면, 2차 평가로 수집한 평가 과정 분석을 통해 그 원인을 파악하고 국어교사마다 다르게 점수를 부여한 이유를 분석해야 할 것이다. 평가 과정별 국어교사의 2차 평가 점수를 정리하면 <표 4-6>과 같다.

〈표 4-6〉 평가 과정별 2차 평가 점수

| 평가자 | 전기 평균 | 전기 표준편차 | 중기 평균 | 중기 표준편차 | 후기 평균 | 후기 표준편차 | 전체 평균 | 전체 표준 편차 |
|---|---|---|---|---|---|---|---|---|
| R5 | 32.10 | 14.97 | 29.10 | 8.29 | 31.20 | 9.03 | 30.80 | 10.86 |
| R6 | 30.60 | 12.00 | 28.60 | 9.80 | 32.00 | 7.54 | 30.40 | 9.71 |
| R10 | 41.00 | 14.88 | 43.30 | 13.21 | 43.00 | 12.75 | 42.43 | 13.21 |
| R14 | 40.20 | 10.22 | 37.30 | 11.89 | 37.70 | 8.99 | 38.40 | 10.15 |
| R17 | 38.80 | 9.88 | 27.10 | 9.13 | 31.30 | 12.37 | 32.40 | 11.31 |
| R19 | 41.70 | 12.56 | 38.00 | 10.91 | 38.60 | 12.00 | 39.43 | 11.55 |
| R20 | 24.40 | 7.14 | 24.90 | 5.47 | 28.50 | 8.63 | 25.93 | 7.19 |
| R26 | 26.60 | 9.29 | 26.00 | 7.32 | 24.80 | 8.51 | 25.80 | 8.15 |
| R32 | 21.00 | 9.55 | 18.00 | 6.27 | 16.10 | 6.21 | 18.37 | 7.53 |
| R35 | 33.20 | 12.74 | 26.90 | 13.51 | 29.70 | 13.52 | 29.93 | 13.06 |

　<표 4-6>은 각 국어교사별 평가 과정에 따른 평균과 표준편차 그리고 전체 평균과 표준편차를 표로 정리한 것이다. 그리고 이를 그래프로 나타내면 [그림 4-2]와 같다.

<표 4-6>과 [그림 4-2]를 함께 살펴보면, 전체 결과와 같이 많은 국어교사의 중기 평가 점수가 가장 낮은 것을 확인할 수 있다. 그러나 일부 국어교사(R10, R20, R26, R32)는 중기의 평가 점수가 가장 낮지 않았다. 이는 평가에 참여한 10명의 국어교사 중 4명에 해당하는 평가자로 40%에 해당하는 국어교사가 전체의 평균과 다른 평가 과정에 따른 점수 부여를 보였다고 볼 수 있다. 그러나 40%의 높은 평가자가 다른 점수 부여를 보였음에도 전체 교사의 평가 평균이 전기>후기>중기 순으로 높은 양상은 변화하지 않아 그 점수 변화의 폭이 크지 않음을 알 수 있다.

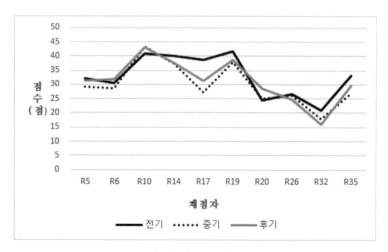

[그림 4-2] 평가 과정에 따른 2차 평가 점수 변화

이는 [그림 4-2]의 그래프를 통해서도 확인할 수 있는데, 중기의 점수가 가장 낮지 않았던 4명의 국어교사 중에서 R10, R26, R32는 전기, 중기, 후기 평가 과정의 점수 변화 폭이 크지 않다. 반면 점수 변화의

폭이 가장 큰 국어교사는 R17로 평가 전기, 중기, 후기의 평균이 38.8, 27.10, 31.30으로 전기와 중기의 점수 차이가 11.7점이나 차이가 난다. 평가자 R17은 다른 평가자들에 비해 전기에 관대한 평가를 했을 것으로 보인다. 평가자의 엄격성의 일관성 차이가 이러한 점수 부여에 영향을 미칠 수 있기 때문에 평가자에 따른 일관성 차이를 확인하기 위한 추가 분석이 필요하다.

이를 위해 논설문 평가에 참여한 국어교사 10명의 쓰기 평가 엄격성의 일관성을 살펴보기 위해 평가 결과 점수를 FACETS 3.8 프로그램을 활용하여 Rasch 모형으로 분석하였다. 그 결과 평가자의 일관성 유형을 확인할 수 있는 평가자의 내 적합도를 표로 제시하면 <표 4-7>과 같다.

〈표 4-7〉 평가 과정에 따른 2차 채점 일관성 유형 변화

| 평가자 | 전기 | 중기 | 후기 | 전체 | 평가의 일관성 유형 |
|---|---|---|---|---|---|
| R5 | 1.1 | 1.04 | 0.97 | 1.03 | 적합 |
| R6 | 2.73 | 2.13 | 1.99 | 2.25 | 부적합 |
| R10 | 0.79 | 0.81 | 1.03 | 0.89 | 적합 |
| R14 | 0.55 | 0.64 | 0.62 | 0.59 | 과적합 |
| R17 | 0.57 | 0.68 | 1.13 | 0.87 | - |
| R19 | 0.57 | 0.57 | 0.47 | 0.6 | 과적합 |
| R20 | 1.05 | 1.09 | 0.9 | 0.98 | 적합 |
| R26 | 1.13 | 1.16 | 0.95 | 1.08 | 적합 |
| R32 | 0.27 | 0.44 | 0.86 | 0.54 | - |
| R35 | 0.81 | 1.08 | 1.03 | 0.97 | 적합 |

<표 4-7>의 내적합과 지수에 따라 0.75 이하는 과적합한 평가자,

0.75~1.3에 있는 평가자는 적합한 평가자, 1.3 이상은 부적합한 평가
자로 판단한다. 평가 과정에 따라 평가자의 일관성은 유지(80%)되는 경
우가 변화(20%)하는 경우보다 많았다. 이러한 결과는 1차 평가의 평가
자 중에서 평가 과정에 따른 일관성이 변화하는 사람보다 유지된 사
람을 2차 평가의 참여 대상으로 많이 선정했기 때문이다. 따라서 1차
와 2차 평가에 모두 참여한 국어교사의 평가 일관성 유형을 살펴보면
다음의 <표 4-8>과 같다.

〈표 4-8〉 1, 2차 평가 과정에 따른 채점 일관성 유형 변화

| 평가자 | 1차 평가 | | | | 2차 평가 | | | | 엄격성의 일관성 유형 |
|---|---|---|---|---|---|---|---|---|---|
| | 전기 | 중기 | 후기 | 전체 | 전기 | 중기 | 후기 | 전체 | |
| R5 | 1.57 | 2.38 | 2.32 | 2.07 | 1.1 | 1.04 | 0.97 | 1.03 | 부적합 → 적합 |
| R6 | 2.43 | 2.76 | 2.92 | 2.6 | 2.73 | 2.13 | 1.99 | 2.25 | 부적합 |
| R10 | 0.91 | 1.35 | 1.07 | 1.13 | 0.79 | 0.81 | 1.03 | 0.89 | 변화 → 적합 |
| R14 | 0.89 | 1.44 | 1.18 | 1.21 | 0.55 | 0.64 | 0.62 | 0.59 | 변화 → 과적합 |
| R17 | 0.88 | 1.23 | 0.79 | 0.99 | 0.57 | 0.68 | 1.13 | 0.87 | 적합 → 변화 |
| R19 | 1.33 | 1.48 | 1.43 | 1.4 | 0.57 | 0.57 | 0.47 | 0.6 | 부적합 → 과적합 |
| R20 | 1.16 | 0.84 | 0.79 | 0.91 | 1.05 | 1.09 | 0.9 | 0.98 | 적합 |
| R26 | 1.17 | 1.03 | 1.31 | 1.17 | 1.13 | 1.16 | 0.95 | 1.08 | 변화 → 적합 |
| R32 | 0.86 | 0.91 | 1.45 | 1.04 | 0.27 | 0.44 | 0.86 | 0.54 | 변화 |
| R35 | 1.06 | 0.93 | 0.94 | 0.93 | 0.81 | 1.08 | 1.03 | 0.97 | 적합 |

<표 4-8>을 살펴보면 모든 과정이 적합한 국어교사는 2명(R20, R35),
부적합한 국어교사는 1명(R6)이다. 나머지 7명의 국어교사는 1차, 2차
평가 과정에서 채점 엄격성의 일관성이 변화하는 모습을 보였다. 또한
앞서 모든 과정에서 적합성을 보인 국어교사 R20과 R35의 평가 전략

과 부적합한 국어교사 R6의 평가 방법을 비교한다면 평가자 훈련에 적합한 평가 전략을 도출할 수 있을 것이다. 그리고 평가 엄격성의 일관성이 변화된 평가자가 평가 과정에 따라 달라지는 평가 전략의 차이를 발견할 수 있다면, 평가 결과에 영향을 미치는 국어교사의 평가 전략을 확인할 수 있을 것이다. 이를 위해 2차 평가에서 진행한 평가 과정 사고구술의 내용을 분석하고 그 특징을 살펴보고자 한다.

## 2. 평가 과정 분석

### 가. 평가자의 사고구술 프로토콜 기술통계

#### 1) 전체 프로토콜 기술통계

국어교사는 논설문 평가에서 다양한 사고와 평가 경험을 하게 된다. 그러나 우리는 평가 결과만 확인할 뿐 그 과정과 경험은 살펴보기 어렵다. 따라서 2차 평가에 참여한 국어교사 10명은 고등학교 1학년 학생 논설문 30편 평가를 진행하면서 평가 과정 사고구술을 수행하였다. 사고구술과 평가 상황 기록을 위해 한 사람의 평가자가 첫 번째 글인 102번 학생 글 평가를 시작하여, 서른 번째 글인 393번 학생 글의 평가를 완료하는 모든 과정을 녹화하였다. 이렇게 수집한 프로토콜 자료는 먼저 국어교사 10명의 학생 논설문 30편의 전체 평가 과정 사고구술 프로토콜로 분석하였다. 따라서 국어교사들이 전체 평가 과정에서 생산한 전체 프로토콜의 평균 글자 수를 확인하면 <표 4-9>와 같다.

〈표 4-9〉 전체 사고구술 프로토콜의 글자 수

| 프로토콜 | 최솟값 | 최댓값 | 평균 | 표준편차 |
|---|---|---|---|---|
| 글자 수(자) | 5,805 | 27,899 | 16,151.1 | 8508.5 |

프로토콜 글자 수 산출에서 공백은 제외했기 때문에 실제 글자 수만 산정되었다. 이렇게 산출된 글자 수를 〈표 4-9〉로 확인하면 전체 평가자 10명의 프로토콜 글자 수는 최솟값 5,805, 최댓값 27,899로 평가자별 차이가 컸으며, 평균은 16,151.1글자였다. 국어교사 10명의 사고구술 프로토콜 글자 수의 최솟값과 최댓값의 차이가 커서 국어교사마다 평가 과정 사고구술의 편차가 크다는 것을 알 수 있다. 따라서 국어교사 개인별 프로토콜 글자 수를 확인하면 〈표 4-10〉과 같다.

〈표 4-10〉 국어교사 개인별 전체 사고구술 프로토콜의 글자 수

| 프로토콜 | R5 | R6 | R10 | R14 | R17 | R19 | R20 | R26 | R32 | R35 | 전체 |
|---|---|---|---|---|---|---|---|---|---|---|---|
| 글자 수(자) | 22,601 | 20,437 | 10,550 | 27,899 | 26,761 | 11,538 | 12,415 | 13,604 | 9,901 | 5,805 | 161,511 |

〈표 4-10〉을 살펴보면 프로토콜 글자 수가 가장 많은 국어교사는 R14이고, 가장 적은 국어교사는 R35이다. 사고구술 프로토콜의 글자 수가 국어교사마다 차이가 있는 이유는 국어교사의 평가 전략 차이일 수도 있고, 사고구술의 유창성 차이일 수도 있다. 따라서 국어교사의 평가 관련 사고구술의 점유율과 프로토콜 글자 수를 확인하여 평가 관련 내용이 적어서 프로토콜 글자 수도 적었던 것인지 사고구술에서

평가 전략은 많이 나타났으나 그에 대한 사고구술의 유창성이 부족하여 글자 수의 양이 적었던 것인지를 추가로 확인할 필요가 있다.

평가 과정 사고구술 프로토콜 분석을 통해 국어교사는 논설문 평가를 진행하면서 끊임없이 평가와 관련된 사고를 하고 있으며, 그 사고의 양과 질은 평가자별로 차이가 있다는 것을 확인할 수 있다. 그러나 논설문 평가 과정에 따른 사고구술 프로토콜의 글자 수 분석만으로는 평가자의 평가 전략을 확인할 수 없다. 따라서 평가 과정에 따른 평가 경험을 분석할 수 있는 기준을 설정하여 프로토콜 평가 경험 분석을 수행하였다. 평가자가 실시한 사고구술의 내용이 각 분석 기준과 어떠한 연관이 있는지 살핀다면 평가 과정에 따른 평가자의 평가 경험 변화를 확인할 수 있을 것이다. 이렇게 분석한 전체 평가 과정에 따른 사고구술 프로토콜 평가 경험 수를 표로 제시하면 다음의 <표 4-11>과 같다.

〈표 4-11〉 전체 사고구술 프로토콜에서의 평가 경험 수

| 프로토콜 | 최솟값 | 최댓값 | 평균 | 표준편차 |
|---|---|---|---|---|
| 평가 경험 수(회) | 244 | 1076 | 545.3 | 263.9 |

전체 평가 과정에 따른 사고구술 프로토콜의 평가 경험 수 평균은 545.3이다. 이는 국어교사가 논설문 30편의 평가를 진행하면서 평균 545.3번의 평가 경험을 한다는 것을 의미한다. 그러나 평가 경험에 대한 사고구술 프로토콜이 가장 적은 국어교사는 244이고, 가장 많은 국어교사는 1076으로 그 편차가 크다. 따라서 평균 545.3을 보이는 국어교사의 평가 경험이 국어교사별로 얼마나 차이가 있는지를 확인할 필

요가 있다. 따라서 평가 과정 사고구술에서 드러나는 평가자의 경험을
확인하여 이를 국어교사별로 정리하면 <표 4-12>와 같다.

〈표 4-12〉 국어교사 개인별 전체 사고구술 프로토콜에서의 평가 경험 수

| 프로토콜 | R5 | R6 | R10 | R14 | R17 | R19 | R20 | R26 | R32 | R35 | 전체 |
|---|---|---|---|---|---|---|---|---|---|---|---|
| 평가<br>경험<br>수(회) | 546 | 688 | 350 | 494 | 881 | 492 | 1076 | 345 | 244 | 337 | 5453 |

<표 4-12>를 살펴보면 프로토콜의 평가 경험 수가 가장 많은 국어
교사는 R20이고, 가장 적은 국어교사는 R32이다. 이는 프로토콜을 분
석할 때 국어교사가 하나의 경험에 대한 사고구술을 마치는 단위로
분석했기 때문에 국어교사가 평가를 진행하면서 사고구술한 경험의
내용이 완료되는 문장의 수라고 볼 수 있다. 따라서 평가자 R20은 주
로 단문을 사용하여 자신의 평가 경험을 사고구술하고, R32는 장문을
활용하였을 확률이 높다. 이를 확인하기 위해 평가 경험별 사고구술의
평균 글자 수를 확인하면 다음의 <표 4-13>과 같다.

〈표 4-13〉 국어교사 개인별 전체 사고구술 프로토콜의 글자 수 평균

| 글자 수 | R5 | R6 | R10 | R14 | R17 | R19 | R20 | R26 | R32 | R35 | 전체 |
|---|---|---|---|---|---|---|---|---|---|---|---|
| 평균(자) | 41.39 | 29.70 | 30.14 | 56.48 | 30.38 | 23.45 | 11.54 | 39.43 | 40.58 | 17.23 | 29.62 |

<표 4-13>으로 확인한 평가 경험별 사고구술 프로토콜의 글자 수
전체 평균은 29.62이다. 이는 국어교사가 하나의 평가 경험을 사고구

술하면서 평균 29.62자를 말하였다는 것을 보여 준다. 이를 국어교사
별로 살펴보면, 평가자 R20은 11.54로 가장 적은 글자 수를 사용하여
평가 경험을 사고구술 한다. 반면, 평가자 R14는 56.48자를 사용하여
하나의 평가 경험을 사고구술 한다. 이는 평가자마다 평가를 진행하면
서 경험하는 평가 경험이 다르거나 혹은 평가 경험을 사고구술하는
특성과 방법이 다르다는 것을 보여 준다. 따라서 평가 과정에 따라 평
가 경험의 사고구술이 어떻게 달라지는지를 좀 더 자세하게 살펴볼
필요가 있다.

### 2) 평가 과정에 따른 평가 경험 점유율과 프로토콜 글자 수

학생 논설문 30편을 한 번에 평가하지 않고 10편씩 나누어, 평가 전
기, 중기, 후기의 세 단계로 평가를 진행하였다. 이러한 평가 과정에
따른 사고구술 프로토콜을 NVivo 10 프로그램을 사용하여 분석한 평
가 과정에 따른 평가 전기, 중기, 후기의 전체 평가 경험 점유율은
<표 4-14>와 같다.

〈표 4-14〉 평가 과정에 따른 전체 평가 경험 점유율(%)

| 평가과정 | R5 | R6 | R10 | R14 | R17 | R19 | R20 | R26 | R32 | R35 | 전체 |
|---|---|---|---|---|---|---|---|---|---|---|---|
| 평가전기 | 3.4 | 4.3 | 1.8 | 3.2 | 6.2 | 3 | 5.5 | 2.3 | 1.6 | 2.0 | 33.3 |
| 평가중기 | 3.5 | 3.8 | 2.4 | 2.7 | 5.4 | 3 | 7.2 | 2.4 | 1.5 | 2.2 | 34.1 |
| 평가후기 | 3.3 | 4.5 | 2.2 | 3.2 | 4.9 | 3 | 6.6 | 1.4 | 1.4 | 2.1 | 32.6 |
| 전체 | 10.2 | 12.7 | 6.4 | 9.1 | 16.5 | 9 | 19.3 | 6.1 | 4.5 | 6.3 | 100 |

<표 4-14>를 살펴보면, 평가 과정에 따른 국어교사별 평가 경험 점유율이 다르다는 것을 확인할 수 있다. 점유율이 가장 높은 평가자는 R20(19.3%)이었고, 그 외 10% 이상의 점유율을 보이는 평가자들을 점유율이 높은 순서대로 나열하면 R17(16.5%), R6(12.7%), R5(10.2%)를 포함한 총 4명이었다. 또한 점유율이 가장 낮은 평가자는 R32(4.5%)였고, 10% 미만의 점유율을 보이는 평가자는 6명(R10, R14, R19, R26, R32, R35)이었다.

이를 평가 결과와 비교해 보면, 10% 이상의 평가 경험 점유율을 보인 4명의 국어교사 중에서 2명(50%)이 적합한 채점 일관성을 보였으며, 10% 미만의 평가 경험 점유율을 보인 6명의 국어교사 중에서는 3명(50%)이 적합한 채점 일관성을 보였다. 점유율 10% 이상 평가자 집단과 점유율 10% 미만 평가자 집단 모두 50%의 평가자가 적합한 채점 일관성을 보였다. 따라서 단순한 전체 점유율 비교만으로는 채점 일관성 유형을 예측할 수 없다.

평가자의 점유율은 평가자의 사고 양상 차이가 반영된 것으로 보인다. 이중 과정 이론에서는 사고 양상을 분석과 직관으로 나누는데 숙련된 전문가는 분석적 사고를 하지 않고도 직관적으로 정확한 판단을 할 수 있다. 따라서 평가자 R10, R26, R35는 직관적 사고 양상으로 평가하여 사고구술에 드러난 평가 경험의 점유율은 높지 않았을 수 있다. 따라서 단순히 평가 경험의 점유율만으로 평가 결과를 예측할 수 없다. 그렇기 때문에 평가 경험의 점유율 분석과 함께 실제 사용된 평가 경험의 내용 분석 또한 병행되어야 한다. 평가 과정에 따라 국어교사가 경험한 평가 전략의 수보다는 평가 전략의 내용이 평가 결과에 미친 영향이 더 크기 때문이다.

평가자별 전체 평가 경험 점유율뿐만 아니라 평가 전기, 중기, 후기의 평가 경험 점유율에도 차이가 있었는데, 이를 가시적으로 확인하기 위해 그래프로 나타내면 [그림 4-3]과 같다.

　[그림 4-3]은 평가 과정에 따른 평가 경험 점유율의 변화 양상을 나타낸다. 평가 과정을 전기, 중기, 후기로 나누어 살펴본 전체 평가자의 평균 점유율은 33.3, 34.1, 32.6으로 평가 중기가 가장 높았지만, 개별 평가자별 점유율 변화 양상은 차이가 있었다. 이를 유형별로 다시 나누면 평가 전기, 중기, 후기에서 평가 중기의 점유율이 가장 높은 평가자 5명(R5, R20, R26, R10, R35), 평가가 진행될수록 점유율이 낮아지는 평가자 2명(R17, R32), 평가 중기가 가장 낮은 평가자 2명(R6, R14), 변화가 없는 평가자 1명(R19)이다.

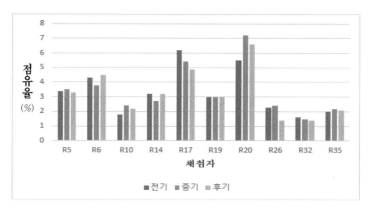

[그림 4-3] 평가 과정에 따른 평가 경험 점유율

　이러한 점유율을 평가 결과 분석과 연계해 보면, 평가 중기의 점유율이 가장 높은 평가자 5명(R5, R20, R26, R10, R35)은 모두 적합한 채점 일관성을 보인 평가자이다. 이러한 결과를 바탕으로 평가 중기의 학생 글 특성과 그에 따른 평가자의 경험 관계를 파악할 필요가 있다. 학생 글 평균이 가장 낮았던 중기 학생 글을 평가하면서 더 많은 평가 경험을 통한 사고구술이 나타났다고 추정할 수 있다. 따라서 학생 글의 평가 난도에 맞는 평가 경험을 적절히 조절하면서 사용하는 평가자가 적합한 평가 결과를 보일 확률이 높다고 추정할 수 있다. 평가가 어려운 글이라면 그만큼 판단을 위한 여러 평가 전략을 사용해야 하기 때문이다. 따라서 평가 난도가 높은 글일수록 평가 경험 점유율이 높은 국어교사가 적합한 평가자일 확률이 높아서 학생 글 특성과 평가 경험 점유율을 통해 평가의 신뢰도를 예측할 수 있을 것으로 보인다.

평가 과정에 따른 평가자별 평가 경험 점유율을 평가 경험 사고구술 분량과 함께 살펴보기 위해, 프로토콜 글자 수를 평가 전기, 중기, 후기로 나누어 살펴보면 <표 4-15>와 같다.

〈표 4-15〉 평가 과정에 따른 사고구술 프로토콜 글자 수

| 평가자 | 평가 과정 | 최솟값 | 최댓값 | 평균 | 표준편차 |
|---|---|---|---|---|---|
| 국어<br>교사<br>(10명) | 전기<br>(10편) | 1,585 | 10,338 | 5782.1 | 2888.0 |
| | 중기<br>(10편) | 2,203 | 8,499 | 4966.9 | 2179.9 |
| | 후기<br>(10편) | 1,940 | 9,978 | 4990.9 | 2965.8 |
| | 전체<br>(30편) | 1,585 | 10,338 | 5246.6 | 2634.7 |

<표 4-15>를 살펴보면 평가 전기, 중기, 후기의 평균 글자 수는 5782.1, 4966.9, 4990.9로 전기의 프로토콜 글자 수가 가장 많고, 중기와 후기는 비슷한 편이나 후기가 조금 더 많다. 그러나 앞서 살펴본 평가 경험의 점유율에서는 평가 중기 점유율이 가장 높았고, 그다음이

전기, 후기의 순서를 보였다. 평가 과정 사고구술 내용을 함께 살펴보면, 평가자의 인지 부담이 클수록 조사나 표현 등을 더 생략하여 평가 과정에서 드러난 평가 경험의 수는 많지만, 글자 수는 가장 적은 경향을 보인다. 마찬가지로 평가 전기, 중기, 후기의 경험 당 평균 글자 수는 173.6, 145.7, 153.1로 평가 난도가 가장 높은 평가 중기의 경험 당 글자 수 평균이 가장 낮았다. 평가 과정 사고구술 프로토콜의 내용을 확인하기 위해 사고구술이 가장 많았던 평가자 R20의 사고구술 프로토콜을 제시하면 다음과 같다.

〈평가자 R20의 사고구술 프로토콜〉

〈전기_S152〉
- 대체 이건 무슨 글이야.. 논설문이 아니야 그냥 의식의 흐름대로 쓴 글이야.
- 바로.. 이런 글이 연구임감 있는 표현이 아닌 거야.
- 주장은 일관성이 있지. 그렇지만 이건.. 주장이 일관성이 있다고 만점을 줄 순 없지.
- 왜냐면, 동물실험을 찬성하는 것에 대한 적절한 근거가 아니잖아?
- 거기다가. 마지막 부분에서는. 동물들이여 몇 번이고 희생해 주시옵소서?
- 글을 쓰면서 흥분한 게 느껴지는군.
- 조직은 그래도 서론 본론 결론은 있기는 한데...
- 쓰읍.. 이게 뭔 소리야. 동물들 덕분에 인간이 사는 것인데 동물들을 치켜세우고 있는 거지 위대한 동물들이야?
- 이게 무슨 말이야... 내 머리가 혼란스럽다 야. 네 글 때문에...
- 아니, 전혀 책임감이 없어. 아니 이해하기 쉽도록 표현되어있지 않아. 일관성이 없어.

- 쓰읍.. 근데 상 중 하가.. 아니 아니야 상 중 하가 서론 본론 결론.
- 이렇게 서론 본론.. 본론이 두 문단이긴 하지만 이게 각각의 근거라고 보여지지는 않아.
- 난 점수를 못 주겠네..
- 최하점수를 줘도 된다고 생각해

〈중기_S232〉
- 전체 세 문단
- 앞에서도 양비론은 점수를 깎았어.
- 내용 풍성해.
- 세 문단이 서론 본론 결론도 아니야.
- 전체 내용을 짬뽕하고 있어.
- 생명... 근거가 부족해.
- 서론 본론 결론이 없잖아. 2점.
- 표현은 부자연스럽지 않아.
- 주장도, 주장도 분명하지 않아. 근거도 없어. 최하점이야.
- 조직 세 문단. 서론 본론 결론으로 볼 수가 있어 이걸? 근거가 없는데.
- 부분적인 기준을 만족했다고 점수를 줄 수는 없는 글이야.

〈후기_S342〉
- 얜 또 뭐야, 전체가 한 문단이야? 장난해?
- 심지어 시작할 때 띄어쓰기도 안 했어?
- 난 이런 글을 보면 화가 나~ 읽기도 전에 최하점이지,
- 결론이 없는 거 아니야, 이거?
- 얘는 무슨 말은 말을 하는 거야 대체.
- 조직 점수 2점. 전체 글이 한 문단이니까.
- 동물 실험 찬성이잖아.
- 근데 만약, 마지막에, 대체물이 등장한다면 꼭 동물만이 이용

> 된다고 보장할 수도 없을 것이다? 네가 말하고자 하는 바가
> 뭐니 대체.
> - 분량 점수만 줄게.
> - 표현은, 마지막에 책임감이 없어서 감점

위의 사고구술 프로토콜은 평가자 R20이 평가 전기, 중기, 후기에 학생 글 S142, S232, S342를 평가하면서 생각한 내용을 사고구술한 것이다. 평가 과정에 따른 글자 수와 평가 경험의 수를 확인하기 위해 평가 전기, 중기, 후기에서 4~5번째로 가운데쯤 위치하며 글의 분량이 같은 글 세 개를 무작위로 선정하여 제시하였다. 그리고 이 세 사고구술 프로토콜의 글자 수는 전기의 S142가 503자, 중기의 S232가 220자, 후기의 S342가 260자로 평균 글자 수와 마찬가지로 전기>말기>중기의 순으로 글자 수에 차이가 있다.

또한 분석한 평가 경험의 수는 전기의 S142가 14개, 중기의 S232가 11개, 후기의 S342가 10개로 전기가 가장 많다. 그러나 평가 경험별 글자 수를 구하면, 전기가 36자, 중기가 20자, 후기가 26자로 중기가 가장 낮다. 이는 국어교사가 평가의 난도가 높을수록 하나의 평가 경험을 사고구술 할 때 말하는 평균 글자 수가 적어지며 더 집약적으로 평가 경험을 표현하는 경향을 보인다는 것을 보여준다. 평가 난도가 높을수록 인지부담이 크기 때문에 다른 분야의 인지부담을 줄이는 전략을 사용하는 것으로 보인다. 따라서 국어교사의 인지부담은 평가 과정과 결과의 영향을 미칠 수 있으므로 인지부담이 큰 쓰기 평가를 수행할 때 평가자가 집중할 수 있는 환경의 조성과 평가자의 집중력 유지가 필요하다.

R20의 사고구술 프로토콜 예시를 살펴보면, 평가 전기에는 평가 기준을 읽거나 반복적인 생각이 많으며 평가자가 다른 평가 경험을 하는 것이 아니라 하나의 평가 경험을 길게 말하고 있다. 또한 전기와 후기는 평가자의 느낌이나 생각이 많이 드러나며, 학생 글에 대한 평가자의 주관적인 의견도 제시되는 데 반해 중기는 이러한 표현이 드물다. 그리고 중기의 사고구술 프로토콜을 보면, '전체 세 문단, 내용 풍성해, 표현은 부자연스럽지 않아' 등 전기나 후기의 문장표현보다 간결한 표현이 많이 보인다.

평가자가 학생 글 평균이 낮으며 평가 난도가 높다고 느꼈던 중기의 글을 평가할 때는 상대적으로 사족 없이 평가와 관련된 사고를 주로 구술한 것으로 보인다. 또한 평가 기준이 익숙해진 평가 중기부터는 학생 글의 조직을 먼저 파악한 후 다른 요인을 평가하는 모습을 보인다. 이는 평가가 진행되면서 파악하기 쉬운 조직을 먼저 파악하여 학생 글의 전체적인 수준을 예측한 뒤 세부 평가 기준에 따라 채점을 지속하여 자신만의 평가 방법을 찾아가는 평가자의 경향을 보여 준다. 이를 더 자세하게 파악하기 위해서는 세부 평가 경험별 점유율과 평가 경험의 내용을 함께 살펴볼 필요가 있다. 이를 위해 평가 과정에 따른 평가 경험별 점유율을 정리하면 <표 4-16>과 같다.

〈표 4-16〉 평가 과정에 따른 평가 경험별 점유율(%)

| 평가 경험 | | R5 | R6 | R10 | R14 | R17 | R19 | R20 | R26 | R32 | R35 | 전체 |
|---|---|---|---|---|---|---|---|---|---|---|---|---|
| 학생 글 이미지 | 전기 | 0.0 | 0.1 | 0.1 | 0.2 | 0.4 | 0.2 | 0.2 | 0.0 | 0.1 | 0.0 | 1.4 |
| | 중기 | 0.0 | 0.1 | 0.0 | 0.1 | 0.2 | 0.1 | 0.1 | 0.1 | 0.0 | 0.0 | 0.8 |
| | 후기 | 0.0 | 0.1 | 0.0 | 0.1 | 0.1 | 0.2 | 0.4 | 0.1 | 0.0 | 0.0 | 1.2 |

| | | | | | | | | | | | | |
|---|---|---|---|---|---|---|---|---|---|---|---|---|
| 읽기 및 이해 | 전기 | 0.3 | 0.3 | 0.2 | 0.1 | 0.3 | 0.1 | 0.8 | 0.1 | 0.2 | 0.2 | 2.7 |
| | 중기 | 0.3 | 0.1 | 0.2 | 0.1 | 0.6 | 0.3 | 0.4 | 0.2 | 0.2 | 0.0 | 2.3 |
| | 후기 | 0.4 | 0.1 | 0.2 | 0.3 | 0.5 | 0.1 | 0.6 | 0.3 | 0.2 | 0.1 | 2.8 |
| 내용 평가 기준 | 전기 | 0.3 | 0.8 | 0.2 | 0.3 | 1.0 | 0.3 | 0.5 | 0.3 | 0.2 | 0.4 | 4.3 |
| | 중기 | 0.4 | 0.7 | 0.3 | 0.3 | 1.0 | 0.3 | 1.2 | 0.3 | 0.2 | 0.5 | 5.3 |
| | 후기 | 0.4 | 0.8 | 0.2 | 0.4 | 0.8 | 0.2 | 0.6 | 0.2 | 0.2 | 0.5 | 4.2 |
| 조직 평가 기준 | 전기 | 0.3 | 0.3 | 0.1 | 0.3 | 0.4 | 0.3 | 0.4 | 0.2 | 0.2 | 0.3 | 2.9 |
| | 중기 | 0.2 | 0.4 | 0.1 | 0.3 | 0.5 | 0.3 | 0.6 | 0.2 | 0.1 | 0.3 | 3.0 |
| | 후기 | 0.3 | 0.4 | 0.2 | 0.2 | 0.4 | 0.3 | 0.4 | 0.1 | 0.1 | 0.2 | 2.6 |
| 표현 평가 기준 | 전기 | 0.4 | 0.4 | 0.2 | 0.2 | 0.5 | 0.2 | 0.7 | 0.2 | 0.1 | 0.0 | 3.1 |
| | 중기 | 0.4 | 0.4 | 0.2 | 0.3 | 0.3 | 0.2 | 0.7 | 0.2 | 0.2 | 0.1 | 2.9 |
| | 후기 | 0.3 | 0.5 | 0.2 | 0.2 | 0.4 | 0.3 | 0.5 | 0.0 | 0.2 | 0.1 | 2.8 |
| 점수 척도 변별 | 전기 | 1.0 | 1.1 | 0.3 | 0.8 | 1.6 | 0.8 | 0.7 | 0.7 | 0.4 | 0.7 | 8.1 |
| | 중기 | 0.9 | 1.2 | 0.6 | 0.8 | 1.2 | 0.6 | 1.9 | 0.7 | 0.4 | 0.9 | 9.2 |
| | 후기 | 0.9 | 1.5 | 0.5 | 0.7 | 1.3 | 0.7 | 1.3 | 0.3 | 0.3 | 0.6 | 8.1 |
| 점수 부여 | 전기 | 0.9 | 0.9 | 0.2 | 0.6 | 0.2 | 0.3 | 0.3 | 0.4 | 0.0 | 0.1 | 4.0 |
| | 중기 | 0.9 | 0.9 | 0.1 | 0.6 | 0.2 | 0.1 | 0.3 | 0.2 | 0.1 | 0.2 | 3.5 |
| | 후기 | 0.9 | 0.9 | 0.1 | 0.6 | 0.2 | 0.2 | 0.5 | 0.1 | 0.0 | 0.2 | 3.6 |
| 점검 및 조정 | 전기 | 0.0 | 0.1 | 0.3 | 0.6 | 0.7 | 0.2 | 0.8 | 0.1 | 0.1 | 0.0 | 2.9 |
| | 중기 | 0.2 | 0.1 | 0.4 | 0.3 | 0.6 | 0.4 | 1.0 | 0.3 | 0.2 | 0.1 | 3.6 |
| | 후기 | 0.2 | 0.1 | 0.6 | 0.4 | 0.4 | 0.5 | 0.9 | 0.1 | 0.3 | 0.1 | 3.7 |
| 정서적 반응 | 전기 | 0.1 | 0.2 | 0.3 | 0.2 | 1.0 | 0.4 | 0.9 | 0.1 | 0.2 | 0.3 | 3.8 |
| | 중기 | 0.1 | 0.1 | 0.3 | 0.1 | 0.8 | 0.6 | 1.0 | 0.2 | 0.2 | 0.1 | 3.6 |
| | 후기 | 0.1 | 0.1 | 0.3 | 0.2 | 0.7 | 0.5 | 1.3 | 0.2 | 0.1 | 0.2 | 3.6 |
| 전체 | | 10.2 | 12.7 | 6.4 | 9.2 | 16.5 | 9.0 | 19.2 | 6.1 | 4.5 | 6.3 | 100 |

평가 과정에 따른 사고구술 프로토콜 역시 평가자 R20(19.2%)의 점유

율이 가장 높았다. 그 뒤를 이어 평가자 R17(16.5%), R6(12.7%), R5(10.2%)
가 10%가 넘는 점유율을 보였다. 평가자 R5는 채점 일관성 유형이 적
합한 평가자로 1차 평가에서는 부적합한 채점 일관성을 보였지만, 1차
평가를 통해 자신만의 평가 방법을 수립한 것으로 보인다. 평가자 R5
의 1차 평가와 2차 평가 경험의 차이는 다음 평가 후 추가 인터뷰 내
용을 통해 파악할 수 있다.

> "선생님 혹시 1차 검사와 2차 검사에서 학생 글을 평가하실 때 달랐
> 던 점이 있으실까요?"
> "제가 1차 검사로 논설문 30편을 평가할 때, 처음에는 주어진 평가
> 기준표에 따라 평가 척도를 6개로 두고 평가를 진행했어요. 그런데 평
> 가를 진행할수록 점수 변별이 너무 힘들어서, 중반 정도부터는 3개 척
> 도로 큰 기준을 먼저 설정하여 상, 중, 하를 판단한 뒤 세부 사항에 따
> 라 6점 척도를 적용했어요(R5)."

이처럼 평가자 R5는 학생 논설문 평가 경험이 누적되면서 자신만의
평가 전략을 형성하였다. 이러한 결과는 평가가 진행되면서 평가자의
평가 경험이 누적되면 평가자의 평가 전략에 변화가 있을 수 있다는
것을 보여 준다. 또한 평가자가 평가 계획과 적절한 평가 방법을 수립
하고 자신이 세운 평가 전략을 일관되게 활용할 수 있다면, 이후의 평
가에도 긍정적인 영향을 미칠 수 있음을 추론할 수 있다.

10% 미만의 평가 경험 점유율을 보인 평가자 6명 중에서 평가자
R10(6.4%), R26(6.1%), R35(6.3%)만이 적합한 엄격성의 일관성을 보였다.
이는 단순히 평가 경험의 점유율만으로 평가 결과의 적합성을 예측하
기는 어렵다는 것을 나타낸다. 왜냐하면 평가 경험 사고구술은 평가자
의 사고 양식과 관계가 있으므로 평가 경험이 자동화되어 직관적으로

사고하는 평가자라면 사고구술에서 평가 경험이 집약적으로 드러날 수 있기 때문이다. 따라서 평가 과정에 따른 국어교사의 평가 경험의 내용을 구체적으로 살펴 평가 경험에서 사용된 평가 전략의 적절성을 함께 확인할 필요가 있다.

평가 과정에 따른 사고구술 프로토콜은 '학생 글 이미지, 읽기 및 이해, 내용 평가 기준, 조직 평가 기준, 표현 평가 기준, 점수 척도 변별, 점수 부여, 점검 및 조정, 정서적 반응'의 9개의 분류 기준을 세워 분석하였다. 그 결과 점유율이 가장 높은 평가 과정은 점수 척도 변별로 25.4%이었다. 그다음으로 내용 평가 기준(13.8%), 점수 부여(11.1%), 정서적 반응(11%), 점검 및 조정(10.2%)의 순으로 점유율이 높았다. 반면 나머지 4개의 평가 경험은 점유율 10% 미만을 보였는데, 학생 글 이미지(3.4%), 읽기 및 이해(7.8%), 조직 평가 기준(8.5%), 표현 평가 기준(8.8%)이었다. 평가 과정은 학생 글을 읽고 실제 평가를 수행하는 과정이기 때문에 평가와 관련된 경험의 사고구술 점유율이 높다. 또한 학생 글 이미지 과정을 제외한 모든 평가 경험의 점유율이 10% 내외로 비교적 균등하다는 것도 특징적이다.

평가 과정에 따른 평가 경험별 점유율을 전기, 중기, 후기의 변화 양상에 따라 유형을 나누면, 평가 중기의 점유율이 가장 높은 평가 경험은 3개(내용 평가 기준, 조직 평가 기준, 점수 척도 변별)이다. 이는 평가 난도가 높은 글이 많이 배치되어 있었던 평가 중기에서 평가 기준과 점수 척도 변별의 평가 경험이 더 많이 사용되었다는 것을 확인할 수 있다. 즉 중기 학생 글의 내용과 조직 평가에서 어려움을 느낀 국어교사들이 점수 척도를 변별하기 위해 더 많은 평가 방법이나 전략을 사용한 것이다. 나머지 평가 경험은 평가 과정에 따라 다양한 점유율 변화를 보였는데, 평가 경험 점유율은 학생 글 특성의 영향을 크게 받는 것으로 보인다. 즉 평가가 어려운 부분을 판단하기 위해서 국어교사는 더 많은 평가 과정 사고구술을 하는 경향이 있다.

반면 평가 중기의 점유율이 가장 낮은 평가 경험은 4개(학생 글 이미지, 읽기 및 이해, 점수 부여, 정서적 반응)이다. 이는 점수 부여를 제외하면 평가 기준이나 점수 척도 변별이라는 직접적인 평가 수행과는 관련이 적은 평가 경험이다. 점수 부여 역시 점수 척도 변별을 통해 확정한 평가 기준별 수준을 숫자로 점수화하는 경험이기 때문에 평가 기준보다는 학생 글 수준 판단과 직접적인 관련이 적다. 이는 국어교사들이 평가 난도가 높았던 평가 중기의 평가를 진행하면서 학생의 쓰기 능력 변별에 초점을 맞춘 평가 경험이 많이 드러났다고 볼 수 있다. 따라서 평가 난도가 높을수록 더 많은 평가 방법과 전략을 사용했음을 보여 준다.

평가가 진행될수록 점유율이 낮아지는 표현 평가 기준과 반대로 평가가 진행될수록 점유율이 높아지는 점검 및 조정처럼 평가 경험의 점유율은 다양한 변화 양상을 보인다. 이를 바탕으로 국어교사는 평가 과정에 따라 일관된 평가 경험이 드러나는 것이 아니라 평가 과정 특성, 학생 글 특성, 평가 난도 등에 따라 평가 방법을 상황에 맞게 조정하면서 적용한다는 것을 알 수 있다. 또한 국어교사는 쓰기 평가를 진행하면서 평가와 연관된 경험을 주로 사용하며, 점검 및 조정 경험을 통해 평가 과정을 조절하면서 평가를 진행한다. 따라서 평가 과정에 따라 국어교사의 평가 경험은 변화하며, 상황에 맞는 적절한 경험을 사용할 수 있는 국어교사가 적절한 평가를 수행할 수 있을 것이다.

### 3) 평가 과정에 따른 평가 경험 점유율 변화

이 책은 논설문 평가 과정에 따른 국어교사의 평가 전략 변화를 분석하기 위해 국어교사에게 학생 논설문 30편의 평가 과정을 사고구술하도록 하고 그 과정을 녹음 및 녹화하였다. 그리고 국어교사의 논설문 평가 과정을 평가 전기(10편), 중기(10편), 후기(10편)로 나누었다. 이렇게 구성된 논설문 30편의 전체 평가 과정은 아래 <표 4-17>과 같다.

〈표 4-17〉 전체 평가 과정

| 평가 자료 | 평가 과정 | | | | |
|---|---|---|---|---|---|
| 학생<br>논설문 | 전기<br>(10편) | ⇒ | 중기<br>(10편) | ⇒ | 후기<br>(10편) |

<표 4-17>의 전체 평가 과정에서 평가 전기, 중기, 후기의 경험을 분석할 수 있는 분석 기준을 마련하여 평가 경험 분석을 실시하였다. 그러나 평가의 시작에서 결과 도출까지 지속적으로 영향을 미치며 많은 점유율을 보이는 평가 경험은 평가 기준 영역뿐이었다. 따라서 평가 기준과 관련된 평가 경험의 프로토콜의 분석 내용을 정리하면 <표 4-18>과 같다.

〈표 4-18〉 평가 과정에 따른 평가 기준 관련 프로토콜의 평가 경험 수 변화

| 평가 경험 | | 전기 | 중기 | 후기 | 전체 |
|---|---|---|---|---|---|
| 평가<br>기준 | 내용 | 245 | 283 | 224 | 752 |
| | 조직 | 172 | 162 | 141 | 475 |
| | 표현 | 185 | 153 | 147 | 485 |
| 전체 | | 602 | 598 | 512 | 1712 |

<표 4-18>을 보면 평가 과정을 평가 전기, 중기, 후기의 세 단계로 나누어 프로토콜을 분석하였다. 따라서 평가 과정에 따른 프로토콜의 평가 경험 수의 변화 양상을 살피면, 평가 과정에 따른 국어교사의 평가 경험의 변화를 확인할 수 있을 것이다. 평가가 진행될수록 전체적으로 평가 기준에 대한 평가 경험 수가 줄어드는 경향이 있다. 그러나 평가 기준 중에서 조직 항목은 평가 과정 중 '중기'의 평가 경험이 가장 많은 양상을 보인다. 이는 앞서 살펴본 바와 같이 평가 중기 학생 글의 평가 난도가 높아서 더 많은 평가 경험이 드러나는 것으로 보인다.

따라서 평가 기준과 관련된 평가 경험은 평가 중기>전기>후기의 순으로 많은 것을 확인할 수 있다. 중기에 배정된 학생 글 특성을 고려하여 평가 중기에 평가 기준과 관련된 평가자의 평가 경험이 가장 많다고 해석할 수 있다. 그러나 평가 경험의 수보다 중요한 것이 평가 경험의 내용일 것이다. 따라서 국어교사가 논설문 평가를 진행하면서 경험한 내용을 함께 확인할 필요가 있다. 이를 위하여 평가 기준과 관련된 평가자의 사고구술 프로토콜의 예를 살펴볼 필요가 있다. 평가자의 평가 과정 사고구술 프로토콜에서 평가 과정에 따른 평가자의 경험 차이를 확인할 수 있다면 평가 과정에 따라 평가자가 겪는 평가 경험과 이에 따른 평가 전략의 차이를 발견할 수 있기 때문이다.

## 나. 평가 과정에 따른 평가 기준별 평가자의 경험 차이 분석

### 1) 내용 평가 기준

이 연구의 논설문 평가 기준은 내용, 조직, 표현의 항목별로 세부 평가 기준을 세 가지씩 동일하게 설정하였다. 이를 통해 평가 기준 수의 차이로 인한 평가 경험 사고구술의 양적 차이를 줄일 수 있을 것이다. 그러나 평가 기준의 각 항목별로 평가자가 보이는 평가 경험은 다를 수 있으므로 항목별 평가 경험을 살펴볼 필요가 있다. 먼저 내용 평가 기준에 대한 국어교사의 사고구술 프로토콜 사례를 제시하면 다음의 <표 4-19>와 같다.

<표 4-19>는 평가자 R6, R20, R26의 평가 과정에 따른 사고구술 내용을 정리한 것이다. 전체 10명 중에서 평가자 3명(R6, R20, R26)을 선정한 이유는 평가 과정에서 평가 기준의 점유율이 모두 있는 평가자가 이 세 명의 평가자이었기 때문이다. 나머지 평가자는 7명(R5, R10, R14, R17, R19, R32, R35)은 일부 학생 글의 평가 과정에서 평가 기준에 대한 경험이 드러나지 않는 경우가 있었다. 따라서 전체 평가 과정의 분석을 위한 사례 제시는 전체 과정을 확인할 수 있는 3명의 평가자만을 정리하였다.

〈표 4-19〉 평가 과정에 따른 내용 평가 기준 프로토콜

| 평가 과정 | 내용 평가 기준 프로토콜 사례 |
|---|---|
| 전기<br>(S102) | <R6> "내용은… 일관성. 주장… 분명한가… 그리고 일관성. 그다음에 근거, 타당도."<br>"먼저, 주장. 어~ 그러나 동물권 침해라고 생각한다. 연구를 위해서 동물 실험하지 말아야 한다. 반대 의견… 음… 잠깐만… 아~ 음. 먼저 주장이 분명한가…. 어~ '동물실험을…. 어쩔 수 없는 것이라고 이야기한다.', '동물권 침해라고 생각한다.' 부정. 그리고…. 음~ '동물…. 희생~ 에 대해서…. 동물권 침해다' 아아~ 음…. 첫째, 동물들도…. 그 감정, 생각 감정이 있다, 있다. 고통…. 동물의 권리를 위한 것이…. 둘째, 동물권이 있다. 두 번째…. 아~ 대체할 수…. 다른 과학기술로 대체할 수 있다. 다른…. 기술 대체. 으음…. '동물이 인간과 유사하다고 해도…. 다른 개체….' 흐름…. 사람과 유사한 개체다. 주장이 분명하다. 주장이…. 주장이…. 분명. 다양한 내용은…. 뭐가 있는가? 어~ 내용…. 주장, 분명한가? 근거~ 타당한가? 타당. 근거 다양한가? 다양…. 세 가지…. 세 가지를…. 들었기 때문에…. 에~ 충분하다. 내용, 근거가 타당한가? 주장이 분명한가? 으음…. 흐름…. 어~ 주장이 분명하고, 일관적으로…. 보인다. 해서…. 어~ 상, 6점. 근거가 타당하다. 어~ 타당. 근거가 |

| 평가 과정 | 내용 평가 기준 프로토콜 사례 |
|---|---|
|  | 타당해. 세 개 중에서…. 근거 중에서…. 어~ 어…. 어…. 두 가지 근거는…. 근거는…. 그 근거가… 타당하지 못한…. 따라서 2점. 다음에 근거가 다양한 가에 대해서 세 가지 근거를 들고 있기 때문에…. 에~ 세…. 세 가지 근거를 늘었지만, 그중에 한 가지는…. 어~ 앞에 안내문에 나와 있는 근거기 때문에…. 두 가지만 인정…. 해서 4점을…. 내용 면에서는…. 으아~ 12점. <R20> "내용 평가 기준은 주장의 일관성은 상중하로 나눌 수 있고, 타당한 근거는 근거의 개수로 보기로 하겠어. 근데 근거가 적더라도 그 근거에 대한 충분한 보충 설명이 있다면 점수는 줄 수 있을 것 같아." "아직 102번 학생 점수를 주지 않을 거야. 몇 편을 더 보고 나서 다시 한번 평가 기준을 정확히 마련하는 게 좋을 것 같아." <R26> "그러면 평가 기준을 정리하면, 기준① 주장이 바뀌지 않는지 거의 아마 바뀌지 않을 것 같아서 기본점수로 들어갈 거 같고 ②는 근거의 개수가 3개를 기준으로 어 3개 이상이면은 어 점수를 만점을 부여하고 그렇지 않으면 점수를 좀 감점을 해야 할 것 같고 이 설득이라는 목적에 맞게. 설득 ③은 설득목적에 맞게 어 자료나 근거를 준비했는지" "주장이 바뀌지 않아 내용 영역에서는 5점. 근거의 개수가 3개가 나타났기 때문에 5점. 설득목적에 맞게 자료나 근거가 충분하게 제시됐다고 할 수가 없습니다. 특히, 둘째, 셋째 근거에서는 그에 관한 내용이 확실하지 않기 때문에 두 번째, 세 번째 근거에서 1점씩 감점해서 3점을 부여하고" |
| 중기 (S252) | <R6> "으음…. 주장이…. 252번 학생 글은~ 주장이…. 일관되게 전개되고 있어서, 6점~을 부여했고, 그다음…. 에 내용의 근거가… 다양하냐? 에 대해서~ 어…. 세 가지를 들고 있는데…. 에…. 이게 세 번째, 첫 번째…. 근거가 같은 내용이라서…. 4점을 부여합니다. 근거가 타당하냐? 하는 부분에 있어서…. 어어~ 두 번째 '다수와 소수'에 대한 논리를 동물에게 적용. 아~ 할 수 있는가? 부분에서 타당하지 않다고 생각하고…. 어~ 다음에 학대…. 라는 개념. 개념을 가지고 근거를 들었는데…. 그 부분에 있어서 '동물의 학대'. 요 부분하고…. 흠. 인간의 어떤 생명. 요 부분을 같이…. 놓고 논증하는 그런 절차가 필요할 거 같아서…. 요것을 타당하지 않다고 생각하고 2점을 주겠습니다." <R26> "주장이 바뀌진 않았고요 근거의 개수가…. 하나, 둘…. 세 개. 로~ 제시되어는 있습니다. 하지만…. 논증이 제대로 됐다고 하긴 어려운데…. 어…. 인간과 같은 생명체~ 라고 해서…. 동등하게 대우해야 된다는…. 근거가 좀 부족하고…. 그다음에…. 다수를 위해 소수를 희생해야 된다는 것도 공감하기가 어렵습니다. 다음에~ 동물실험을…. 신체적 학대~ 라고 보는 것도…. 조금 공감하기가 어려워서…. 근거가 좀 부족하다. 그리고 논증 과정도 부족합니다. 합리적인 제시는 그래도 어느 정도 됐고…." |
| 후기 (S383) | <R6> "흐음…. 찬성. 긍정의 글이고…. 인간을~ 위해서…. 논~증 근거 타당~이. 별로. 근거는~ 어~ 두 개입니다. 어~ 그런데…. 하나가…. 이제~ |

| 평가 과정 | 내용 평가 기준 프로토콜 사례 |
|---|---|
|  | 인간을 위해서…. 동물실험 하는 게 괜찮다. 하면서 이제 드는 근거가 애완동물. 으~ 그리고…. 어~ 어…. 애완동물이라는 지금 단어를…. 정의를 하고 있는데, 그 정의가… 어~ 현재에…. 이제 쓰고 있는 단어가 아니기 때문에…. 이게 설득력이 좀 떨어지고…. 에~ 바이오 기술에 관해서 이야기하면서…. 인권, 동물의 권리~는…. 바이오 기술에 해당 되. 그 이용되는 것이 아니다. 이렇게 지금 얘기하고 있는데 이것도…. 어~ 복제에 관련해서…. 어~ 동물들의 동물권을 이렇게 거칠게 사용할 수 있다고 하는 부분들…. 이 조금 더 논증이 필요한 거 같아서…. 어~ 타당성에 좀 문제가 있습니다. 그래서…. 어~ 주장은 일관적이나…. 으음…. 이게 근거가…. 아~ 타당하지 않다. 아…. 아~ 근거 타당성이 좀 떨어진다. 해서 점수…. 어~ 그러…. 애완동물…. 의 정의. 부분하고, 바이오 기술…. 동물~ 권리 사용…. 요 부분에서 어…. 타당성이 떨어진다. 이렇게 볼 수 있겠고….”<br>〈R20〉 “정확한 주장을 모르겠어. 그니까 얘가 말하고 싶은 게 뭐야? 그 동물실험을 일단 찬성한다는 거지. 그런데 주장은 모르겠어. 주장은 분명하지 않아. 두 번째 문단에, 동물을 이용해도 되는가에 일단은 단연코 그렇다고 생각한다고는 돼 있어. 동물실험에 찬성하는 거지. 음…. 근데 단순히 화장품이나 의약품을 만드는 데 동물 실험하는 것은 효율적이지 않고 동물을 이용한 장기 추출, 생명 기술 발달에 동물을 이용하는 것이 괜찮다는 거지? 효율적이라는 거지?”<br>〈R26〉 “이번 글은 잘 읽히고, 짜임새도 있어 보이지만, 그 어떤 주장에 근거가…. 좀 빈약하고…. 좀 논증이 좀 거친, 매끄럽지 않은 그런 모습이 좀 보입니다. 그렇지마는…. 일단 전제를 제시하고…. 자신의 주장을 표현한 부분에 있어서는…. 점수를 좀 주고~ 싶고…. 하지만 근거가 역시 좀…. 부족한 게 좀 아쉽습니다.” |

또한 평가한 학생 글 30편 중 평가 전기, 중기, 후기에서 각 한 편씩을 선정하여 프로토콜 사례를 제시하였다. 학생 글 선정 기준은 평가자별 평가 점수의 평균이 비슷한 글이다. 왜냐하면 학생 글에 부여한 국어교사의 평가 점수가 비슷하다는 것은 학생 글의 특성과 수준이 비슷할 확률이 높기 때문이다. 학생 글 특성의 차이를 최소화하면 평가 과정에 따른 국어교사의 평가 경험 변화를 확인하기 쉽고 학생 들 특성의 영향을 최소화한 국어교사별 차이를 파악할 수 있다. 따라서 국어교사들이 비슷한 점수를 부여한 평가 전기 102번 학생 글, 평가

중기 252번 학생 글, 평가 후기 383번 학생 글의 평가 과정에서 보인 국어교사의 사고구술 프로토콜을 예로 제시하였다.

먼저 '내용 평가 기준' 프로토콜 사례를 살펴보면, 국어교사들은 주로 평가 전기에 주어진 평가 기준을 읽고 해석한다. 평가자 R6은 내용 평가 기준을 읽는 것에 그쳤지만, R20과 R26은 평가 기준별로 자신의 점수 부여 기준을 정하고 평가 과정을 예상하면서 근거의 수나 내용에 따라 어떻게 평가할지를 구상하는 평가 방법을 보였다. 평가 후 분석된 평가 점수 결과에 따르면 평가자 R6보다 R20과 R26의 평가자가 엄격성의 일관성이 적합한 평가자로 분류되었다. 이는 평가 전에 평가 기준에 대한 세부 기준과 적용 방안을 미리 구상하고 평가를 진행하는 평가자가 더 적합한 평가 결과를 보이는 것을 확인할 수 있다.

이를 바탕으로 평가 전에 평가 기준을 이해하고 해석한 후 세부 기준을 설정하여 일관되게 적용하려 노력하는 것이 평가 결과의 신뢰도를 높일 수 있다는 것을 예측할 수 있다. 특히, 평가 기준의 이해에서 더 나아가 자신의 점수 부여 척도를 설정하고 근거의 수나 내용의 분량 등으로 평가 기준을 수치화하거나 변별 기준을 세분화하는 등의 전략을 사용하여 평가 기준을 명확하게 해석할수록 평가 결과가 적절해지는 경향이 있다. 따라서 국어교사가 평가 전에 평가 기준을 이해하고 척도 변별을 위한 세부 기준을 수립할 수 있도록 안내해야 한다.

다음으로 평가 전기에 평가자 R20은 점수 부여를 미루고 몇 편의 학생 글을 읽은 후 점수를 부여하는 방법을 사용하였다. 이는 학생 글 이미지화 평가 경험으로 정보 처리 관점에서는 쓰기 평가자가 겪는 평가의 인지 과정을 '텍스트 이미지 형성을 위한 글 읽기, 텍스트의 이미지 평가하기, 평가 결과 나타내기'로 나눈(Freedman & Calfee 1983) 것과 관련이 있다. 텍스트 이미지가 머릿속에 저장되어 있어야 평가자가 이를 바탕으로 평가를 수행할 수 있는 것이다. 따라서 평가자 R20은 내용 평가 기준에 따라 수준별 학생 예시문에 대해 먼저 이미지화한 후 평가하는 방법을 사용하면서 평가 경험이 누적될수록 학생 글의 다양한 이미지 또한 누적되었다.

R20은 평가 전기에 학생 글 3편을 먼저 읽으면서 텍스트 이미지를 형성한 후 점수를 부여하는 특징을 보였다. 이는 다른 평가자들이 점수를 부여하면서 우선 평가를 진행하고 그 후 앞에서 평가한 글과 비교하면서 수정하거나 평가를 지속해 나가는 것과는 조금 다른 평가 방법이다. 이러한 평가 방법이 R20의 평가 결과의 적절성을 높였을 것이라 예측할 수 있다. 따라서 평가자가 평가 전기에 3편 이상의 학생 글을 읽고 수준을 파악하여 척도를 분명하게 설정하는 것이 적절한 평가를 위한 좋은 평가 방법이 될 수 있다. 그러나 처음에 제시된 3편의 학생 글이 평가할 학생 글의 수준을 대표할 수는 없다. 따라서 평가 시작 전에 예시문을 제공하여 평가자 협의와 훈련을 실시하고 평가를 시작할 필요가 있다.

평가자 R20은 평가 중 평가 중기의 사고구술 프로토콜이 적고 R6은 엄격성의 일관성이 흔들리는 모습을 보였기 때문에 평가 결과가 적합하고 평가 과정 사고구술 프로토콜이 고르게 분포하는 평가자 R26의 사고구술 프로토콜 예시를 중점적으로 살펴볼 필요가 있다. 그 결과 평가 전기에 평가자 R26은 내용 항목 평가 기준을 하나하나 대입하며 점수를 부여하는 모습을 보였으나, 평가가 진행될수록 중기와 후기에서는 학생 글을 평가하는 사고구술이 많아지고, 이를 점수 척도로 표현하기보다는 '부족하다, 공감하기 어렵다, 빈약하다, 거칠다, 매끄럽지 않다' 등의 자기 기준적 표현으로 점수 척도를 변별하고 있다. 이러한 형용사적 표현은 평가자가 스스로 학생 글에 대한 기준선을 정해 놓고 평가하고 있으며, 학생 글이 그것에 미치는 정도나 상태를 표현했다고 보여 진다.

따라서 평가자 R26은 평가 전기에는 주어진 평가 기준을 하나하나 대입하며 기준에 부합하는지를 판단하지만, 평가가 진행되어 평가 기준이 내면화되면 수준별로 좋은 글에 대한 평가자의 기준을 정하고 평가를 진행한다고 볼 수 있다. 이처럼 평가가 진행될수록 평가자는 좀 더 자신감 있게 학생 글에 대한 자신의 생각을 밝히고, 평가 기준을 종합적으로 판단하는 평가를 내릴 수 있는 것이다. 그러므로 평가를 진행하면서 평가 전기에는 평가 기준에 맞춰 한 항목씩 평가를 반복하는 연습이 필요하다. 이러한 경험이 누적되면서 평가 기준이 내면화되면 숙련된 평가자가 될 수 있다. 평가 경험의 누적으로 평가가 능숙해지고 각 평가 기준이 내면화되면 평가 기준을 항목별로 점검하지 않아도 평가 기준을 총괄하는 평가를 할 수 있다. 따라서 국어교사가 유능한 평가자가 되기 위해서는 평가자에게 평가 경험을 많이 제공하고 자신의 평가를 점검하고 확인할 수 있는 지속적인 평가자 훈련이 필요하다.

## 2) 조직 평가 기준

내용 평가 기준은 글에 대한 읽기와 평가자의 이해 정도에 영향을 많이 받는다. 이에 비해 조직 평가 기준은 상대적으로 학생 글에서 겉으로 드러나는 특징을 바탕으로 점수를 판단할 수 있기 때문에 내용 평가 기준과는 다른 평가 양상을 보인다. 따라서 평가 과정에 따른 조직 평가 기준 프로토콜 사례를 정리하여 제시하면 <표 4-20>과 같다.

〈표 4-20〉 평가 과정에 따른 조직 평가 기준 프로토콜

| 평가 과정 | 조직 평가 기준 프로토콜 사례 |
|---|---|
| 전기<br>(S102) | <R6> "조직은 그냥... 어어~ 하나로, 하나로 평가. 3단 구조 돼 있나. 구조로 되어 있는지. 3단 구조에 맞게... 내용~이 들어갔는지"<br>"어~ 그다음에 조직은... 조직 부분은... 어... 서, 본, 결 구조를... 가지고 있다. 어~ 좋은 구조를 지키고 있고... 어... 효과적으로, 효과적으로... 어... 서, 본, 결에 맞게... 에 전개하고 있기 때문에... 6점~ 을 준다. 으음... 구조~ 조직부분에서 점수를... 어~ 18점이 아니고, 3단 구조로 되어 있는지... 6점을 주고, 그 3단 구조에 내용이 들어갔는지 6점을 줘서, 총 12점, 12점으로 재편을... 하는 게 나을 것 같다. 조직 면에서는... 12점."<br><R20> "조직 부분은 ④와 ⑤의 평가 기준은 내가 구분하여 평가하기가 힘들어, 그래서 조직 ④와 ⑤는 내가 동일한 점수를 줄 거야. 이건 서론, 본론, 결론 삼단 구성을 적절한 분량으로 나누고 있는지에 따라서 조직④, ⑤를 똑같은 점수를 줄 수도 있어. 문단을 논리적으로 삼단 구성으로 구성했는지 여부만 간단하게 보겠어. 조직 ⑥은 독자가 이해하기 쉽도록 자연스러운 글의 흐름이 자연스러운지, 읽기에 불편함이 없는지 요정도로 생각해야 할 것 같아. 실제 글을 좀 읽어봐야겠어."<br>"102번 학생은 글을 읽자마자 첫째, 둘째, 셋째라는 중간 본론 부분에 단어가 눈에 띄었는데 아주 일반적인 구성이기는 한데, 이거는 잘되었다고 생각하면서 서론을 읽으려고 하니, 서론의 맨 처음 첫 칸 띄어쓰기부터 되지 않은 것이 서론 그리고 결론도 마찬가지, 왜 이런식으로 썼을까? 형식 면에서 기본을 갖추지 못했어. 대체방안도 없고. 조직도 엉망. 조직도. 중이야.. 이해하기 쉽도록.. 둘째 문단에서도 이어지는 글인데, 이어지는 문단인데, 하.. 줄바꾸기 하는 이런 거 다 조직 부분에서 이런 거는 점수를 빼야 될 것 같아.."<br><R26> "'조직 ④ 설득하는 글에 적합하게 조직되었는지'에 관한 것은... 글의 짜임새가 어 주장과 근거의 인과관계를 살펴봐야 할 것 같고 기준 ⑤ 주제에 대한 생각이 잘 드러나도록'에서는 자신의 주장을 명확히 제시했는지 ⑥에서는 '내용의 순서나 구조가 독자가' 내용 순서나 구조 어 단순 명료하게 글을 구성했는지 처음, 중간, 끝으로 평가를 하고, 조직-1번에 대한 것을 쪼금, 더 구체적으로 기준을 정해줘야 될 것 같은데 어 주장에 대한 어떤 근거제시. 근거제시와 그 다음에... 반론에 대한 재반박을 했는지... ④는 으음 설득하는 글에 적합한 조직이라고 하면 어떤... 근거의 타당성을 보여줄 수 있는 논점, 논증 과정이 제시된 글을 어 좋은 점수를 줘야 될 것 같고 ⑤는. 주제에 대한 생각. 주제에 대한 생각이 잘 들어나도록 조직되었는가 근거 제시를 근거제시를 체계적이고, 어 명확하게, 명확하게 |

| 평가 과정 | 조직 평가 기준 프로토콜 사례 |
|---|---|
| | 했는지 분명하게 했는지 살펴보고 ⑥은 서론, 본론, 결론이 짜임새 있는지 결론이 잘 갖춰지며 어 문단의, 문단의 길이가 적절한지 서론, 본론, 결론이 잘 갖춰지며 문단의 길이가 적절한지 그다음에 본론이 2, 3개의 문단으로 나뉘고 각각 하나씩을 근거를 제시하는지" |
| | "조직에 논증의 과정이 동물의 권리를. 동물권이 침해된다. '동물실험의 평가를. 과학기술로 동물들은 대체할 수 있다고 생각한다' '세포 조직이나 인습적인 사상을. 동물실험을 대체할 수 있다'라고 하는 부분은 부족하고 '동물에게 효과가. 사람에게 나타나지 않을 수 있다'라는 것에 대한 일단 근거가 없기 때문에 논증 과정이 제대로 나타났다고 하기가 어렵다. 그래서 논증과정은 두 가지 부분에서 좀 부족하므로 논증과정은 2점씩 감점하여 1점을 부여하겠습니다. 그 다음에 ⑤에서는 어 근거를 제시함에 있어서 체계적이고 명확히 제시했다라고 보기가 조금 어렵기 때문에... 음 여기도 이 세 가지 문단 중에서 두 가지 부분에서 어 체계적이고 명확한 근거제시가 되지 않았다라고 생각해서 2점씩 감점을 하면 1점을 부여하도록 하겠습니다. 그 다음에 서론, 본론, 결론이 잘 갖춰져서 어 문단의 길이가 적절하다. 문단의 길이는 어느 정도 적절하고 서론, 본론, 결론 갖춰져 있고 그 다음에 각각 하나씩의 근거를 제시하고 있으므로 이것은 5점 부여하고" |
| 중기 (S252) | <R6> "그다음엔... 음~ 조직은... 3단, 구성이라고 보고... 6점을 부여하고... 그다음엔... 그다음엔~ 내용 적합. 한가~ 에 대해서 역시... 잘 부여됐다고 생각하고" <br><R26> "구성 단계 서론, 본론, 결론은 잘 갖춰져 있습니다." |
| 후기 (S383) | <R6> "어~ 조직. 그러니까 3단 구성을 취하고 있고 으음... 내용이... 이~ 적합하다고 생각합니다. 어~ 근데 이제 결론에서... 어어~ 결론에서... 이~ 식물과~ 을... 아~ 비교 어~ 논증하는... 것이~ 부분이... 좀~ 설득력이 떨어진다. 어~ 설득력이 떨어져서~ 4점을 주고..." <br><R20> "조직도 6점을 줄게." |

<표 4-20>을 살펴보면, 평가 시작 전의 조직 평가 기준 분석 과정에서 평가자 R6과 R20은 평가 기준을 통합하는 양상을 보인다. R6은 세 개의 조직 평가 기준을 삼단 구성이라는 하나의 요소로만 평가한다고 하고, R20은 조직의 평가 기준 ④와 ⑤를 연계하고 조직 평가 기준 ⑥은 따로 평가를 하기로 계획을 세운다. 이에 비해 R26은 조직 평가 기준 하나마다 세부 기준과 수준을 설정하고 구체화하는 모습을

보인다. 이렇게 평가 방향을 설정한 조직 항목이 실제 학생 글 평가에
서는 어떻게 나타나는지 확인하기 위해 평가 과정을 살펴볼 필요가
있다.

실제 학생 논설문 30편의 평가가 수행된 평가 과정의 조직 평가 기
준 사고구술 프로토콜에서 가장 뚜렷한 변화는 평가가 진행될수록 국
어교사의 사고구술 내용이 확연히 감소한다는 것이다. 평가 과정에 따
라 조직 평가 기준 프로토콜의 분량과 내용이 감소하였으며, 특히 평
가 중기에는 평가자 R20, 평가 후기에는 평가자 R26의 관련 사고구술
이 전혀 없다. 이는 '내용 평가 기준'에 비해 '조직 평가 기준'은 그 판
단 기준이 비교적 명확하기 때문에 평가 기준 내면화의 속도가 빠르
며 그만큼 평가 자동화도 빠르게 되었다고 볼 수 있다. 또한 학생 글
에 따라 내용 평가 기준의 평가 요소는 많이 달라지지만 논설문 형식
이라는 조직 평가 요소는 거의 같다. 따라서 평가 과정이 자동화될수
록 평가자는 분석적 사고보다 자동적인 직관적 사고를 하므로 사고구
술이 적어도 점수를 부여할 수 있는 것이다(Heath 2014).

또한 평가자 R6이 3개의 조직 평가 기준을 하나로 통합하고, 다시
점수를 12점 만점으로 '재편'하여 평가한 것에 주목할 필요가 있다. 이
러한 평가 기준과 점수 척도의 자의적인 해석이 10명의 국어교사 중
유일하게 일관성이 부적합한 평가자였던 R6의 평가자 내적 신뢰도 하
락에 큰 영향을 미쳤을 것으로 예상된다. 선행 연구에서도 부적합 일
관성을 가진 국어교사 중에서 평가 기준을 자의적으로 적용하는 경우
가 발견되었기 때문이다(박종임 2013). 쓰기 평가 맥락에서 주어지는 평
가 안내와 평가 기준은 평가자 간의 약속이다. 이러한 약속을 자의적
으로 해석하여 적용한다면 평가자의 평가 결과 적합도가 떨어질 수밖

에 없다. 따라서 평가자가 평가를 수행할 때 주어진 평가 기준을 임의로 재편하는 것은 지양해야 할 것이다.

평가자 R20은 조직 평가 기준 ④와 ⑤를 함께 보기로 했는데, 평가자 R6과 결과적인 차이를 보인 것은 점수를 재편하지 않고 ④와 ⑤의 연관성을 고려하여 점수를 부여했기 때문이다. 평가 기준 사이의 연관성을 고려하여 전체 점수를 조정하는 평가 방법은 유능한 평가자의 평가 전략이다(송민영·이용상 2015). 글이라는 것은 하나의 기준만을 분별하여 적용할 수 없기에 평가자에게는 이를 종합적으로 판단하는 능력이 필요하다. 이는 유능한 평가자는 총체적 판단과 분석적 판단을 조화롭게 적용하고 감성적 판단과 이성적 판단을 복합적으로 사용한다는 선행 연구 결과와도 관련이 깊다(김평원 2010). 그러므로 평가자가 전체 점수의 조정 전략을 사용하여 글 전체를 보는 조화로운 평가를 할 수 있도록 훈련 프로그램을 구성할 필요가 있다.

평가 기준 중에서 평가자들이 평가 결과를 빨리 도출하고 평가 기준을 비교적 명료하게 적용한 항목이 조직 항목이었다. 이는 내용이나 표현처럼 학생이 쓴 글에 따라 평가 기준의 적용과 판단이 달라질 여지가 많은 기준보다, 논설문의 형식이라는 일정한 형식이 정해진 영역을 평가할 때 평가자의 평가가 더 정확해지고 수월해진다는 것을 확인할 수 있다. 따라서 내용이나 표현 영역에서도 평가자가 기준으로 삼을 수 있는 예시문을 제공한다면 평가자가 전기에 겪는 어려움을 줄일 수 있을 것이다. 평가를 시작하기 전에 학생 수준을 대표할 수 있는 몇 편의 글을 읽고 미리 평가자 훈련과 협의를 실시한 후 평가를 시작하는 등의 절차적 방안 마련이 필요하다.

## 3) 표현 평가 기준

많은 평가자들이 이해와 해석을 가장 어려워했던 평가 기준이 바로 '표현' 항목이었다. 따라서 평가 과정에 따른 표현 평가 기준의 해석과 적용 과정을 살펴하면 평가자의 평가 방법 차이가 더욱 뚜렷이 드러날 것이다. 이를 위해 정리한 평가 과정에 따른 표현 평가 기준 프로토콜 사례는 〈표 4-21〉과 같다.

〈표 4-21〉 평가 과정에 따른 표현 평가 기준 프로토콜

| 평가 과정 | 표현 평가 기준 프로토콜 사례 |
|---|---|
| 전기<br>(S102) | 〈R6〉 "어... 표현, 독창, 홍미 재미있는지... 있는지... 그다음에 독. 이~ 이해가 되는지. 그다음에... 음... 윤리성..."<br><br>"흐음. 어... 표현. 표현 부분. 흐음... 흐음... 으음... 표현은... 첫 번째... 흐음... 독창, 홍미, 재밌냐? 흐음... 재미... 재밌냐? 이해하기 쉽냐? 그다음에 책임감 있게 표현했냐? 으음... 동물이... 감정 있다~도... 어... 동물권. 유무. 어... 새로운... 내용들이... 홍미, 홍미가 있어서... 어... 점수를... 으으... 4점. 그다음에... 이해하기 쉽. 이해하기 쉽게 썼다. 6점. 그다음에... 흐음... 개인이~ 창작... 한 것 같다... 6점. 표현 면에서는~ 16점."<br><br>〈R20〉 "표현부분이 제일 와 닿지가 않아. 표현부분을 어떻게 평가해야 할지.. 표현 부분을 어떻게... 책임감 있는 표현? 단어의 사용, 단어 사용이 상당히 적절하고 문맥의 흐름이 좀 유려하다고 할까? 어떻게 표현해야 할까? 다른 여러 가지 자기주장에 따른 적절한 단어를 잘 사용하고 있는지는 표현면에서 볼 수 있을 것 같은데, 책임감 있는 표현? 어휘력이 좋은 것 같은 경우는 표현면에서 볼 수 있을 것 같은데, 이건 아직 내 평가 기준이 정확이 마련되지는 않았어, 이건 일단 글을 읽으면서 정립해 나가야 할 것 같아. 일단 상중하로 보겠어."<br><br>"처음에는 맞춤법이나 띄어쓰기 이런 걸로는 감점할 생각이 전혀 없었는데, 막상 글을 보니까, 그런 부분 때문에 전체 글에 대한 인상이 나빠지는 부분이 분명 있어. 그래서 감점을 안 할 수가 없을 것 같아. 아직 102번 학생 점수를 주지 않을 거야. 몇 편을 더 보고 나서 다시 한 번 평가기준을 정확히 마련하는 게 좋을 것 같아. 그리고 처음에는 표현 부분에서 책임감 있는 표현이 어떤 걸 말하는지 잘 이해되지 않았는데, 학생 글을 읽어보니까, 음.. 조금 와 닿는 게 있어. 본인 스스로 이해하지 못한 단어들을 사용한다는 느낌이 들어. 예를 들어 "세포 조직이나 인습적인 사상을 통해 이러한 동물 실험을 대체할 수 있다"라고 하는데, 본인이 이 근거를 들긴 했지만 이게 뭘 말하는지 전혀 이해할 수가 없어. 책임감이 없는 표현이란 것이 |

| 평가 과정 | 표현 평가 기준 프로토콜 사례 |
|---|---|
| | 이런 걸 말하는 것 같아. 또, 마지막 결론 부분에서 지금까지 제안한 많은 과학기술을 통해서 다른 대체방안을 찾는 것이 시급하다고 했는데, 이 학생은 앞서서 제안한 많은 과학기술이라는 것이 없었거든? 그런데 이런 표현은 앞뒤가 모순이란 말이지. 그러니까 그냥, 글이, 엉망이야. (웃음 소리) 첫 문장을 쓸 때 띄어 쓰는 거 자체부터, 그니까 글에 대한 기본이 안 되어 있어. 근데 이건.. 111번으로 잠깐 넘어갈게? 표현 부분에 있어서.. (한숨) 표현을 뭐 어떻게.. 그런데 3점 척도로 하고 있기 때문에.. 상 중 하일 때.. 중으로 하겠어. 맞춤법 그리고 글의 자연스러운 흐름을 저해하는 조사의 사용, 이런 것들이 잘못되어있는 부분, 그리고 본인의 문장 자체가 앞뒤의 대응과 맞지 않는 부분이 있어. 이건 다 표현으로 봐야 될 것 같아. 음.. 글 전체가 문제이진 않지만 이런 부분들이 글의 전반적인 인상을 흐리기 때문에 표현은 전체 중으로 했어. 책임감." <br><br> <R26> "표현. 주장하는 글이기 때문에 표현이 중복되지 않고, 지루하지 않은, 지루하지 않게 문장을 구성했는지를 보면 될 것 같고 주제와 독자에 대한 분석, 독자가 이해하기 쉽도록 표현했는가는 예상 독자를 같은 또래라고 생각했을 때 어휘사용에서 상대방이 쉽게 이해할 수 있는 어휘를 사용했는지, 그다음에 ⑨에서는 '글이 끼치는 영향을 책임감 있게' 근거가 받아들여 질 수 있고, 수용 가능하고 그다음에 현실성이 있는지를 보면 될 것 같습니다. 표현에서는 어 불필요한 중복이나 너무 진부하고 진부한 문장을 사용한지 않았는지 ⑧에서 너무 어렵지 않은 어휘를 사용해서 설득력을 얻고 있는지 그다음에 ⑨는 근거가 수용 가능한지 그다음에 현실성이 있는지를 살펴보면서 평가를 시작하겠습니다. 평가 기준이 쉽고, 분명해야지 평가하는데 드는 시간이 좀 줄어드는 것 같아요." "표현은 쪼금 중복되는 부분들이 눈에 띄고... 어렵기 때문에 이 표현 부분은 상, 중, 하로 나눠서 생각해보자면 어 중간... 이라고 생각이 됩니다. 그래서 3점. 그다음에 너무 어렵지 않은 어휘를 사용 했으나 어휘가 어렵진 않고 하는데 중간에 '인습적인 사상'같은 것은 쫌 음 잘 어울리지 않는 그런 단어고 와 닿지 않는 어 으음 단어라고 생각이 들고 해서 1점을 감점하여 4점을 주고 그 다음에 근거의 수용 가능성이나 현실성이 당장 동물실험을 중단했을 때 어 음 일어나게 될 어떤 부작용이나 이런 것들...을 제시하지 않았기 때문에 그에 대한 대안을 마련하지 않았기 때문에 상, 중, 하로 봤을 때 어 하를 줘서 1점을 부여하도록 하겠습니다." |
| 중기 <br> (S252) | <R6> "독창적인가에 대해서... 다른 친구들과 같기 때문에... 쉽냐에서... 어~ 쉽게 썼다고 생각하고... 스스로 썼느냐에 대해서 점수를..." <br> <R20> 뭐라 그럴까 독자에게 친절하게 자신의 의견을 주장하고 설득한다는 것보단 의견과 의견 사이 그니까 문장과 문장 사이가 너무 점핑이 돼 있어. 그래서 대체 이 글쓴이가 뭘 의도하는 건지 계속 읽게 돼. 이건 문학적인 글에서는 또 이 나름대로 메리트가 될 수 있겠지만 설득하는 글은 이해하기 쉽도록. 원래 평가 기준 ⑦과 ⑧은 같이 가기로 했는데 점수를 같이 주기로 했는데 얘는, 기준 ⑧ 부분에서 점수를 깎아야 될 것 같아. |

| 평가 과정 | 표현 평가 기준 프로토콜 사례 |
|---|---|
|  | \<R26\> "표현 좀 뭐. 문장... 문장의 구성도... 이렇게 하고... 어~ 표현이... 중간에... 이렇게 높임법으로 바뀌는 부분~도 좀 보이고, 그렇습니다. 그다음에 현실성도 좀 떨어지고요" |
| 후기<br>(S383) | \<R6\> "표현 부분에서... 독창성~은... 굉장히 재밌게 썼고... 어~ 문체도... 어~ 굉장히 예기치 못하게 재밌게 썼고... 어~ 쉽나는 부분에서는... 허어~ 역시...어~ 논설문에 맞게... 논리적인 단어들을 썼고.. 후우~ 그다음에 스스로 쓴 글로 봐서... 어... 점수를~ 부여하겠습니다."<br>\<R20\> "글을 잘 써. 문장이나 단어 사용에 있어서 음... 부적절하다는 또는 자연스럽지 않다는 느낌이 없어. 표현은 6점을 줄게~"<br>\<R26\> 아~ 이번 글은 잘 읽히고, 짜임새도 있어 보이지만... 일단 전제를 제시하고... 자신의 주장을 표현한 부분에 있어서는... 점수를 좀 주고~ 싶고... |

<표 4-21>의 평가 전의 표현 평가 기준 프로토콜 사례를 보면, 국어교사들은 표현 평가 기준의 이해와 적용을 어려워하고 있다. 이는 표현 평가 기준이 조직 평가 기준과 달리 정해진 형식이 있거나 가시적이지 않기 때문이다. 게다가 표현 평가 기준은 내용 평가 기준처럼 자주 활용되지 않고, 평가자의 해석에 따라 달리 적용될 수 있기 때문에 평가자들이 어려움을 느낀다. 또한 FACETS 분석을 통해 평가 기준의 적합성을 확인하였을 때도 평가 기준 ⑦이 겨우 적합에 들어오는 등 표현 평가 기준의 작동이 다른 기준에 비해 부족하였다. 이러한 이유로 표현 평가 기준의 적용에 대해 많은 평가자들은 어려움을 토로했고, 이를 해결하기 위한 다양한 방법을 제시하였다.

먼저 평가자 R6은 상, 중, 하의 수준을 설정한 뒤 평가를 진행하는 과정에서 표현 평가 기준을 명료화 하는 평가 경험을 택했고, R26은 처음부터 꼼꼼하게 기준을 구체화 하였다. 평가자 R26은 평가 전 프로토콜의 마지막 문장처럼 '평가 기준이 쉽고, 분명해야지 평가하는데

드는 시간이 좀 줄어든다.'고 생각했기 때문이다. 이에 비해 평가자 R6
은 평가 기준을 읽을 뿐 구체화하거나 기준을 세우는 모습이 보이지
않는다. 이를 좀 더 자세히 살펴보면, R20과 R26의 두 평가자 모두 평
가 전기에는 상, 중, 하의 3척도로 평가를 시작하는 것을 볼 수 있다.
이는 평가 기준 내면화가 덜 이루어진 상태에서 평가를 진행하다 보
니, 6점 척도로 평가하는 것이 어렵고 따라서 상, 중, 하로 먼저 판단
을 한 후 세부 기준의 적합성에 따라 6점 척도 점수를 부여한 평가 방
법을 보인다. 평가 기준과 학생 글 수준이 내면화되지 않은 상태에서
바로 6점 척도로 점수를 부여하려고 하면 평가자의 인지부담은 매우
높아지게 된다. 이러한 인지 부담은 판단에 영향을 미쳐 평가 전기와
후기의 평가 결과 차이를 가져올 수 있다. 따라서 평가 척도를 줄이고,
학생 글을 상, 중, 하라는 비교적 판단하기 쉬운 수준으로 변별하는 것
은 평가 기준 내면화가 충분하지 않을 때 사용할 수 있는 좋은 평가
방법이라 할 수 있다.

　반면에 평가자 R6은 평가 전에 평가 기준을 구체화하지 않고, 평가
중 평가 과정에서 기준의 해석이 보이지 않으며, '학생 스스로 썼는가'
라는 평가 기준과는 관련이 없는 새로운 기준을 만들어 평가하는 모
습을 보인다. 이는 선행 연구에서 부적합한 평가자의 특성으로 '평가
요소 변별 어려움, 평가 기준 해석 어려움, 전반적인 평가 기준 해석
혼란, 평가 기준을 재해석하고 자의적으로 적용'을 제시한 것과 결과
가 같다(박종임 2013). 따라서 평가를 어려워하거나 부적합한 일관성 유
형을 보이는 평가자에게는 이러한 특성을 사전에 알려주고 유의하도
록 안내할 필요가 있다. 또한 부적합한 평가자들이 평가 경험을 통해
이러한 방법의 차이를 수정할 수 있도록 많은 평가 연습 기회를 제공

해야 한다.

평가 과정에서 평가 기준이 점차 내면화되면서 평가자 R20과 R26의 표현 평가 기준 사고구술의 양이 줄어드는 것을 확인할 수 있다. 또한 표현 평가 기준 적용 과정에서 인상적인 것은 평가자 R20의 점검 및 조정 과정이다. 평가자 R20은 평가 과정에서 평가 과정을 스스로 성찰하고 그 결과에 따라 점검하고 조정하면서 평가를 수행하였다. 점검 및 조정 평가 방법의 사용은 평가자의 평가 결과 신뢰도 향상에 긍정적 영향을 미친다. 따라서 이러한 점검 및 조정 평가 방법에 대한 평가자의 프로토콜 사례를 따로 살펴보는 후속 연구가 필요하다.

## 다. 평가 과정에 따른 평가자 일관성 유형별 평가 경험 변화 분석

### 1) 적합한 평가자

1차 논설문 평가의 '전기, 중기, 후기, 전체', 2차 논설문 평가의 '전기, 중기, 후기, 전체'로 총 8회의 Rasch 모형 분석으로 평가자 엄격성의 일관성을 측정하여, 국어교사 10명의 채점 일관성 유형을 확인하였다. 그 결과 전체 모든 과정에서 적합한 엄격성의 일관성을 보인 평가자는 R20과 R35로 2명이었다. 따라서 전체 평가 과정에서 엄격성을 일관되게 유지하는 두 평가자에 대한 사고구술 프로토콜을 자세히 살펴볼 필요가 있다. 이를 위해 평가 과정에 따른 적합한 평가자의 평가 경험 점유율을 정리하면 <표 4-22>와 같다.

〈표 4-22〉 평가 과정에 따른 적합한 평가자의 평가 경험 점유율(%)

| 평가자 | 전기 | 중기 | 후기 | 전체 |
|---|---|---|---|---|
| R20 | 5.5 | 7.2 | 6.6 | 19.3 |
| R35 | 2 | 2.2 | 2.1 | 6.3 |
| 전체 | 7.5 | 9.4 | 8.7 | 25.6 |

〈표 4-22〉를 살펴보면, 평가자 R20과 R35는 모두 적합한 일관성 유형을 가진 국어교사지만 사고구술 프로토콜에 담긴 평가 경험 점유율은 차이가 있다. 평가자 R20이 평가자 R35보다 평가 경험 점유율이 훨씬 높은데, 이는 두 평가자의 사고구술 방법과 내용의 차이에서 기인한다. 이중 과정 이론에 따르면 인간은 분석적 사고와 직관적 사고라는 두 개의 사고 양식을 가지고 있다(Heath 2014). 인간은 이 두 개의 사고 과정을 상황에 따라 적절히 교차하면서 과제를 수행하는데, 평가자 R20과 R35의 사고 양식 차이에 따라 사고구술의 표현 차이가 생겼다고 볼 수 있다. 즉 평가 과정에서 평가와 관련한 사고의 자동화가 더 많이 이루어진 평가자 R35는 언어 및 성찰적 의식 없이 무의식적이고 직관적으로 평가를 수행할 수 있는 것이다.

따라서 사고구술의 양은 차이가 있지만 모든 과정에서 적합한 평가자라는 측면에서 사고구술의 내용을 확인하고 공통점과 차이점을 비교해 볼 필요가 있다. 평가 과정에 따라 적합한 평가자 R20과 R35의 평가 경험 점유율을 살펴보면 다음 〈표 4-23〉과 같다.

<표 4-23> 평가 과정에 따른 적합한 평가자의 평가 경험 점유율(%)

| 평가자 | 내용 평가 기준 | | | 조직 평가 기준 | | | 표현 평가 기준 | | | 점수 척도 변별 | | | 전체 |
| | 전기 | 중기 | 후기 | 전기 | 중기 | 후기 | 전기 | 중기 | 후기 | 전기 | 중기 | 후기 | |
|---|---|---|---|---|---|---|---|---|---|---|---|---|---|
| R20 | 0.5 | 1.2 | 0.6 | 0.4 | 0.6 | 0.4 | 0.7 | 0.7 | 0.5 | 0.7 | 1.9 | 1.3 | 9.5 |
| R35 | 0.4 | 0.5 | 0.5 | 0.3 | 0.3 | 0.2 | 0 | 0.1 | 0.1 | 0.7 | 0.9 | 0.6 | 4.6 |
| 전체 | 0.9 | 1.7 | 1.1 | 0.7 | 0.9 | 0.6 | 0.7 | 0.8 | 0.6 | 1.4 | 2.8 | 1.9 | 14.1 |

평가자 R20과 R35가 평가를 수행하면서 경험한 평가 경험을 '학생 글 이미지, 읽기 및 이해, 내용 평가 기준, 조직 평가 기준, 표현 평가 기준, 점수 척도 변별, 점수 부여, 점검 및 조정, 정서적 반응'이라는 9개의 사고구술 프로토콜 분석 기준으로 분석하였다. 분석 기준에 따른 학생 수준 판별과 가장 관련이 깊은 4개 기준의 점유율만 정리하여 나타낸 것이 <표 4-23>이다. 이를 살펴보면 평가가 진행됨에 따라 평가 경험 점유율은 변화하는데, 두 사람의 점유율을 합치면 평가 전기, 중기, 후기의 과정 중에서 중기의 점유율이 가장 높았다.

이러한 점유율의 차이는 중기에 해당하는 학생 글 특성과도 관련이 있다. 중기 학생 글의 쓰기 평가 결과 점수의 평균이 가장 낮았으며, 평가자의 사고구술 프로토콜과 평가 후 인터뷰에서도 중기의 학생 글은 평가 요소를 찾기 어려운 글들이 많았다는 서술이었다. 이를 바탕으로 중기 학생 글의 평가 난도가 높다고 추정할 수 있다. 평가 난도가 높은 학생 글을 평가하기 위해서는 다양한 방법과 전략이 사용되어야 할 것이다. 따라서 적합한 엄격성의 일관성을 가진 R20과 R35는 평가 중기에 논설문 평가를 위한 평가 기준 적용과 점수 변별에 더 많은 평가 경험을 보인다.

평가자 평가 경험의 구체적인 사례를 확인하기 위하여 평가자별 사고구술 프로토콜 내용을 살펴볼 필요가 있다. 평가자 R20은 전체 평가자 중에서 사고구술의 내용이 가장 많은 평가자이다. 평가자 R20은 분석적인 사고 양상을 보이는 평가자이기 때문이다. 따라서 그 사고구술이 자세하여 평가 경험을 파악하기에 용이하다. 이러한 평가자 R20의 평가 과정에 따른 프로토콜 사례를 정리하면 <표 4-24>와 같다.

〈표 4-24〉 평가자 R20의 평가 과정에 따른 프로토콜 사례

| 평가 과정 | 사고구술 프로토콜 사례 |
|---|---|
| 전기<br>(S193) | 193번.<br>(작게 글 읽는 소리)<br>(무음)<br>(필기하는 소리)<br>음.. 193번은..<br>(작게 글 읽는 소리) 주장이 일관되게 계속 나타나있지는 않아, 뭘 말하는지는 알겠지만. 조직이...<br>애는 조직에서 점수를 줄 수가 없어. 문장마다 한 문장이 한 문단을 이뤄.<br>표현은 딱히 감점하지 않고.. 않아도 되지 않을까.<br>타당한 거... 조직 점수는..<br>(한숨)<br>서론 본론 결론.. 본론에 근거가 하나야.. 분량은 상을 줘도 되는데..<br>(필기하는 소리)<br>조직 점수를 주지 말고..<br>(무음)<br>(작게 글 읽는 소리)<br>(필기하는 소리)<br>글을 잘 쓰지만. 논리적이거나 본인의 생각이 잘 정리되어있는 상태는 아니야.<br>문장은 자연스러워, 근데 너무 비약이 심해.<br>너무 나갔어. 동물실험에서.<br>그래서 표현 점수에서는 크게 감점을 하지 않아.<br>단지 책임감 있게 표현만 감점을 해. |
| 중기<br>(S213) | 213번. 어... 문단 나누기가 하나도 안 되어 있어. 글이 눈에 들어오지가 않아. |

| 평가 과정 | 사고구술 프로토콜 사례 |
|---|---|
| | '명료하다' 단어 사용이 부자연스러워.<br>(무음)<br>'윤리성이다', '마지막으로 고통이다.'<br>'나는 이와 같은 이유로' 여기서부터 마지막 문단인가 봐.<br>'인간중심주의라는 말로 표현한다면 자신을 신격화하는 것으로 밖에 이해할 수가 없다.'<br>얘는 너무 부자연스러운 단어들을 많이 써.<br>주장의 일관성도 부족하고, 조직은 최하점을 줄 거야.<br>왜냐면 글의 조직, 구성 이것도 글을 쉽게 이해하는데 아주 큰 몫을 차지하는데 얜 일단 글을 읽는 것 자체가 어려워 213번은.<br>표현 부분도 어... 어휘 사용이 부적절해.<br>분량은 열심히 썼다는 건 인정하겠어.<br>내용 생성. 근거도 세 가지가 있어.<br>(무음)<br>첫 번째 근거가, 첫 번째 근거는 본인의 주장에 위배되는 근거 아니야?<br>(무음)<br>내용 생성이나 근거의 타당성면 모두 점수를 못 주겠어.<br>(필기하는 소리) |
| 후기<br>(S351) | 보지 않아도 한 문단. 아까랑 똑같이... (필기하는 소리)<br>반대. '동물 실험의 본질적인 의미를 바꿔 놓았다'는 게 무슨 말이야?<br>여기에 대한 추가 설명이 있어야 될 것 같은데 351번?<br>(무음)<br>동물들을 이해하라고? 동물들이 처한 입장에 관심을 가지고 이해하려는 노력이 필요하다?<br>반대는 반대인데, 이거는... 일관성 있는 주장이라고 보기는 어렵지.<br>동물들을 이해하라고? 이해하라고?<br>(필기하는 소리) (종이 넘기는 소리)<br>342번은... 아예 주장이, 동물 실험에 찬성한다고 했다가 마지막 문장에서는 '대체물이 등장한다면 동물만 이용된다고 보장할 수도 없다' 이렇기 때문에 주장의 일관성에서 2점을 줬는데<br>351번은 말이 안 되기는 하지만 주장 면에서는 그래도 어쨌든 조금 결이 다르지만 반대 입장인 건 맞기 때문에 4점은 줬어.<br>근데 근거, 조직 다 최하점. 표현은, 표현은, 342번...과 같이, 읽어도 와 닿진 않으면서... 얘를 6점을 줄 순 없지.<br>그러므로, 4점에 2점 똑같이 줄게.<br>(종이 넘기는 소리) 뭔 소린지 모르겠거든.<br>동물 실험의 본질적인 의미를 바꿔 놓았어? 뭘?<br>이게 무슨 소리, 무슨 말인지 설명이 있어야 될 것 같은데.<br>마지막에서 세 번째 줄도 그렇지 뭐<br>동물 실험이 무엇으로부터 비롯되었고 무엇을 위한 존재였는지 제대로 알 |

| 평가 과정 | 사고구술 프로토콜 사례 |
|---|---|
|  | 아야 된다.<br>(웃음 소리)<br>위에 있는 번호랑 똑같이. 4점. (종이 넘기는 소리) |

<표 4-24>의 사고구술 프로토콜을 살펴보면, 평가자 R20은 10명의 평가자 중 사고구술 프로토콜이 가장 많았으며, 평가 과정에서 전체적으로 사고구술이 매우 많은 편이다. 또한 학생 글을 평가 항목이나 기준에 따라서 나누어 평가하고 평가의 근거를 기준별로 밝힌다. 평가자 R20은 평가 과정에 따라 평가 경험이 누적될수록 글을 읽고 처음에 문단 구성을 먼저 파악한 뒤 다른 항목의 평가를 시작하는데, 이는 평가자 R35와도 유사한 평가 방식이다. 따라서 평가자 R20과 R35는 학생의 글을 읽으면서 주장과 문단 구성을 파악하고 이를 바탕으로 학생 논설문의 수준을 설정한 후 세부 기준별 평가를 시작하는 공통된 평가 방법을 보인다.

평가자 R20은 평가 전기에는 감점 여부 정도를 판단하고 점수 부여의 근거가 명료하지 않은 편이었지만, 평가 경험이 누적되면서 평가 중기부터 '주장을 뒷받침하는 근거의 개수나, 어휘 사용의 적절성' 등 점수 척도 변별의 근거가 분명해 지는 경향을 보인다. 이는 평가자 R35의 평가 과정에 따른 사고구술 프로토콜 분석의 특징과도 비슷한 경향을 보인다. 특히 R20은 평가 후기에는 앞선 학생의 글과 비교하여 판단하는 모습을 보이는데, 이러한 특성이 잘 나타나는 사고구술 프로토콜의 예시는 다음과 같다.

〈평가자 R20의 후기 사고구술 프로토콜〉

〈후기〉
342번은... 아예 주장이, 동물 실험에 찬성한다고 했다가 마지막
문장에서는 '대체물이 등장한다면 동물만 이용된다고 보장할 수
도 없다.' 이렇기 때문에 주장의 일관성에서 2점을 줬는데 351번
은 말이 안 되기는 하지만 주장 면에서는 그래도 어쨌든 조금 결
이 다르지만 반대 입장인 건 맞기 때문에 4점은 줬어. 근데 근거,
조직 다 최하점. 표현은, 표현은, 342번...과 같이, 읽어도 와 닿진
않으면서... 얘를 6점을 줄 순 없지. 그러므로, 4점에 2점 똑같이
줄게(R35_S342).

평가자 R20은 351번 학생 논설문 평가 사고구술 프로토콜에서 앞서
평가한 342번 학생 논설문과 비교하며 평가하는 모습을 보인다. 두 글
의 공통점과 차이점을 바탕으로 점수를 부여한다. 이러한 과정은 평가
자 인지 과정에서 '판단'의 특징을 잘 드러난다. 이처럼 평가자는 이전
평가의 영향을 받으며 그에 따라 평가 결과가 달라질 수 있으므로 이
를 적절히 조정할 수 있는 점검 및 조정 전략에 대한 훈련이 필요하다.

또한 평가가 진행될수록 이전 학생 글의 평가와 비교가 수월해지고
점수 변별의 근거가 명확해져서 점수 변별을 수준을 나타내는 숫자로
표현하는 등 자신감 있는 모습을 보인다. 이는 평가가 진행될수록 평
가 경험이 누적된 평가자는 판단 기준이 명확해지고 평가 결과에 자
신감을 보이는 선행연구의 경향과 같음을 확인할 수 있다. 따라서 이
러한 차이로 인한 결과 피드백의 차이를 예방하기 위해 학생 글 평가
의 순서를 교차 점검하거나 바꾸어 평가하는 방식의 도입이 필요하다.
평가자 R20과 평가자 R35의 차이를 확인하기 위해 평가자 R35의 평가

과정에 따른 사고구술 프로토콜 사례를 정리하면 <표 4-25>와 같다.

〈표 4-25〉 평가자 R35의 평가 과정에 따른 프로토콜 사례

| 평가 과정 | 사고구술 프로토콜 사례 |
|---|---|
| 전기<br>(S193) | 193번 학생 평가하겠습니다.<br>서론에 들여쓰기가 되어있지 않군.<br>쓰읍~ 너무 극단적이고 강한 어휘를 써서 논설문의 어휘로 적합하지 않군.<br>구체적인 사례를 들어서 설득력을 굳히고 있군.<br>(필기하는 소리)<br>문장 단위로 단락 구분을 해서, 단락 구분에 대한 이해가 떨어져 보이는군.<br>(필기하는 소리)<br>쓰읍~<br>(무음)<br>쓰읍~ 인간과 동물을 극단적으로 동일시해서 설명함으로써 설득력이 떨어지는군,.<br>결론부의 내용이 주장의 내용을 포괄하지 하고, 정확히 요약정리를 하지 못하고 있군.<br>(페이지 넘기는 소리)<br>(무음)<br>(페이지 넘기는 소리)<br>(기침 소리) |
| 중기<br>(S213) | 213번 학생 평가하겠습니다.<br>단락 구분이 전혀 이루어지지 않아서<br>내용 조직에 대한 이해가 많이 부족한 학생이군.<br>평가자의 입장에서 이 글을 읽기가 굉장히 힘들군.<br>(필기하는 소리) (종이 넘기는 소리)<br>또한 자신의 주장을 제대로 확립하지 못했고, 자신의 의견이 있다 하더라도 그것이 구체적인 어떤 근거 자료의 제시를 통해서 설득력을 확충하기보다 사변적인 논의로 흘러가는 측면이 있어서 설득력을 갖추기가 더욱 더 어렵군.<br>전체적인 글의 분량은 많지만 무엇을 이야기하고자 하는지 평가자의 입장에서 이 학생의 글을 평가하기가 굉장히 어렵고, 제대로 된 논설문이라 보기 어렵군. (종이 넘기는 소리)<br>글의 조직을 명확히 하고, 글의 주장에 대한 자신의 근거를 명확히 들어서 문단 구분을 해 주고, 전체적인 어떤 자신의 주장을 정확히 정리해서 결론부에 역시 명확히 제시하는 것이 필요하고, 이런 부분에 대한 이해가 총체적으로 떨어진다고 볼 수 있어.<br>(종이 넘기는 소리) (필기하는 소리) (종이 넘기는 소리) |

| 평가 과정 | 사고구술 프로토콜 사례 |
|---|---|
| 후기<br>(S351) | 351번 학생 평가하겠습니다. 역시 문단 구분이 돼 있지 않은 글이군. 동물 실험과 인간 실험을 직접적으로 대응해서 설명을 하고 있고 그런 역사적인 어떤 상황을 사례로 들었지만 현재의 논증과 전혀 부합하지 않고, 이런 사례를 적용하는데 굉장히 문제가 있어 보인다.<br>논리적 비약이 심한 글이군.<br>사례가 적절하지 않아서, 어, 자신의 어떤 주장에 대한 입장을 강화하지 못했음.<br>(필기하는 소리) (종이 넘기는 소리) |

<표 4-25>에 정리한 사고구술 프로토콜은 전기, 중기, 후기의 평가 과정에서 각 한 편(S193, S213, S351)의 학생 글을 평가하는 동안 평가자 R35가 사고구술 한 내용이다. 세 학생 글을 선정한 이유는 세 학생 글이 국어교사의 채점 일관성 유형별로 평가의 결과 차이가 크게 나났기 때문이다. 평가가 어렵고 평가자가 부여한 점수의 차이가 큰 글일수록 사용된 평가 전략의 차이가 클 것이다. 따라서 세 편의 글을 통해 평가 과정에 따른 평가자의 평가 경험 변화를 확인하고, 이를 바탕으로 평가자 유형별 평가 전략의 차이를 확인할 수 있을 것이다.

따라서 <표 4-25>의 평가자 R35의 사고구술 프로토콜 사례를 살펴보면, R35는 평가 과정 사고구술이 많지 않은 편에 속한다. 이는 앞서 평가 경험 점유율에서 확인한 바와 같이 R35는 직관적으로 사고하여 평가 과정이 무의식적이고 자동적으로 이루어지기 때문에 사고구술의 내용이 적었던 것으로 보인다. 또한 평가자 R35는 내용, 조직, 표현의 평가 영역 중에서 조직을 가장 먼저 평가하는 경향이 있다. 이는 논설문 평가에서 평가자가 조직에 대한 평가를 선행하거나 중시하는 평가 경향이 있으며, 조직 평가 기준을 적극적으로 활용하는 평가가 더 적합하다고 보는 선행 연구와도 관련이 있다(Huot 1993, 장은주 2015).

 평가자 R35는 글 전체를 한 번 읽고, 조직을 통해 글의 인상과 완성
도를 파악한다. 그 뒤 내용적 측면을 평가하면서 주장의 설득력에 대
한 논평을 제시한다. 이러한 평가자 R35의 사고구술 프로토콜 사례를
제시하면 다음과 같다.

〈평가자 R35의 전·중·후기 사고구술 프로토콜〉

 〈전기〉
 인간과 동물을 극단적으로 동일시해서 설명함으로써 설득력이
떨어지는군..(R35_S193)

 〈중기〉
 또한 자신의 주장을 제대로 확립하지 못했고, 자신의 의견이 있
다 하더라도 그것이 구체적인 어떤 근거 자료의 제시를 통해서 설
득력을 확충하기보다 사변적인 논의로 흘러가는 측면이 있어서
설득력을 갖추기가 더욱 더 어렵군.(R35_S213)

 〈후기〉
 동물 실험과 인간 실험을 직접적으로 대응해서 설명을 하고 있
고 그런 역사적인 어떤 상황을 사례로 들었지만 현재의 논증과 전
혀 부합하지 않고, 이런 사례를 적용하는데 굉장히 문제가 있어
보인다.
논리적 비약이 심한 글이군.
 사례가 적절하지 않아서, 어, 자신의 어떤 주장에 대한 입장을
강화하지 못했음.(R35_S351)

 위의 사례처럼 평가자 R35는 학생 논설문의 설득력이 부족하다면
왜 부족한지 그 근거를 구체적으로 밝히는 편이다. 이러한 근거를 바

탕으로 학생 글 내용의 설득력을 평가하고 문단이나 논설문 형식에 맞는지 판단하여 학생 글에 점수를 부여한다. 또한 평가자라는 자신의 역할을 상기하면서, 평가자 입장에서 읽기 어려운 글이나 평가가 어려운 글을 변별하여 그러한 글을 더욱 자세히 점검한다. 이러한 R35의 평가 방법은 논설문 평가 전문성에 시사하는 바가 크다. 유능한 평가자라면 논설문 평가에서 조직 평가 기준을 적극적으로 활용하고 전체 점수의 조정하는 평가 방법을 적절히 사용하여 총체적 판단과 분석적 판단을 조화롭게 적용해야하기 때문이다(김평원 2010, 송민영·이용상 2015, 장은주 2015). 따라서 평가자 R35는 이러한 평가 방법을 잘 사용하는 평가자로 볼 수 있다.

평가 과정 측면에서는 평가가 진행되어 평가 경험이 누적될수록 학생 글에 대한 논평이 세밀해지는 경향이 있다. 평가 전기에는 평가 기준에 따라 학생 글을 부분적으로 평가 기준과의 부합 여부를 판단한다. 그러나 중기부터는 학생 글의 전체적 논평을 제시하고 특히 평가자로서 읽기가 어렵게 느껴졌던 213번 학생 글에 대해서는 보완점을 제시하거나, 후기의 351번 학생 글에 대해서는 '논리적 비약이 심한 글'이라고 한 줄 논평을 제시하기도 한다. 이는 평가자의 판단이 명료해지고 그에 따라 평가 자신감이 향상되면서 피드백 또한 구체적으로 제시할 수 있었던 것으로 보인다. 이렇듯 평가 경험이 누적될수록 평가자 논평이 더 구체적으로 제시되기 때문에 학생 글의 평가 순서 배치를 고려할 필요가 있다. 따라서 평가 결과를 재검할 때 순서를 바꾸거나, 교차 평가 시 순서를 재배치한다면 평가 순서에 따른 차이를 보완할 수 있을 것이다.

2) 부적합한 평가자

1차 평가와 2차 평가에 모두 참여한 국어교사 10명 중, 전체 모든 평가 과정에서 부적합한 엄격성의 일관성을 보인 국어교사는 평가자 R6 1명이었다. 일관성이 적합한 교사들이 평가 과정에서 어떻게 엄격성을 일관성 있게 유지하는 지를 살펴보는 것도 중요하지만, 그와 반대로 일관성이 부적합한 교사의 평가 경험을 살펴 그 원인을 찾는다면 국어교사의 평가 오류를 줄일 수 있을 것이다. 따라서 전체 평가 과정에서 일관된 엄격성을 유지하지 못하는 평가자에 대한 사고구술 프로토콜을 상세히 살펴볼 필요가 있다. 이를 위해 부적합한 평가자의 평가 과정에 따른 평가 경험 점유율을 정리하면 <표 4-26>과 같다.

〈표 4-26〉 평가 과정에 따른 부적합한 평가자의 평가 경험 점유율(%)

| 평가자 | 전기 | 중기 | 후기 | 전체 |
|--------|------|------|------|------|
| R6 | 4.3 | 3.8 | 4.5 | 12.6 |

앞서 살펴 본 평가자 R20과 R35의 점유율과 반대로 평가자 R6은 평가 중기 평가 경험 점유율이 가장 적은 것을 확인할 수 있다. 이는 전체 평가자 10명 중 2명(R6, R9)만이 보이는 특성이고, 나머지 8명 중 5명의 평가자(R35, R20, R5, R26, R10)는 평가 중기의 점유율이 가장 높다. 남은 3명의 평가자(R17, R6, R32)는 평가 과정에서 평가 경험 점유율이 줄어들거나 같은 모습을 보였다. 이를 통해 두 가지를 추론할 수 있다.

첫째, 국어교사 10명의 2차 평가의 결과, 적합한 일관성을 가진 것으로 분석된 국어교사 5명은 평가 중기의 평가 경험 점유율이 가장 높았다. 이는 평가 과정에서 중기 학생 글의 평가 난도가 높았기 때문에 이를 평가하기 위해 국어교사의 사고구술에서 평가와 관련된 경험이 많았을 것으로 추정된다. 즉, 학생 글의 특성에 따라서 평가가 어려운 학생의 글을 평가할 때는 평가 경험에 대한 언급도 늘어난다. 따라서 평가 특성에 맞는 평가 경험 분석을 통해 평가 결과의 신뢰성을 도출할 수 있을 것이다.

둘째, 적합한 평가자들과 반대로 평가 중기의 점유율이 가장 낮은 평가자는 2명이었다. 한 명은 평가의 일관성 유형이 부적합한 R6이고, 다른 한 명은 평가의 일관성 유형이 과적합한 평가자 R14이다. 부적합한 평가자나 과적합한 평가자의 점수 변별 능력을 신뢰할 수 없다고 보기 때문에 평가 과정에 따른 평가 경험 점유율을 통해 적합한 평가자와 그렇지 않은 평가자의 특성을 추론할 수 있다. 즉, 평가가 어려운 특성을 가진 학생 글이 있다면, 그 글에 평가 시간과 판단을 위한 인지적 노력을 더 기울이는 평가자의 평가가 적합할 확률이 더 높다.

그러나 전체 점유율만으로는 어떤 평가 경험에서 차이가 있는지 알 수 없다. 따라서 구체적으로 어떤 평가 경험의 점유율에서 차이가 났는지를 자세히 살펴볼 필요가 있다. 이를 위해 평가 과정에 따른 부적합한 평가자의 평가 경험 점유율을 정리하면 <표 4-27>과 같다.

〈표 4-27〉 평가 과정에 따른 부적합한 평가자의 평가 경험 점유율(%)

| 평가자 | 내용 평가 기준 | | | 조직 평가 기준 | | | 표현 평가 기준 | | | 점수 척도 변별 | | | 전체 |
|---|---|---|---|---|---|---|---|---|---|---|---|---|---|
| | 전기 | 중기 | 후기 | 전기 | 중기 | 후기 | 전기 | 중기 | 후기 | 전기 | 중기 | 후기 | |
| R6 | 0.8 | 0.7 | 0.8 | 0.3 | 0.4 | 0.4 | 0.4 | 0.4 | 0.5 | 1.1 | 1.2 | 1.5 | 8.5 |

<표 4-27>을 살펴보면, 평가자 R6의 평가 기준과 점수 척도 변별과 같이 평가 과정 중 점수 부여와 직접적 연관이 있는 평가 경험은 평가가 진행될수록 점유율이 높아지는 경향을 보인다. 그러나 내용 평가 기준은 평가 중기가 가장 낮았고, 평가 중기의 점유율이 가장 높은 평가 경험은 없었다. 이는 앞서 살펴 본 적합한 평가자의 점유율이 모든 평가 경험에서 평가 중기가 가장 높았던 것과는 대조적이다. 이를 통해 평가자 R6의 평가 경험은 점수 부여와 직접적 연관이 있는 평가 경험일지라도 학생 글 특성과 상관없이 나타나고 있음을 확인할 수 있다.

평가자 R6은 평가 경험 점유율에서 전체적으로 '조직 평가 기준'이 가장 낮았고, 평가 과정에서는 평가 후기의 경험이 가장 낮았다. 이는 다른 평가자와 달리 평가자 R6은 조직 기준을 중점적으로 보지 않으며, 평가 누적에 따른 훈련 효과가 없었다는 것을 보여준다. 평가 경험 누적이 평가 전략 사용에 긍정적인 영향을 미치지 못하는 것은 학생 글 특성을 파악하고 그에 따라 경험을 조절할 수 있는 평가자의 상위 인지 능력이 부족했다는 것과 연결된다. 그 결과 학생 글 특성을 고려하지 않으며 발전이 없는 평가가 평가 결과의 신뢰도를 떨어뜨린 것으로 보인다. 따라서 이러한 평가 경험의 양상을 더 자세히 살펴볼 필요가 있다. 이를 위해 평가자 R6의 평가 과정에 따른 사고구술 프로토콜 사례를 제시하면 <표 4-28>과 같다.

〈표 4-28〉 평가자 R6의 평가 과정에 따른 프로토콜 사례

| 평가 과정 | 사고구술 프로토콜 사례 |
|---|---|
| 전기<br>(S193) | 으음... 흠. 193.<br>반대, 부정. 흐음... 음... |

| 평가 과정 | 사고구술 프로토콜 사례 |
|---|---|
| | 아~ 이게 구조가... 어~ 문단 같이가 제대로 안 되어서 보기가 어렵네~요. 어~ 논리적으로 써지지 않고... 개인의 의견~과 감정 위주로 서술돼 있어서... 흐음... 어~ 좋은 점수~를 전체적으로 받기 어렵고... 어~ 구조적으로도... 어~ 혼란스럽게 보여서... 전체적으로 낮은 점수를 줘야 될 거 같다. 흐음... 동물권~이 첫 번째 근거고... 어... 어~ 사람의 권리... 비유해서... 서술하고 있다. 흐음... 결론, 본론. 흐음... 주장은... 일관적이지만... 적이지만... 어~ 감정... 이 들어감. 서~ 4점을 줌. 근거도 한 개 들고 있고. 그다음에... 근거 타당이~ 전혀 되고 있지 않기 때문에... 에~ 0점을 주겠다. 조직이... 서, 본, 결 3단으로 되어 있지... 않고 그다음에... 내용적합도 떨어지기 때문에 2점. 표현은... 독창적이냐~? 독창적인 거 같아~ 개인적으로... 다른 사람들과 다른... 근거를 들고 있기 때문에 독창성에 점수를 좀 주고 다른... 근거. 쉽냐는... 하아~ 제대로 읽기가 어렵기 때문에.. 스스로 썼냐... 어~ 썼기 때문에 6점을 줍니... 어~ 그래서 4점, 2점, 6점. 2점, 4점, 2점, 6점. 을 주겠습니다. |
| 중기 (S213) | 이백 십~삼 번 글. 어... 으음... 문단 같이가 안돼서 너무 보기 어렵고... 어... (깊은 한숨 소리) 내용 파악이 잘 안 됩니다. 어... 어~ 반대의 글인 거 같고... 어~ 흐음... (무음) '윤리성'..., '고통'. 흐음... 전체적으로 무슨 말 하는지 잘 모르겠어요 아~ 이해하기 너무 어렵다. 안락사, 고통? 무슨 관계... 흐음... 아~ 이거 찬성? 어... 찬성인지 반대 글인지... 애매하게 써 놓음. 세 번 읽어... 세 번 읽어도... 흐음... 이해하기 어렵습니다. 하아... 쯔읍... 으음~ 흠. 으음... 흠흠. 주장이 일관적인가? 으음... 어~ 주장이 왔다 갔다 하면서 나중에... 어~ 자신의 생각을... 결론에 잠깐 얘기하고 있기 때문에... 일관적이지 않다고~ 보고 있다. 다음에 근거가... 다양하냐? 역시~ 양쪽 근거가 모두 다 들어갔기 때문에... 근거, 다양하다고... 볼 수가 없다. 그래서 2점을 부여하고, 그다음에 근거가 타당 하냐~에서... 주장. 주장에 대한, 양쪽 주장에 대한 근거를 들고 있기 때문에 0점을 주겠습니다. 조직, 3단 구조가 전혀 안됐기 때문에 0점이고... 허어... 내용의 적합성. 부분에서 흐음... 전혀 지켜지지 않기 때문에 0점이고... 표현 부분에서 독창적이냐? 독창성은 이제... 자기네. 독창적이고... 그다음에 쉽냐~ 부분에서... 어~ 읽기가 어렵기 때문에... 에... 0점을 주고, 그다음에... 흐음... 스스로 쓴 내용이라서 6점을 부여하겠습니다. |
| 후기 (S351) | 하아~ 문단같이. 아~ 삼오, 351번. 아~문단같이가 안 돼 있고... 으음... (무음, 중간 중간 필기하는 소리) |

| 평가 과정 | 사고구술 프로토콜 사례 |
|---|---|
| | 아~ 주장은 일관적입니다. 주장은... 351번 학생 주장은 일관적이고... 처음부터 끝까지 반대~를 하고 있고... 어~ 그래서 든 근거가... 일제 생체 실험하고 동물학대. 고통에 대해서 얘길 하고 있는데... 아~ 두 가지. 이야기를 하는데, 길지 않고... 쭉 이어서 짧게 이야기하고 있어서... 어~ 4점을 주고 에~ 이것이 타당한가? 애~ 농물... 아~ 인간하고 대능하게 해놓고... 생각을 한다라는 게... 좀 논리적으로 떨어지는 거. 논리적이 비논리적이라서... 어~ 타당하지 않다라고 보고... 어~ 그리고 이제 하는 얘기를 계속 반복해서... 하고 있기 때문... 에~ 타당성도 2점을~ 주겠습니다. 좀 어~ 3단 구성은... 아~ 지금 취하고 있지 않고 어~ 그래서 0점을 주겠고... 그다음에 서론, 본론, 결론 아예... 내용 갖추지 않아서... 어~ 역시... 지금 본론만 쓰고 있어서 0점을 주겠습니다. 표현. 으음... 독창성~ 부분은... 으음... 생체실험 같은 부분은 다른 사람이 쓰지 않는... 근거지만... 다른 친구들과 거의 다 다른 게 없어서... 어~ 2점을 주겠습니다. 그다음에~ 으음... 비교적 쉽게 써져있고... 문단같이가 안 돼 있어서... 어~ 4점 주겠습니다. 그다음에... 스스로~ 쓴 글입니다. 그래서 6점을 주겠습니다. 6. (페이지 넘기는 소리) |

<표 4-28>의 사고구술 프로토콜 사례를 보면, 평가자 R6은 전체적으로 평가 과정에서 생각과 휴지가 많은 편이며, 점수 부여의 근거를 명료하게 표현하기 보다는 말을 줄이거나 두루뭉술하게 표현하는 경향이 있다. 평가 전 사고구술 프로토콜에서 파악한 것과 같이, 조직의 평가 기준을 18점에서 12점으로 재편하여 사용하였다. 이러한 조직 평가 기준의 축소가 조직 경험 점유율을 낮추었을 것이다. 반면에 표현에서는 '학생 스스로 쓴 글인가?'라는 새로운 평가 기준을 설정하였다. 이처럼 적절하지 못한 평가 기준 재구성으로 인해 평가 결과가 다른 평가자들과 달라졌을 것으로 예상된다. 이러한 R6의 적절하지 못한 평가 방법이 부적합한 평가 결과를 가져왔을 것으로 추정된다. 따라서 평가자 훈련을 통해 이러한 사례를 안내하고 주의하도록 교육할 필요가 있다.

또한 평가자 R6은 0점을 주는 경우가 많이 나타나는 경향이 있다. 반대로 평가자 R6이 새롭게 만든 기준인 표현 항목의 '학생 스스로 쓴 글인가?'의 기준에는 6점을 부여하는 경우가 많았다. 이는 쓰기 평가에서 최저점인 0점과 최고점인 6점 부여를 기피하는 경향을 보이는 다른 평가자들의 특성과는 차이가 있다. 따라서 이러한 평가 과정의 차이는 평가 결과의 차이를 가져왔을 것이다.

또한 평가자 R6이 새로 만든 '스스로 쓴 글'이라는 평가 기준에서 거의 모든 학생이 6점을 받음으로써 기준 하나의 변별력이 없어진 것도 원인이 된다. 평가자가 기준에 따라 최저점이나 최고점을 부여하는 것은 문제가 없지만, R6처럼 기준의 척도가 적절히 변별되지 못한다면 평가 결과에 부정적인 영향을 끼칠 수밖에 없다. 따라서 평가자가 평가 기준이나 척도를 재설정할 때는 이러한 점에 대한 고려가 필요하기 때문에 이에 대한 평가자 사전 안내나 훈련이 제공되어야 한다.

평가자 R6은 평가 과정에 따른 평가 경험의 변화가 잘 드러나지 않는 편이다. 다른 평가자들은 평가 전기에는 점수 척도 변별을 적절과 부적절의 이분법적으로 판단하거나 상, 중, 하로 나누어 3개 수준 정도로 판단했다가 평가 경험이 누적되어 후기에 가까울수록 점수 변별을 세분화한다. 그러나 평가자 R6은 평가 전기부터 글을 읽고 바로 점수를 부여하는 방식이 후기까지 이어지는 편이며, 평가 전기부터 후기까지 학생 글에서 문단을 먼저 보는 것이나, 평가 기준별로 나누어 개별적으로 점수를 부여하는 평가 방법도 그대로 유지된다. 이는 상위 수준 평가자가 보였던 '전체 점수의 조정' 평가 방법은 사용하지 않은 것으로 보인다(송민영·이용상 2015).

즉, 평가자 R6은 평가 기준별로 점수를 부여하고 학생 글 전체에 대한 수준이나 완성도 등의 전체적인 학생 글 수준은 점수 변별에 포함하지 않은 것으로 예상된다. 이처럼 부적합한 평가자는 평가 과정에 따른 평가 방법의 발전이 없었다. 이러한 평가자는 평가 경험의 누적이 평가 전략 발전에 영향을 미치지 않을 수 있다. 따라서 단순히 평가 연습의 기회만을 제공할 것이 아니라 잘못된 평가 방법이나 전략을 수정하면서 연습할 수 있는 별도의 프로그램 제공이 필요하다. 이러한 결과를 바탕으로 평가 과정에 따라 국어교사의 평가 경험 변화양상을 분석하고 그 발전 형태를 확인한다면 평가의 신뢰도 추정에 도움이 될 것이다.

### 3) 변화한 평가자

평가자 R32는 변화한 평가자이다. 변화한 평가자는 평가 과정에서 각 과정별 평가의 일관성 유형이 다르게 나타난 평가자를 의미한다. 평가 과정에서 채점 일관성 유형이 일정하게 유지되지 않고, 변화한 평가자 중에서 평가자 R32는 비교적 규칙적인 변화의 모습을 보인다. 평가자 R32는 1차 평가에서는 '후기'를 제외한 모든 과정에서 적합한 평가를 보인다. 그러나 2차 평가에서는 이와 반대로 후기만 적합한 일관성을 보이고, 나머지 과정은 과적합한 일관성을 보인다. 이를 통해 평가 과정에서 평가자 엄격성의 일관성은 변화할 수 있다는 것을 확인할 수 있다. 따라서 그 변화의 원인을 파악한다면 일관성을 유지할 수 있는 평가 방법 또한 찾을 수 있을 것이다.

평가자 R32는 실제 평가가 진행될수록 평가 경험 점유율이 조금씩 낮아지는 경향(1.6, 1.5, 1.4)을 보인다. 이는 적합한 평가자가 중기에 높은 평가 경험 점유율을 보인 것과는 대조적이다. 평가 과정에 따른 평가 경험 점유율을 함께 살펴볼 필요가 있다. 따라서 평가 과정에 따라 높아지거나 낮아지는 평가 경험 점유율이 구체적으로 어떠한 평가 과정과 관련이 있는지를 살펴보기 위해 평가 과정에 따른 평가 경험별 점유율을 정리하면 <표 4-29>와 같다.

〈표 4-29〉 평가 과정에 따른 변화한 평가자의 평가 경험 점유율(%)

| 평가자 | 내용 평가 기준 | | | 조직 평가 기준 | | | 표현 평가 기준 | | | 점수 척도 변별 | | | 전체 |
|---|---|---|---|---|---|---|---|---|---|---|---|---|---|
| | 전기 | 중기 | 후기 | 전기 | 중기 | 후기 | 전기 | 중기 | 후기 | 전기 | 중기 | 후기 | |
| R32 | 0.2 | 0.2 | 0.2 | 0.2 | 0.1 | 0.1 | 0.1 | 0.2 | 0.2 | 0.4 | 0.4 | 0.3 | 2.6 |

<표 4-29>는 평가 경험 중 채점과 직접적 연관이 높은 '내용 평가 기준, 조직 평가 기준, 표현 평가 기준, 점수 척도 변별' 평가 경험의 점유율을 나타낸다. 이를 평가 과정에 따른 점유율로 살펴보면 평가자 R32는 전체적으로 평가 과정에 따라서 평가 경험 점유율이 유지되거나 낮아지는 모습을 보인다. 그런데 이례적으로 '표현 평가 기준'은 평가 전기 점유율이 0.1로 가장 낮고 중기와 후기는 0.2로 같은 점유율을 보인다. 따라서 평가 과정에 따라 달라지는 평가 경험을 자세히 살펴볼 필요가 있다.

이를 위해 평가자 R32의 평가 과정에 따른 프로토콜 사례를 제시하면 <표 4-30>과 같다.

〈표 4-30〉 평가자 R32의 평가 과정에 따른 프로토콜 사례

| 평가 과정 | 사고구술 프로토콜 사례 |
|---|---|
| 전기<br>(S193) | 193번 학생 글.<br>글이... 순서나... 일단은 반대하는 거고... '공장형 목장'... 동물을... 흐음... 고민을...<br>조직 기준⑤가 형편이 없네. 설득하는 글 아니고 주제에 대한 생각이나 조직들, 아니고 이해하기 쉬운 것도 아니고 분명하고 일관성 있고... 타당한 근거. 인간이... 비논리적인... 표현~ 독창적인 면. 이렇게 주제에 대한 아니고 어 아~. |
| 중기<br>(S213) | 213번 학생 글<br>'이기심으로 인해... 과학 연구에서...' '반대하는 사람들은' 어~ 얘는... 방식이 아니네? 흐흐... 읽기 싫어. '반대하는 사람들은 줄기세포 배양, 윤리성' 얘는 어쨌든 반대하는 거네.<br>첫 번째... 윤리성...'고통을 조사하기 위해... 그들의 고통을 위해 행해지는 것이다.' 그 결과 인간은 이기... 얘가 무슨 말을 하는 거지? '윤리와... 인간중심주의' 중심적인 사고를 했을 때... '우리의 생명을... 동물의 권리와 맞바꾼...' 아~ 얘는 찬성하는 거네. 찬성하는 거네. 반대하는 사람인데... 생명체를... 과학기술의 발전하면서 인간... 줄기세포를 얻을 수 있는데 굳이 연구를 해야 하는가. (한숨 소리)<br>윤리와 관련된 인간? 인간중심주의 비약적인 글. 아~<br>설득하는 글, 적합한 게 아니야. 생각이 잘 드러나지도 않아. 이해하기 어려웠어.<br>독창적이며 흥미로운가. 이해하기 쉬운가, 아니야. 책임감 있게...<br>분명하고 일관성 있는가, 주장이... 타당한 것도 아니야. 다양한 내용... 으음... 아니야. 표현... 무슨 말인지... 독창적이며 흥미롭게...<br>(페이지 넘기는 소리) |
| 후기<br>(S351) | 351번 글<br>동물실험... 어~ 뭐가 가벼운 문제가 아니라는 거지?<br>'비인간적이라고 비판하며... 동물... 내로남불... 대신하기에는 인간들이 동물실험으로 인해...' 이~ 자료가 어딨어, 자료가...? 어어~ '어쨌든... ...인위적으로 만들어 냈고, ...고통에서 벗어나는데...'<br>'하나의 생명체' 무슨 말이지, 무슨 말을 하는 거지? 음~ 무슨 말을 하고 있는 거지?<br>내려놔야 한다... 으음... 어~ 아닌데... 설득하는 글... 일본에 실험을 당했으니까 하지 말아야 되고... 고통을 원하지 말아야 되고...<br>찬... 찬... 설득하는 글에... 생각 잘 안 드러나고... 이해하기 쉽지 않고... 다양한 내용... 그리고 타당한 근거 아니고...<br>독창적이며 흥미로운가... 주제와~ 독자에 대한 분석... 책임감 있게...<br>어~ 주장이 분명하고, 일관성이 있는가... 독창적이며 흥미로운가... 독창적이며 흥미로운가... '우리의 고통을'... 무슨 말인 거지? '가지는'... 음... '일본에 실험을 당했을 때... 내로남불...' 어... 많이 아쉬움. |

<표 4-30>을 보면 평가자 R32는 학생 글을 평가할 때 주장의 일관성을 먼저 판단하는 편이며, 다른 평가 기준에 대해서는 '아니다/맞다, 있다/없다' 정도로 이분법적으로 나누어 평가하는 편이다. 이는 학생 논설문의 변별 척도로 제시된 6점 리커트 점수 척도를 적용하여 분별하기 보다는 판단 방법을 이분법적으로 나누어서 인지적 부담을 줄이는 평가 방법을 사용한 것이다. 그러나 상, 중, 하 세 개의 척도로 구분하고 같은 중 수준에서도 뛰어남과 부족함을 다시 판별하는 등으로 척도를 나누어 적용한 다른 평가자와 달리, 평가 기준을 이분법적으로 판단한 평가 방법은 학생 글의 세부적인 수준 변별이 세밀하지 않게 되어 2차 평가 결과 과적합 양상을 보였을 것으로 추정된다. 따라서 학생 글의 기초 수준을 판별할 때는 이분법보다는 기준을 조금 더 나누어 분류하는 평가 방법이 더 적합할 것으로 보인다.

평가 과정별로 사고구술 프로토콜을 살펴보면, 전기에는 학생 글에 대한 평가적 사고구술만 주로 있었으나, 평가가 진행될수록 학생 글의 의미를 이해하려는 노력이나 질문하는 평가 방법이 돋보인다. 이러한 과정이 익숙해지면서 평가 경험이 누적될수록 난해한 학생 글을 파악하기 위한 노력이 더욱 많아지고, 후기에는 이분법적 판단에서 그치는 것이 아니라 '잘 드러난다, 안 드러난다, 이해하기 쉽지 않다, 아쉽다' 등의 표현이 많아진다.

또한 이분법을 벗어난 중간 척도적인 표현이 발견되며, 학생 글에 대한 재질문이 많아진다. 이는 평가가 진행될수록 평가 능력이 향상된 것으로 볼 수 있는데, 2차 평가 전기에는 이분법적으로 빠르게 평가했다면 평가가 진행될수록 학생 글의 수준이 파악되고, 제시된 평가 기준이 내면화된 것으로 보인다. 따라서 이를 좀 더 세부적으로 적용하고, 그 과정의 어려움은 질문하기 등을 통해서 스스로 답을 찾아가는 점검 및 조정 과정이 평가 후기에 두드러진다.

평가자 R32가 회상적 사고구술 방법을 사용하여 평가 직후 회상한 내용에서 다음과 같은 언급이 있다.

"마지막 부분에 평가한 글들은 논설문의 형식적인 요건을 갖추지 않은 글이 많아 상대적으로 평가하기에 편했다."

이처럼 평가 후기 학생 글의 특성에 관한 평가자의 입장과 해석이 평가 결과에 영향을 미쳤을 것으로 보인다. 적합한 유형의 평가자들과 마찬가지로 평가자 R32도 논설문의 형식적 요건에 따라 점수 부여와 체감 평가 난도가 달라진 것으로 보인다. 이처럼 평가자 R32는 평가 과정에 따라 평가 경험이 달라지고 체감 난도가 달라지면서 채점 일관성 유형이 변화한 것으로 보인다. 특히 처음에는 이분법으로 판단했던 평가 기준을 평가 경험 누적과 함께 세분화하여 적용하면서 후기에는 적합한 평가 경향을 보인다. 이처럼 R32의 사고구술 프로토콜 분석 사례를 통해 평가 척도 세분화가 평가 결과에 미치는 영향을 확인할 수 있다. 따라서 평가 척도 세분화 방법에 대한 구체적인 안내와 평가자 훈련이 마련되어야 한다.

# 제 5 장

# 쓰기 평가의 일반적 전략

## 1. 시간 활용 전략

### 가. 평가 시간 사용 전략

평가 과정에 따른 국어교사의 평가 시간 사용 전략의 변화를 살펴보기 위해 국어교사 37명에게 논설문 30편을 평가하면서 소요된 평가 시간을 기록하도록 하였다. 따라서 국어교사는 전체 평가 과정을 전기(10편), 중기 (10편), 후기(10편)로 나누어 평가를 수행하면서, 한 편의 평가가 끝날 때마다 평가에 사용한 시간을 분 단위로 기록하였다. 시간을 초가 아닌 분 단위로 적도록 안내한 이유는 국어교사가 평가를 진행하면서 평가 시간을 초까지 기억하고 기록하려 신경을 쓰다보면 인지적 부담을 느낄 수 있기 때문이다. 따라서 반올림하여 분 단위로 평가 시간을 기록하도록 안내하였다. 평가 과정에 따른 국어교사의 평가 시간 기술통계는 <표 5-1>과 같다.

〈표 5-1〉 평가 과정에 따른 평가 시간 기술통계

| 평가자 | 평가 과정 | 평균 | 표준편차 |
|---|---|---|---|
| 국어<br>교사<br>(37명) | 평가 전기 | 3.39 | 1.26 |
| | 평가 중기 | 3.26 | 1.24 |
| | 평가 후기 | 3.12 | 1.12 |
| | 전체 | 3.25 | 1.14 |

〈표 5-1〉을 살펴보면, 전체(30편) 평가 시간은 3.25이고 표준편차는 1.14이다. 그리고 평가 과정에 따른 평가 시간의 평균과 표준편차를 살펴보면 평가 전기, 중기, 후기의 평가 시간 평균은 3.39, 3.26, 3.12로 평가 과정에 따라 평가 시간이 점차 감소하였다. 이는 이지원·박영민(2015)의 연구에서 학생 글 30편의 평가 과정에서 평가자들은 평가 기준의 고정 빈도와 고정 시간이 지속적으로 하향하였던 것과 같다. 그러나 개별 평가자의 평가 시간은 다를 수 있기 때문에 평가 과정에 따른 국어교사의 평가 시간 사용 전략을 확인하기 위하여 평가 시간의 평균을 그래프로 나타내면 [그림 5-1]와 같다.

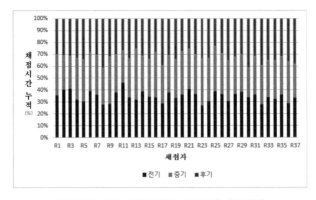

[그림 5-1] 평가 과정에 따른 평가 시간 사용 전략

[그림 5-1]을 살펴보면, 평가 과정에 따른 국어교사의 개별 평가 시간 변화 양상을 4가지 유형으로 나눌 수 있다. 첫째, 평가 과정에 따라 평가 시간이 줄어드는 국어교사 14명(R1, R6, R7, R10, R11, R18, R20, R21, R22, R25, R26, R29, R31, R35)이다. 전체 37명의 국어교사 중 14명(37.0%)는 평가 과정에 따라 평가 시간이 줄어드는 경향을 보였다. 둘째, 평가 과정 중 평가 중기의 평가 시간이 가장 짧은 국어교사 11명(R2, R3, R12, R14, R15, R19, R28, R30, R33, R34, R37)이다. 셋째, 평가 과정 중 평가 중기의 평가 시간이 가장 긴 국어교사 7명(R4, R5, R9, R13, R16, R23, R24)이다. 마지막으로 평가 과정에 따라 평가 시간이 늘어나는 국어교사 5명(R8, R17, R27, R32, R36)이다.

전체 국어교사의 평가 과정에 따른 평가 시간 사용 전략은 평가 과정에 따라 평가 시간 사용이 줄어드는 경향을 보였지만, 개별 평가자의 평가 시간 변화는 다양한 양상을 보인다. 따라서 이를 집단별로 확인하기 위하여 국어교사의 채점 일관성 유형별로 나누어 살펴볼 필요가 있다. 국어교사의 채점 일관성 유형별 평가 과정에 따른 평가 시간 사용 전략을 살펴보면 [그림 5-2]와 같다.

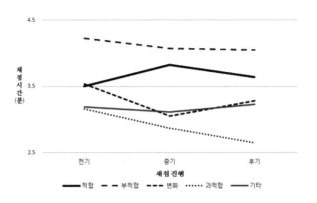

[그림 5-2] 평가 과정에 따른 채점 일관성 유형별 평가 시간

[그림 5-2]를 살펴보면, 평가자 유형별로 평가 과정에 따른 평가 시간이 다른 것을 확인할 수 있다. 먼저 적합한 평가자들은 평가 과정에 따라 평가 시간이 중기>후기>전기로 진행되어, 중기의 평가 시간이 가장 길다. 반면 부적합 및 과적합 평가자는 전기>중기>후기로 평가가 진행되는 과정에서 평가 시간이 점점 짧아진다. 평가 엄격성의 일관성이 변화하는 평가자들은 전기>후기>중기, 불규칙한 기타 평가자들은 평가 시간이 후기>전기>중기로 평가 중기의 평가 시간이 가장 적었다. 이를 종합하면, 채점 일관성 유형에 따라 평가 중기의 평가 시간이 달라지는 것을 확인할 수 있다. 이는 평가 중기에 배치된 학생 글의 평가 난도가 가장 높았던 것과 연관이 있다. 따라서 유능한 평가자는 평가 시간을 사용할 때 학생 글 특성에 맞는 평가 시간을 사용할 수 있다는 것을 추정할 수 있다. 즉 학생 글 특성에 맞게 평가 난도가 높은 글은 평가 시간을 다른 글보다 더 많이 사용하여 고민의 시간을 충분히 확보하여 점수를 결정하는 국어교사의 평가 결과가 적합한 경향이 있다.

## 나. 평가 시간 예측 전략

국어교사가 논설문 평가를 진행하면서 사용하는 평가 시간은 학생 글 특성과 평가 과정에 따라 다르다. 따라서 국어교사가 평가 과정에 따라 소요되는 평가 시간을 적절하게 예측하여 평가 과정을 점검하고 조정할 수 있다면 평가에 사용되는 시간과 노력을 적절히 배분할 수 있을 것이다. 국어교사가 예측하는 평가 시간과 실제 소요된 평가 시간의 차이를 확인하기 위하여, 1차 평가를 진행한 국어교사에게 평가 시간을 함께 예측하도록 하였다. 따라서 국어교사는 평가 전기, 중기, 후기의 평가 과정마다 평가 시간을 예측하는 문항에 응답하였다. 국어교사가 응답한 예측 평가 시간과 실제 평가 시간의 차이를 채점 일관성 유형 집단별로 비교한 결과는 <표 5-2>와 같다.

<표 5-2> 평가 과정에 따른 채점 일관성 유형별 평가 시간 차(예측-실제)

| 채점 일관성 유형 | 전기 시간 차 | 전기 표준 편차 | 중기 시간 차 | 중기 표준 편차 | 후기 시간 차 | 후기 표준 편차 | 전체 시간 차 평균 | 전체 표준 편차 평균 |
|---|---|---|---|---|---|---|---|---|
| 적합 | 1.00 | 6.65 | 0.59 | 6.66 | 1.55 | 5.99 | 1.05 | 6.43 |
| 부적합 | 11.20 | 12.12 | 6.55 | 8.88 | 2.00 | 3.65 | 6.58 | 8.22 |
| 과적합 | 4.59 | 8.75 | 5.51 | 7.63 | 3.43 | 7.79 | 4.51 | 8.06 |
| 변화 | 4.50 | 6.25 | 6.50 | 8.14 | 7.17 | 5.85 | 6.06 | 6.75 |
| 기타 | 8.53 | 12.06 | 6.59 | 9.86 | 4.59 | 8.94 | 6.57 | 10.29 |
| 전체 | 5.98 | 8.98 | 5.01 | 8.22 | 3.76 | 6.44 | 4.96 | 7.96 |

<표 5-2>를 평가 과정에 따라 살펴보면, 국어교사 37명의 평가 전기, 중기, 후기의 평가 시간 차이(예측 평가 시간-실제 평가 시간)는 5.98, 5.01, 3.76으로 평가 과정에 따라 점점 감소하였다. 표준편차 또한 평가 과정에 따라 점차 줄어들어 국어교사는 평가가 진행되면서 평가 소요 시간 예측이 더 정확해지는 경향이 있음을 확인할 수 있다. 평가가 진행되면서 국어교사는 평가 전기, 중기, 후기별로 소요되는 평가 시간의 예측이 실제 평가 시간과 차이가 줄어들었으며, 국어교사 간 차이도 감소하였다.

평가 과정에 따라 평가 시간 차이의 평균과 표준 편차가 줄어드는 것은 평가가 진행될수록 국어교사의 평가 시간 예측이 실제 평가 시

간과 비슷해지는 경향이 있음을 보여준다. 이는 앞서 살펴본 평가 점수 변화 양상과도 비슷하여 평가가 진행되면서 국어교사 사이의 평가 시간과 평가 점수의 차이는 줄어드는 경향이 있음을 확인할 수 있다. 그러나 국어교사의 채점 일관성 유형에 따라 평가 시간 예측 전략이 달라질 수 있으므로 이를 집단별로 살펴볼 필요가 있다.

　<표 5-2>를 채점 일관성 유형에 따라 살펴보면, 적합한 평가자의 평가 시간 차이(예측 평가 시간-실제 평가 시간)의 평균이 1.05로 가장 적은 것으로 나타났다. 이는 적합한 평가자들이 평가에 필요할 것으로 예측한 평가 시간과 실제 평가에 사용한 평가 시간의 차이가 가장 적다는 것을 보여준다. 즉 적합한 국어교사의 평가 시간 예측이 가장 정확하여, 적합한 국어교사가 논설문 평가에서 상위인지를 가장 잘 사용한다고 볼 수 있다. 상위인지는 수행을 계획하거나 적합한 방법이나 기술을 사용하고 자신의 수행을 스스로 점검하여 자신의 수행 정도를 조정하는 것 등이 포함된다. 따라서 이러한 상위인지를 적절하게 잘 활용하는 적합한 국어교사들이 자신의 평가 시간을 계획하고 진행에 따라 적절하게 조정할 수 있었던 것으로 보인다. 이러한 결과를 바탕으로 평가 과정에 따른 평가 시간의 차이를 확인한다면 평가의 적합한 정도를 추정할 수 있을 것이다.

　반대로 평가 결과가 적절하지 않은 다른 채점 일관성 유형의 평가자들은 평가 시간 차이의 평균이 컸다. 먼저 부적합한 평가자의 평가 시간 차이의 평균이 6.58로 가장 컸으며, 그 다음으로 기타 평가자가 6.57이었다. 평가 과정에 따라 채점 일관성 유형이 변화한 평가자는 평가 시간 차이가 6.06이었고, 과적합한 평가자는 4.51이었다. 적합한 평가자를 제외한 다른 평가자들은 실제 평가 시간과 예측 평가 시간

차이의 평균은 4.41~6.58으로 적합한 평가자의 1.05에 비해 매우 크다. 이는 평가자가 평가에 걸린 실제 평가 시간을 비교적 정확하게 예측할수록 적합한 채점 일관성을 보일 확률이 크다는 것을 보여 준다. 따라서 평가 시간의 정확한 예측은 평가자의 상위인지 활용 평가 진단으로 볼 수 있기 때문에 이를 정확히 예측하여 상위인지를 적절히 활용할 수 있는 국어교사가 신뢰도 높은 평가를 할 확률이 높다고 볼 수 있다(박영민 2011, 이성준 2019). 평가자의 상위인지 활용과 관련이 있는 평가 전략을 확인하여 평가자의 상위인지 평가 전략 활용이 평가에 미치는 영향을 확인할 필요가 있다.


## 2. 다시 보기 전략

국어교사의 평가 과정에 따른 상위인지 평가 전략을 확인하기 위해 점검 및 조정 과정이 드러나는 다시 보기 전략 사용을 확인해 보았다. 평가 과정의 점검 및 조정 국면에서 상위인지가 가장 활성화되기 때문에 이전에 평가한 평가 결과나 학생 글과 비교하며 조정하는 다시 보기 전략을 통해서 평가 과정에서의 점검 및 조정 여부를 파악할 수 있을 것이다. 이를 위해 국어교사가 고등학생 논설문 30편 평가의 진행에서 다시 보기 전략을 사용한 횟수를 확인해 보았다. 다시 보기 전략 사용이란 이전 평가 결과를 확인하기 위하여 평가자가 평가를 진행하면서 평가 자료를 앞 장으로 넘겨서 확인하는 전략을 이야기한다. 이를 위해 국어교사들은 논설문 한 편의 평가가 끝날 때마다 평가 중 일어난 다시 보기 전략의 횟수를 적었다. 이렇게 조사된 평가 과정에 따른 국어교사의 다시 보기 전략의 사용의 평균은 <표 5-3>과 같다.

<표 5-3> 평가 과정에 따른 다시 보기 전략 활용

| 평가자 | 전기 | 중기 | 후기 | 전체 |
|---|---|---|---|---|
| R1 | 0.3 | 0.1 | 0.1 | 0.2 |
| R2 | 0.6 | 0.1 | 0.4 | 0.4 |
| R3 | 3.0 | 2.0 | 1.5 | 2.2 |
| R4 | 0.2 | 0.4 | 0.9 | 0.5 |
| R5 | 0.1 | 0.2 | - | 0.1 |
| R6 | 1.3 | - | 0.7 | 0.7 |
| R7 | 1.8 | 0.5 | 1.1 | 1.1 |
| R8 | 2.6 | 2.6 | 2.1 | 2.4 |
| R9 | 0.7 | 0.6 | 0.9 | 0.7 |
| R10 | 3.8 | 5.0 | 4.4 | 4.4 |
| R11 | 0.2 | 0.2 | - | 0.1 |
| R12 | 0.5 | 0.2 | 0.2 | 0.3 |
| R13 | 14.7 | 12.6 | 13.9 | 13.7 |
| R14 | 0.1 | 0.4 | 0.4 | 0.3 |
| R15 | 0.6 | 0.9 | 0.6 | 0.7 |
| R16 | 0.7 | 0.9 | 1.4 | 1.0 |
| R17 | 0.5 | 0.3 | 0.4 | 0.4 |
| R18 | 0.3 | - | 0.1 | 0.1 |
| R19 | 1.7 | 1.7 | 1.6 | 1.7 |
| R20 | 0.6 | - | 0.2 | 0.3 |
| R21 | 0.7 | 0.9 | 0.2 | 0.6 |
| R22 | 1.5 | 2.4 | 2.0 | 2.0 |
| R23 | 0.2 | 0.3 | 0.6 | 0.4 |
| R24 | 1.3 | 1.4 | 0.1 | 0.9 |
| R25 | 0.2 | 0.4 | 0.2 | 0.3 |
| R26 | 1.2 | 1.6 | 1.2 | 1.3 |
| R27 | 0.1 | - | - | 0.0 |
| R28 | 0.3 | 0.3 | 0.5 | 0.4 |
| R29 | 2.0 | 0.7 | 0.7 | 1.1 |
| R30 | 2.8 | 4.3 | 2.7 | 3.3 |
| R31 | 2.0 | 2.7 | 1.9 | 2.2 |

| | | | | |
|---|---|---|---|---|
| R32 | 0.3 | 0.6 | 0.8 | 0.6 |
| R33 | 1.6 | 1.2 | 0.9 | 1.2 |
| R34 | 2.7 | 1.4 | 1.7 | 1.9 |
| R35 | - | - | - | - |
| R36 | 0.1 | 0.9 | 0.7 | 0.6 |
| R37 | 0.1 | - | 0.1 | 0.1 |

<표 5-3>을 통해 평가 과정에 따른 국어교사 개인별 다시 보기 전략 활용 양상을 살펴보면 평가자 R13의 다시 보기 전략 사용이 가장 많다. 평가자 R13은 평가 전기, 중기, 후기의 평가 과정에서 평균 14.7, 13.9, 12.6회 다시 보기 전략을 사용했다. 반면 다시 보기 전략 사용이 가장 적은 국어교사는 R35로 전체 평가 과정에서 다시 보기 전략 사용을 한 번도 하지 않았다. 이 두 평가자의 다시 보기 전략 사용 양상의 차이가 매우 크기 때문에 이를 기술통계로 나타내면 표준 편차가 평균보다 큰 결과가 도출된다. 따라서 평가 과정에 따른 국어교사의 다시 보기 전략 사용 기술통계를 도출하기 위해 극단적으로 전략 사용이 높은 평가자 R13과 반대로 사용이 없는 R35의 데이터는 제외하여 분석하였다. 이렇게 확인한 국어교사 37명의 평가 과정에 따른 국어교사의 다시 보기 전략 사용 기술통계는 <표 5-4>와 같다.

〈표 5-4〉 평가 과정에 따른 다시 보기 전략 기술통계

| 평가자 | 평가 과정 | 평균 | 표준편차 |
|---|---|---|---|
| 국어<br>교사<br>(37명) | 평가 전기 | 1.43 | 0.20 |
| | 평가 중기 | 1.54 | 0.19 |
| | 평가 후기 | 1.37 | 0.13 |
| | 전체 | 1.34 | 0.18 |

<표 5-4>를 살펴보면, 전체 평가의 다시 보기 전략 사용 평균은 1.34이고 표준편차는 0.18이다. 또한 평가 과정에 따른 다시 보기 전략의 평균과 표준편차를 살펴보면, 평가 전기, 중기, 후기의 전략 사용 평균은 1.43, 1.54, 1.34회로 평가 중기가 가장 많고, 평가 전기와 평가 후기 순으로 줄어든다. 이는 다른 평가 전략들과 마찬가지로 평가가 진행되면서 다시 보기 전략도 줄어드는 경향이 있으나 평가 중기 학생 글 특성의 영향에 따라 평가 중기가 가장 많은 사용을 보인 것이다.

그러나 각 과정의 다시 보기 평균의 차이는 0.1정도로 매우 적었다. 이는 국어교사가 자신의 평가 과정에서 평가 자료를 넘겨 이전 평가 자료를 확인한 다시 보기 전략 사용의 횟수를 설문조사로 응답한 결과이기 때문으로 추정된다. 국어교사는 선행 평가의 결과를 떠올리거나 머릿속에 이미지화된 학생 글의 이미지 등은 배제하고 물리적으로 자료를 넘긴 횟수만을 분석하였다. 따라서 머릿속에서 이루어지는 다시 보기의 과정과는 차이가 있었을 것으로 추정된다. 따라서 이를 평가 과정 사고구술의 분석을 통해 구체적인 전략 사용 양상을 추가적으로 확인할 필요가 있다. 또한 채점 일관성 유형에 따라 다시 보기 전략의 사용이 다를 수 있기 때문에 평가 과정에 따른 다시 보기 전략 사용의 평균을 국어교사의 채점 일관성 유형별로 살펴보면 [그림 5-3]과 같다.

[그림 5-3]을 살펴보면, 평가 엄격성의 일관성 유형이 적합 혹은 부적합한 평가자는 평가가 진행될수록 다시 보기 전략의 사용이 적어지는 경향을 보인다. 그리고 기타 유형을 제외하면 적합한 유형의 평가자의 다시 보기 전략 사용이 가장 적었는데, 이는 전략 사용의 조사가 관찰이나 사고구술 분석이 아니라 평가자 스스로 자기 보고를 하는

방식으로 이루어졌기 때문으로 생각된다. 따라서 후속 연구에서 평가 과정의 직접 관찰을 통한 다시 보기 전략 사용을 확인하여 실제 다시 보기 횟수를 확인하고 이를 점검 및 조정 경험의 사용과 연계하여 분석힐 필요가 있다.

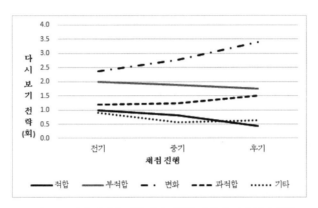

[그림 5-3] 평가 과정에 따른 채점 일관성 유형별 다시 보기 전략

　　다시 보기 평가 전략의 사용이 가장 많은 집단은 변화 유형의 국어 교사이고, 그 뒤로 부적합, 과적합, 적합, 기타의 채점 일관성 유형 순으로 다시 보기 전략을 사용하였다. 평가가 진행될수록 적합과 부적합 국어교사의 다시 보기 전략 사용은 줄어들었으나, 변화와 과적합 평가자는 진행에 따라 다시 보기 전략 사용이 늘어났다. 또한 기타 유형에 해당하는 국어교사들은 평가 중기에 가장 적은 다시 보기 전략 사용을 보였다. 이처럼 평가의 일관성 유형 집단에 따라 다시 보기 전략 사용은 다른 양상을 보인다. 따라서 평가자 유형별로 이러한 차이가 나타나는 원인을 구체적으로 밝히기 위해 평가 과정을 녹화한 자료 분석을 통한 세부적인 평가 전략 확인 연구가 필요하다.

## 3. 평가 기준 적용 전략

### 가. 평가 기준 인식 전략

이 연구에서는 논설문 평가를 위한 평가 기준을 제시하였다. 같은 평가 기준이 제시되었더라도 평가자의 해석과 적용에 따라 평가 결과는 달라질 수 있다. 평가 기준은 평가의 준거가 되기 때문에 이에 대한 평가자의 인식이 논설문 평가에 미치는 영향은 크다. 따라서 1차 평가와 함께 실시한 설문조사의 결과를 분석하여 평가 기준에 대한 평가자 인식을 분석하고 평가자의 평가 자료 활용 양상을 확인한다면 평가 기준 적용을 위한 의미 있는 평가 전략을 발견할 수 있을 것이다. 이를 위해 평가 과정에 따른 평가자의 평가 기준 적용 난도 인식을 정리하면 <표 5-5>와 같다.

〈표 5-5〉 평가 과정에 따른 평가 기준 적용 난도 인식

| 평가자 | 평가 과정 | 내용 기준 | 조직 기준 | 표현 기준 |
|---|---|---|---|---|
| 국어<br>교사<br>(37명) | 평가 전기 | 2.92 | 3.24 | 4.43 |
| | 평가 중기 | 3.05 | 3.41 | 3.84 |
| | 평가 후기 | 3.30 | 3.54 | 3.76 |
| | 전체 | 3.09 | 3.40 | 4.01 |

1차 평가를 진행하면서 평가자가 느낀 평가 기준 적용의 어려움을 평가 과정별로 6점 척도를 사용하여 응답하도록 하고, 응답한 결과의 평균을 정리하면 <표 5-5>와 같다. 결과를 살펴보면 국어교사는 논설

문 평가 과정에서 내용과 조직 기준의 적용을 점점 더 어렵다고 생각한다. 이는 논설문 평가에서 평가 요인으로 자주 제시되는 내용과 조직 기준의 적용을 처음에는 익숙하여 쉽다고 생각하지만 평가가 진행되면서 이를 일관되게 적용하기 어려운 글이 발견되기 때문으로 보인다. 따라서 국어교사가 평가를 시작하기 전에 평가 과정에 따라 평가 난도가 높다고 느낄 수 있는 글이나, 학생 글의 각 수준을 대표할 수 있는 예시문을 제공할 필요가 있다. 그리고 이렇게 제공된 평가 예시문을 활용하여 국어교사가 평가 기준의 적용을 연습하고 평가를 시작하도록 안내해야 한다.

이와 반대로 국어교사들이 표현 기준은 처음에는 익숙하지 않아서 난감해하지만, 평가가 진행되면서 학생 글을 통해 그 적용 방법을 정리해 나가고 익숙해지면서 쉬워진다고 느낀다. 그러나 전체 평균을 살펴보면 국어교사는 6점 척도에서 4.01만큼 표현 기준의 적용이 어렵다고 느낀다. 이는 표현 기준이 내용과 조직에 비해 논설문 평가에서 자주 제시되지 않는 기준이기 때문으로 추정된다. 내용과 조직은 모든 쓰기 평가에서 기본적인 평가 요인이 되지만, 그 외의 요인은 쓰기 평가 상황과 맥락에 따라 제시될 수 있기 때문이다. 따라서 표현 요인의 평가는 평가자가 기준을 해석해야 할 부분이 상대적으로 많기 때문에 평가자가 평가를 더 어렵다고 느낀다. 그러므로 평가를 시작하기 전에 이러한 기준을 정립하고 평가를 연습할 기회를 제공하는 등 평가자 협의를 통한 평가 기준의 해석 과정이 필요하다.

평가 과정에 따라 평가 기준에 대한 평가자의 중요도 인식도 논설문 평가에 영향을 줄 수 있다. 논설문 평가에서 국어교사가 중요하게 생각하는 기준이 있다면, 중요하게 생각하는 만큼 이를 좀 더 신경 써

서 평가하는 차이가 발생할 수 있다. 따라서 평가 과정에 따라 국어교
사가 중요하게 생각하는 평가 기준을 살펴보면 <표 5-6>과 같다.

<표 5-6> 평가 과정에 따른 평가 기준 중요도 인식

| 평가자 | 평가 과정 | 내용 기준 | 조직 기준 | 표현 기준 | 전체 |
|---|---|---|---|---|---|
| 국어<br>교사<br>(37명) | 평가 전기 | 30(27%) | 5(4.5%) | 2(1.8%) | 37(33.3%) |
| | 평가 중기 | 28(25.2%) | 7(6.3%) | 2(1.8%) | 37(33.3%) |
| | 평가 후기 | 27(24.3%) | 7(6.3%) | 3(2.7%) | 37(33.3%) |
| | 전체 | 85(76.6%) | 19(17.1%) | 7(6.3%) | 111(100%) |

<표 5-6>을 살펴보면 37명의 국어교사가 개인별로 평가 전기, 중
기, 후기 각 3회씩 실시한 전체 111회의 응답 결과 중 '내용'을 가장 중
요한 기준으로 선택한 횟수가 85회(76.6%)로 압도적으로 많다. 이는 논
설문에서 내용이 가장 중요하다는 국어교사의 생각을 반영한 것으로,
논설문 지도에서도 주장의 일관성이나 근거의 타당성을 중시해야 한
다는 시사점을 준다. 그러나 모든 평가 기준의 점수 부여가 동일한데,
특정한 항목의 기준만 중요하게 생각한다면 기준별로 균등한 평가가
되기 어렵다. 따라서 제시된 기준에 따라 판단하려는 노력이 필요하
다. 또한 국어교사가 논설문 평가에서 중시하는 평가 항목이 있다면,
중요도에 따라 점수 비중을 달리 하거나 추후 점수를 조정하는 방법
등도 생각해 볼 수 있다. 후에 제시된 사고구술 프로토콜 분석에서는
조직 평가 기준에 대한 평가 전략도 많은 비율로 제시되었다는 점에
서 국어교사가 인식하는 기준과 실제 평가 수행이 다를 수 있다는 것
을 추론할 수 있다(장은주 2015).

또한 평가가 진행되면서 내용 평가 기준의 중요도는 조금 낮아지는
데 비해, 조직과 표현 평가 기준의 중요도는 오르는 경향을 보였다. 이
는 평가 전기에는 국어교사가 내용에 중점을 두고 평가를 진행하지만,
평가가 진행될수록 글 전체의 조화와 완성도를 함께 보면서 다른 평
가 기준의 중요도도 높아진다고 볼 수 있다. 그러나 평가 과정에서 평
가 기준의 중요도에 대한 인식이 달라질 경우 전기에 평가한 학생 글
과 후기에 평가한 학생 글의 평가 결과가 달라질 수 있기 때문에 일관
된 평가 기준의 적용을 의식적으로 노력할 필요가 있다. 또한 평가 기
준의 중요도 인식이 국어교사의 평가 수행에 영향을 미칠 수 있으므
로 이를 조정하고 통제할 수 있는 평가자 훈련이 필요하다.

국어교사가 논설문 평가를 진행하면서 학생의 논설문 쓰기 능력 변
별에 효과적이라고 생각하는 기준이 있을 수 있다. 즉, 이 기준에 따라
학생의 글을 변별하면 수준 판단이 수월하거나 정확하다고 느끼는 기
준이다. 이러한 기준을 확인한다면 모든 기준을 똑같은 비중의 점수로
제시할 것이 아니라 중요도나 효율성에 따라 점수 부여의 비율을 다
르게 설정할 수도 있다. 따라서 37명의 국어교사에게 '제시된 평가 기
준표의 평가 요인 중 학생 논설문의 수준을 변별하는 데 가장 효과적
인 요인은 무엇입니까?'라는 문항을 제시하여 평가 과정에 따라 국어
교사별로 3회씩 응답한 결과를 정리하면 <표 5-7>과 같다.

〈표 5-7〉 평가 과정에 따른 평가 기준 효과성 인식

| 평가자 | 평가 과정 | 내용 기준 | 조직 기준 | 표현 기준 | 전체 |
|---|---|---|---|---|---|
| 국어교사 (37명) | 평가 전기 | 23(20.7%) | 10(9%) | 4(3.6%) | 37(33.3%) |
| | 평가 중기 | 23(20.7%) | 11(9%) | 3(2.7%) | 37(33.3%) |

| | | | | |
|---|---|---|---|---|
| 평가 후기 | 21(18.9%) | 13(11.7%) | 3(2.7%) | 37(33.3%) |
| 전체 | 67(60.4%) | 34(30.6%) | 10(9%) | 111(100%) |

<표 5-7>을 살펴보면 국어교사는 평가 과정에 따라 조직 기준의 효과성이 높다고 생각하는 비율이 증가하는 경향이 있는 것으로 보인다. 또한 전체 기준의 효과 인식에서는 내용(60.4%), 조직(30.6%), 표현(9%)으로 내용 기준의 효과 인식이 가장 높다. 그러나 중요도 인식에서 조직 기준이 17.1%였던 것에 비하면, 조직 기준의 효과 인식 향상이 두드러진다. 이는 '전체 점수의 조정' 평가 전략과 관계가 있을 것으로 추정된다(송민영·이용상 2015). 학생 글의 전체적인 조직을 통해 수준을 파악하는 전략을 사용한 것이다.

실제로 '학생 글이 논설문 형식에 맞는 조직을 갖추었을 때 조화롭고 갖춰진 글로 보인다'는 평가자의 사고구술 프로토콜 내용처럼 유능한 평가자는 조직 평가 기준을 잘 활용하였다. 사고구술 프로토콜에서 평가 후기로 갈수록 학생 글의 조직을 먼저 파악한 후 다른 기준의 평가를 시작하는 평가 전략을 사용한 평가자가 많았다. 이를 통해 평가가 진행될수록 조직 기준으로 학생 글의 전체 수준을 파악한 후 세부 평가를 진행하는 평가자의 평가 전략을 효과적으로 생각하는 평가자가 많았음을 추론할 수 있다. 따라서 논설문 평가 과정 시 조직 항목의 수준 변별과 조직이 전체 학생 글 수준에 미치는 영향에 관해 판단할 수 있는 평가 전략을 평가자가 사용할 수 있도록 안내할 필요가 있다.

## 나. 평가 기준 재구성 전략

1차 평가 과정에서 국어교사의 평가 기준 재구성 능력의 필요성에 대한 인식을 확인해 보았다. 왜냐하면 논설문 평가에서 평가 기준이 제시될 때는 대부분 학생의 쓰기 능력 수준이나 평가 기준에 대한 평가자의 인식이 반영되지 않기 때문이다. 즉, 평가자가 필요로 하는 세부적인 평가 방법과 평가 요소를 평가 기준이 모두 담지 못하는 경우가 많이 발생한다. 이러한 경우 평가자가 평가 수행 과정에서 평가 기준을 재구성하고, 평가 척도 수준을 세분화하여 일관되게 적용하여 평가 기준의 변별력을 높일 수 있다. 이 연구에서는 평가자의 이러한 평가 기준의 변경을 '평가 기준 재구성'으로 명명하고, 이러한 평가 전략의 필요성에 대한 국어교사의 인식을 확인하였다.

'논설문 평가에서 국어교사의 평가 기준 재구성이 어느 정도 필요하다고 생각하십니까?'라는 문항에 6점 척도로 응답하도록 설문 검사를 구성하고, 각 응답 결과를 평가 과정에 따라 평균을 구하면 <표 5-8>과 같다.

<표 5-8> 평가 과정에 따른 평가 기준 재구성 필요성 인식

| 평가 과정 | 전기 | 중기 | 후기 | 전체 |
|---|---|---|---|---|
| 기준 재구성의 필요성 | 4.38 | 4.43 | 4.32 | 4.38 |

<표 5-8>의 결과를 살펴보면 국어교사는 전체 4.38(6점 만점) 정도로 평가 기준 재구성이 필요하다고 생각한다. 이는 국어교사가 평가 기준 재구성이 높은 수준에서 필요로 한다는 것을 보여 준다. 또한 평가 과

정에 따라서는 평가 중기에 가장 높게 필요성을 응답하였는데, 이는 중기 학생 글의 특성과 연관이 있을 것으로 추정된다. 국어교사는 기준에서 벗어난 특성이 많고 평가 난도가 높은 중기 학생의 글을 평가하면서 평가 기준 재구성의 필요성을 더욱 크게 느낀 것으로 보인다. 따라서 사고구술 프로토콜의 상세한 관찰과 분석을 통해 중기 학생 글의 특성을 밝히고, 국어교사의 평가 기준 재구성을 확인할 필요가 있다.

마지막으로 평가 기준 재구성의 실제 수행 또한 논설문 평가 결과에 영향을 미친다. 따라서 평가 과정에 따라 새로운 평가 기준을 추가하거나, 기존의 평가 기준을 조정하는 평가 기준 재구성 평가 전략의 사용 여부를 조사할 필요가 있다. 이를 위해 설문 문항을 작성하고 이를 평가 과정에 따라 조사한 내용을 정리하면 <표 5-9>와 같다.

〈표 5-9〉 평가 과정에 따른 평가 기준 재구성 전략 활용

| 평가자 | 평가 과정 | 평가 기준의 추가 | 평가 기준의 조정 | 전체 |
|---|---|---|---|---|
| 국어 교사 (37명) | 평가 전기 | 0.41 | 1.05 | 1.46 |
| | 평가 중기 | 0.43 | 1.32 | 1.75 |
| | 평가 후기 | 0.46 | 1.30 | 1.76 |
| | 전체 | 0.43 | 1.23 | 1.66 |

평가 과정에 따른 국어교사의 평가 기준 재구성 전략의 활용을 살펴보면, 평가 과정에 따라 평가 전략 사용이 증가한다. 그러나 평가 기준 재구성을 평가 기준의 추가와 평가 기준의 조정으로 나누면, 평가 과정에 따라서 새로운 평가 기준을 추가하는 경우는 증가하지만 평가

기준 조정은 평가 중기가 가장 많은 양상을 보인다. 먼저 평가 기준의 추가는 평가가 진행되면서 주어진 평가 기준에 포함되지 않은 새로운 기준을 생성하는 것을 말한다. 국어교사가 설문에서 추가했다고 응답한 평가 기준은 다음 〈표 5-10〉의 예시와 같다.

〈표 5-10〉 평가 과정에 따른 추가 평가 기준 예시

| 평가 과정 | 추가한 평가 기준 예시 |
|---|---|
| 평가 전기 | 내용: 주장이나 근거의 비윤리성(R12_변화한 평가자)<br>조직: 적절하게 문단을 구분하였는가(R15_과적합한 평가자) |
| 평가 중기 | 표현: '나'를 지칭하며 감정적인 내용은 없는가(R3_변화한 평가자)<br>표현: 분량이 충분한가(R19_부적합한 평가자)<br>표현: 항목에 문장구조나 맞춤법에 대한 기준을 추가함<br>(R29_변화한 평가자) |
| 평가 후기 | 표현: 학생이 직접 쓴 글인가(R6_부적합한 평가자)<br>표현: 맞춤법과 띄어쓰기를 고려(R13_변화한 평가자)<br>표현: 맞춤법에 맞는 올바른 표현을 사용하였는가<br>(R15_과적합한 평가자)<br>내용: 글의 내용이 쓰기 과제와 관련성이 높은가<br>(R15_과적합한 평가자) |

평가 기준을 추가한 국어교사들은 주로 '표현' 평가 기준에 대한 평가 기준을 추가하여 사용했다. 표현 기준에 대해 지칭, 분량, 맞춤법, 학생의 직접 작성 등 의 평가 기준을 추가하여 평가하였다. 또한 내용 기준에서는 주장과 근거의 비윤리성과 과제와 관련성을, 조직 기준은 문단 나눔을 추가하여 평가했다고 응답했다. 그러나 이렇게 평가 기준을 추가하여 평가한 국어교사 중에서 적합한 국어교사는 없었다는 것을 주목할 필요가 있다. 전체 진행에서 적합한 평가자는 평가 기준을 추가하여 사용하지 않았다.

주어진 평가 기준에 다른 평가 기준을 추가로 만들어 평가하면, 다른 평가자와 평가 기준의 차이가 발생하여 평가자 간 신뢰도를 떨어뜨릴 수 있다. 또한 처음부터 평가 기준을 추가하여 적용한 것이 아니라 평가가 진행되는 중간에 평가 기준이 추가되면 평가 과정에 따른 채점 일관성이 유지되기 어렵다. 따라서 이러한 평가 기준 추가는 적절한 평가 전략이라 할 수 없다. 채점 일관성 유형이 적합한 평가자들은 평가 기준을 추가하는 재구성을 사용하지 않은 것도 이를 증명한다.

반면 평가 기준 조정은 주어진 평가 기준을 점수 척도에 맞게 축소하거나 세분화하는 방법이다. 이 연구에서는 각 평가기준을 6점 척도로 평가하도록 안내했다. 그러나 연구에 참여한 많은 국어교사들은 학생 논설문을 평가하면서, 처음부터 평가 기준별 수준을 6개의 척도로 변별하여 점수를 부여하는 것에 어려움을 느꼈다. 따라서 많은 평가자들이 평가 기준의 척도를 상, 중, 하의 세 단계로 축소하여 수준 변별의 난도를 낮추었다. 이러한 평가 전략은 평가 결과에 긍정적인 영향을 미친다. 평가자가 평가 전에 근거의 개수나 학생 글 수준 등의 기준을 명확히 세우고 평가를 시작하면 평가 기준별 척도 변별이 잘 이루어지기 때문이다. 따라서 이러한 평가 기준 조정 전략을 많은 국어교사에게 교육하고 이를 적용하도록 안내할 필요가 있다.

또한 국어교사들은 평가 기준을 조정하면서 평가 기준을 세분화하여 사용하기도 했다. 즉 평가 기준을 해석하고 그 해석의 방향에 따라 기준의 내용을 좀 더 자세히 이해하고 평가를 시작한 것이다. 이러한 기준 세분화는 주로 내용 평가 기준에서 근거의 수로 점수를 결정하거나, 조직 평가 기준에서 문단의 수나 서론, 본론, 결론을 잘 나누었는지 판단하여 평가하는 것으로 나타났다. 평가 기준 세분화는 적합한 국어교사 5명 중 4명이 사용하여, 주어진 기준에 맞게 잘 해석한다면 평가 결과의 신뢰성 향상에 도움이 되는 것으로 보인다.

평가 기준 조정 전략의 또 다른 특이점은 평가 과정에 따른 평가 경험 누적의 영향보다 학생 글 특성의 영향을 더 크게 받는다는 것이다. 이 연구에 참여한 국어교사는 평가 중기에 평가 기준 조정 전략을 가장 많이 사용했는데, 이는 평가 중기에 배정된 학생 글의 특성과도 관련이 있다. 평가 중기의 학생 글은 받은 점수 평균이 가장 낮고 평가 난도가 높은 특성이 있다. 따라서 이렇게 평가 난도가 높은 학생 글을 평가할 때 평가 기준 세분화 경험의 필요성이 높아진다고 볼 수 있다. 따라서 국어교사는 학생 글 특성과 평가 상황에 맞는 평가 기준 조정 전략의 적절한 활용 능력이 필요하다. 또한 이를 훈련하고 적용할 수 있는 평가자 훈련이 필요하다.

## 4. 평가 자료 활용 전략

실제 평가를 진행하면서 국어교사가 많이 활용하는 평가 자료를 확인한다면 제시된 평가 자료가 실제 평가에 미치는 영향을 추론할 수 있다. 평가 기준 인식이 국어교사가 가지는 평가 기준에 대한 평가 전략이라면, 평가 자료의 활용은 실제 평가 수행의 양상이 될 수 있기 때문이다. 따라서 이를 확인하기 위하여 평가자들이 많이 활용한 자료를 응답하도록 하였다. 우선 국어교사가 평가 과정에서 가장 많이 본 평가 자료를 순서대로 정리하면 <표 5-11>과 같다.

<표 5-11> 논설문 평가 자료 활용

| 평가 자료 | 1순위 | 2순위 | 3순위 | 전체 |
|---|---|---|---|---|
| 평가 기준 | 58 | 46 | 4 | 108 |
| 평가 중인 학생 논설문 | 50 | 56 | 4 | 110 |
| 이전 평가 결과 | 3 | 7 | 78 | 88 |
| 다른 학생의 논설문 | - | 1 | 19 | 20 |
| 쓰기 과제 | - | 1 | 3 | 4 |
| 없음 | - | - | 3 | 3 |
| 전체 | 111 | 111 | 111 | 333 |

<표 5-11>을 살펴보면, 논설문 평가 수행에서 국어교사가 가장 많이 확인하는 평가 자료는 '평가 중인 학생 논설문'이다. 이는 평가를 진행하고 있는 대상 학생의 글로 국어교사는 평가 과정에서 지금 평가 중인 학생의 논설문을 가장 많이 확인하여 점수를 부여한다. 그 다음으로 평가 기준을 많이 본다. 그러나 가장 많이 봤다고 응답한 평가 중인 학생 논설문(33.0%)과 평가 기준(32.4%)의 응답 수 차이는 매우 적다. 즉, 국어교사는 논설문 평가를 진행하면서 평가 중인 학생 논설문과 평가 기준을 중요한 평가 자료로 여기고 가장 많이 활용한다. 많이 본다는 것은 그만큼 평가에 미치는 영향이 클 수 있다는 것을 나타낸다.

그러나 전체 활용 측면에서는 0.6%라는 적은 차이로 평가 중인 학생 논설문이 높지만, 1순위로 보는 자료 측면에서는 평가 기준이 더 높다. 따라서 국어교사는 평가를 진행하면서 평가 기준을 가장 먼저 확인해야 한다고 생각하고, 그 기준을 적용하기 위해 평가 중인 학생 논설문을 많이 확인한다. 그러나 위의 분석 결과는 전체 평가 과정의 전체 응답을 정리한 것이다. 따라서 평가 과정에 따른 국어교사의 자

료 활용 경험을 확인할 수 없다. 따라서 이를 평가 과정에 따라 나누어 정리하면 <표 5-12>와 같다.

<표 5 12> 평가 과정에 따른 1순위 평가 자료 활용

| 평가 자료 | 평가 기준 | 평가 중인 학생 논설문 | 이전 평가 결과 | 전체 |
|---|---|---|---|---|
| 평가 전기 | 22 | 13 | 2 | 37 |
| 평가 중기 | 19 | 17 | 1 | 37 |
| 평가 후기 | 17 | 20 | - | 37 |
| 전체 | 58 | 50 | 3 | 111 |

<표 5-12>는 평가 과정에 따라 국어교사가 가장 많이 활용한 1순위 평가 자료를 정리한 것이다. 2, 3순위는 정리하지 않고 1순위만 제시한 이유는 1순위를 제외한 나머지 순위는 앞 순위 항목 선택의 영향을 받기 때문이다. 따라서 2와 3순위는 평가 과정에 따라서 변화한 것이 아니라 앞 순위에 무엇을 선택했는가에 더 큰 영향을 받는다는 점에서, 그러한 영향이 배제된 1순위의 변화만이 평가 과정에 따른 선택 차이에 의미가 있을 것이다. 따라서 1순위 평가 자료의 활용 양상의 변화를 확인한다면, 평가 과정에 따른 국어교사의 평가 전략 변화를 추론할 수 있다.

설문 문항에서 제시한 다섯 개의 평가 자료 중에서 1순위로 선택된 자료는 '평가 기준, 평가 중인 학생 논설문, 이전 평가 결과' 세 가지뿐이었다. 국어교사가 선택하지 않은 나머지 평가 자료는 논설문 평가 과정에서 활용할 수 있는 자료이지만, 많이 활용하는 자료는 아니다.

따라서 평가 과정에 영향을 많이 미치는 평가 자료는 평가 기준, 평가 중인 학생 논설문, 이전 평가 결과이다. 그중에서도 국어교사는 평가 기준과 평가 중인 학생 논설문을 97.3%로 가장 많이 본다. 그렇기 때문에 이 두 평가 자료가 평가에 미치는 영향은 매우 크다.

　전체 논설문 평가 과정에서 가장 많이 활용하는 평가 자료는 평가 기준이다. 이는 논설문 평가에서 평가 기준의 영향이 크다는 것을 보여 준다. 따라서 국어교사는 평가 상황과 목적에 맞는 평가 기준을 만들고 이를 적용하는 능력이 필요하다. 이를 위해 평가 기준 작성과 활용을 위한 평가자 교육을 제공해야 한다. 그러나 평가 과정에 따른 평가 자료 활용 양상을 살펴보면, 평가가 진행될수록 평가 기준의 활용은 줄고, 평가 중인 학생 논설문의 활용은 늘어나는 것을 확인할 수 있다. 이는 평가 과정에 따른 평가 경험 누적으로 인한 평가자의 평가 기준을 내면화 정도와 관련이 있다.

　평가자는 평가가 진행되면서 평가 기준이 익숙해지고 점수 척도 변별 기준을 내면화한다. 따라서 평가 기준을 굳이 확인하지 않아도 평가 중인 학생 글을 보고 판단할 수 있는 요소가 생기는 것이다. 그러나 평가 중인 학생 글은 매번 새로운 글을 읽고서 평가해야 하기 때문에 그 활용 양상 변화의 정도가 적다. 따라서 평가 기준 내면화에 따라 평가가 진행될수록 평가 기준 보다 평가 중인 학생 글을 더 많이 보게 되는 것이다. 그렇기 때문에 논설문 평가에서는 평가 기준 내면화 경험이 매우 중요하다. 따라서 국어교사에게 평가 전기에 평가 기준 내면화를 연습하고 확인할 수 있는 평가자 훈련 프로그램이 필요하다. 더불어 평가 기준의 내면화 정도를 측정한다면 평가자의 쓰기 평가 전문성 정도를 추정할 수 있을 것이다.

  또한 평가자의 채점 일관성 유형별 평가 자료 활용 양상을 살펴보면 채점 일관성 유형이 적합한 평가자 집단의 평가 자료 활용 양상은 평가 과정에 따라 변화가 없다. 즉, 평가 전기에 생각한 평가 자료의 활용 순위가 평가 후기까지 그대로 유지된다. 이는 평가의 일관성과 관련이 깊다. 왜냐하면 평가자가 설정한 평가 자료의 중요도나 활용 양상이 변경된다면, 이러한 변화가 평가 결과에도 영향을 미칠 수 있기 때문이다. 따라서 국어교사들이 일관된 평가를 진행하기 위해서는 평가 기준의 적용이나 평가 자료 활용 양상을 평가 과정에서 동일하게 유지하는 평가 전략이 필요하다.

# 쓰기 평가의 구체적 전략

## 1. 내용 확인

평가를 진행하면서 국어교사는 평가 대상인 학생 글의 내용을 이해하고 이를 이미지화하여 기억하기 위해 평가 전략을 사용하였다. 학생 글의 내용 이해를 위해 국어교사는 학생 글을 보면서 어떠한 판단 없이 글의 내용이나 구조 등을 객관적으로 확인하는 '내용 확인 전략', 학생 글의 특성이나 전개 방향 그리고 학생 글 이미지를 통해 평가 결과를 예상하는 '예측 전략', 잘 이해가 안 되거나 다시 확인하고 싶은 부분을 다시 읽는 '다시 읽기 전략'을 활용하였다. 적합한 평가자들이 평가 대상의 이해를 위해 평가 전략을 활용한 수를 정리하면 다음의 <표 6-1>과 같다.

〈표 6-1〉 내용 확인 위한 평가 전략 활용

| 평가 과정 ＼ 평가 전략 | 내용 확인 전략 | 다시 읽기 전략 | 예측 전략 | 전체 |
|---|---|---|---|---|
| 평가 전기 | 91 | 9 | 8 | 108 |
| 평가 중기 | 99 | 9 | 8 | 116 |
| 평가 후기 | 93 | 2 | 3 | 98 |
| 전체 | 283 | 20 | 19 | 322 |

이러한 평가 전략 활용을 평가 과정에 따라 정리한 〈표 6-1〉을 살펴보면, 평가 과정에 따라 내용 확인을 위해 평가자가 활용한 평가 전략 수의 합은 108, 116, 98회로 평가 중기가 가장 많고 평가 후기가 가장 적다. 내용 확인을 위한 평가 전략이 평가 중기가 가장 많은 이유는 평가 중기 학생 글과 연관이 있을 것으로 추정된다. 평가 과정에 따른 내용 확인을 위한 전략의 세부 전략 사용을 살펴보면 다시 읽기 전략과 예측 전략은 평가 중기 이후 급격히 전략의 사용이 줄어드는 변화를 보인다. 그러나 두 전략에 비해 내용 확인 전략 사용이 매우 많기 때문에 전체 평가 과정에서는 평가 전행에 따라 내용 확인 전략을 가장 많이 사용한 평가 중기가 가장 많은 전략을 사용한 것으로 보인다.

평가 중기의 내용 확인 전략 사용이 가장 많은 이유는 평가 중기 학생 글 중에서 글의 주제와 다른 내용이 발견되는 경우가 많아서 내용을 다시 확인해야할 필요가 있었기 때문으로 보인다. 이처럼 학생 글의 특성에 맞춰 평가 전략을 적절하게 사용할 수 있는 평가자가 적합한 평가자라 할 수 있다. 이러한 내용 확인 전략, 예측 전략, 다시 읽기

전략이 평가자의 평가 과정 사고구술 프로토콜에서 어떻게 드러나는
지를 구체적으로 확인하기 위해 먼저 평가자 R5의 사고구술 프로토콜
에서 드러난 내용 확인 전략의 예를 제시하면 다음과 같다.

〈평가자 R5의 사고구술 프로토콜: 내용 확인 전략〉

〈전기〉
- 비도덕적이고 이기적이다. 희생. 정당한가.**(R5_S171_내용 확인
  전략)**
- 음.. 매우 저조하다. 성과가 저조하다.**(R5_S171_내용 확인 전략)**
- 효율성이 떨어진다.**(R5_S171_내용 확인 전략)**
- 대체도 안 된다.**(R5_S171_내용 확인 전략)**
- 다른 대책이 없으니까 동물 실험을 하긴 하는데, 성과가 저조
  하다.**(R5_S171_내용 확인 전략)**

〈중기〉
- 동물 실험. 해야 한다.**(R5_S201_내용 확인 전략)**
- 화장품의 안전성을, 줄기세포나 유전자를 이용해 확인할 수 있
  게 된다.**(R5_S201_내용 확인 전략)**
- 문제가 되는 이유가 안전성 확인.**(R5_S201_내용 확인 전략)**
- 음.. 음.. 그래. 동물 실험을 하되 최대한 줄이자.
  **(R5_S201_내용 확인 전략)**

〈후기〉
- 주장. 음. 동물 실험에 반대한다.**(R5_S351_내용 확인 전략)**
- 동물이 처한 입장에 관심을 갖고 이해하려는 노력이 필요하
  다.**(R5_S351_내용 확인 전략)**

평가자 R5는 평가를 진행하면서 학생 논설문의 주장을 파악하고 그 근거를 확인하여 학생 글을 이해하기 위해 주로 '내용 확인 전략'을 활용하였다. 또한 평가 과정에 따라 평가 전기에는 학생 글의 내용을 써진 순서대로 단편적으로 파악했다면, 후기가 될수록 논설문의 주장을 먼저 파악하여 내용을 종합하면서 이해하려는 경향을 보였다. 따라서 한 편의 글을 평가하면서 사용한 평가자의 내용 확인 전략이 평가 과정에 따라 종합적으로 표현되는 편이다. 또한 내용 파악을 위한 사고구술의 내용이 더 간략해진다. 따라서 평가자 R5는 평가가 진행될수록 내용 확인 전략 사용이 줄어들고 사고구술의 내용도 줄어드는 경향을 보인다.

그러나 이러한 사고구술의 양상은 모든 학생 글에서 동일하게 나타나기 보다는 학생 글의 특성에 따라 차이를 보이기도 한다. 이를 확인하기 위해 평가자 R35의 사고구술에서 드러나는 내용 확인 전략의 양상을 제시하면 다음과 같다.

〈평가자 R35의 사고구술 프로토콜: 내용 확인 전략〉

〈전기〉
- 동물실험에 찬성하는 입장이었는데, 동물들의 삶에 대해서 언급하고(**R35_S142_내용 확인 전략**)
- 인간에게 도움이 되는지를 묻고 아니라고 했는데.(**R35_S171_내용 확인 전략**)

〈중기〉
- 동물 실험을 해야 한다는 입장을 서두에서 밝혔지만(**R35_S201_내용 확인 전략**)

- 결론부에서는 실험 과정에서 요구되는 동물 실험은 해서는 안
  된다고 주장하고 있어.(R35_S201_내용 확인 전략)
- 동물 실험을 통해서 인간이 어떤 질병과 신약 개발이라는 측면
  에서 긍정적으로 언급을 하다가(R35_S271_내용 확인 전략)
- 결론부에서는 갑작스럽게 동물 실험에 반대하는 입장을 표하고
  있군.(R35_S271_내용 확인 전략)

〈후기〉
- 그에 대한 근거가 우리라는 공동체 범주에 동물이 들어가야 한
  다는(R35_S322_내용 확인 전략)
- 동물 실험과 인간 실험을 직접적으로 대응해서 설명을 하고 있
  고(R35_S351_내용 확인 전략)

평가자 R35는 평가 과정에서 특히 중기 학생 글에 대해 '내용 확인 전략'을 많이 사용하였다. 사고구술에서 드러나는 내용 확인 전략의 양상을 제시하면 다음과 같다. 앞서 제시한 사고구술 프로토콜의 예를 살펴보면 평가 중기의 학생 글 일부는 동물실험에 대한 찬성과 반대 입장이 글 속에서 달라지는 경향을 보인다. 따라서 이러한 입장 변화에 혼란을 느낀 평가자 R35는 중기에 평가한 학생 글의 내용 파악을 위해서 내용 확인 전략을 더 많이 사용한 것으로 보인다.

또한 평가 후기에는 평가 중기까지와는 다른 내용 확인을 위한 평가 전략 사용 양상을 보인다. 다시 읽기 전략과 내용 예측 전략은 평가 중기까지는 비슷한 양상을 보이지만, 평가 후기부터는 두 평가 전략의 사용이 감소한다. 이러한 차이가 가장 잘 드러나는 평가자 R26의 사고구술 프로토콜에서 다시 읽기 전략과 예측 전략이 드러난 부분의 예를 제시하면 다음과 같다.

〈평가자 R26의 사고구술 프로토콜: 다시 읽기 및 예측 전략〉

〈전기〉
- 다수를 위해서 소수를 즉, 동물을 희생하는 것이 어쩔 수 없는 것이라고 이야기한다. 다수를 위해서 소수를 희생한다라. **(R26_S102_다시 읽기 전략)**
- 동물실험의 평가를 과학기술로 동물들은 대체할 수 있다고 생각한다. 과학기술이 동물을 대체할 수 있다.**(R26_S102_다시 읽기 전략)**
- 세포 조직이나 인습적인 사상을, 동물실험을 대체할 수 있다. 동물실험을 대체할 수 있다.**(R26_S102_다시 읽기 전략)**
- 좋은 점수를 주기 어려울 것 같아요.**(R26_S121_예측 전략)**
- 음 이것에 대한 좋은 점수를 부여하기는 어려울 것 같다. **(R26_S163_예측 전략)**

〈중기〉
- 하아~ 이것도 글이 긴데, 평가가 굉장히~ 쫌 까다로운 글이 되겠습니다.**(R26_S213_예측 전략)**
- 음~ 두 번이나 읽어봤는데도 글이 짧은데.**(R26_S241_다시 읽기 전략)**
- 이번 글은 분량도 꽤 길게 썼고, 좋은 글이 될 뻔 했는데. **(R26_S293_예측 전략)**
- 마지막에 좀~ 결론이, 에~ 이도저도 아닌 결론이 되어서.. 쓰읍…좋은 점수를 주기는 쪼금 어려울 것 같습니다. **(R26_S293_예측 전략)**

평가자 R26은 평가 전기 특히 처음으로 평가한 학생 논설문인 S102 학생 글에서 다시 읽기를 가장 많이 하는 모습을 보인다. 다른 평가자들도 평가 중기의 일부 특징적인 글을 제외하고는 평가 전기에 처음 평가한 글에서 내용 확인을 위한 전략을 많이 사용하는 모습을 보인다. 따라서 평가를 처음시작해서 학생의 논설문 쓰기 수준이나 평가 상황이 익숙해 질 때까지는 내용 확인을 위한 전략을 많이 사용하다가 평가가 능숙해질수록 다시 읽기나 어려울 것 같다는 비관적인 예측을 담은 예측 전략이 줄어드는 것으로 보인다. 실제로 다시 읽기 전략과 예측 전략을 가장 많이 사용한 평가자 R26도 평가 중기까지는 이러한 전략 사용이 드러났지만, 평가 후기에는 두 전략을 활용하는 사고구술이 없었다. 이는 평가 중기 이후에 평가자의 평가 전략 변화가 발생했을 가능성을 보여 준다. 따라서 평가 과정에 따른 다른 평가 전략에 대한 계속적인 확인을 통해 평가자의 평가 전략이 변화하는 지점을 확인할 필요가 있다.

## 2. 기준 해석 및 조정

논설문 평가를 위해 국어교사에게는 같은 평가 기준이 제공된다. 그러나 같은 평가 기준을 어떻게 해석하고 적용하느냐에 따라 평가 결과는 많은 차이가 생긴다. 따라서 평가 기준을 잘 해석하고 이를 적절하게 조정하여 학생 글에 적용하는 평가 전략이 평가자에게 필수적이다. 이를 위해 적합한 평가자의 평가 과정 사고구술 프로토콜에서 드러난 평가 기준의 해석 및 적용 전략을 분석하여, 기준 조정 전략, 기준 축소 전략, 기준 해석 전략을 도출하였다.

'기준 조정 전략'은 주어진 평가 기준을 평가자가 생각하는 논설문 평가의 주요 요소에 맞게 조정하여 사용하는 전략이다. 다음으로 '기준 축소 전략'은 여러 개로 나누어진 내용, 조직, 표현 항목별 평가 기

준을 합하여 평가 기준의 수를 줄여 사용하는 것이다. 또한 6점 만점
의 리커트 척도로 점수를 부여하도록 되어있는 평가 기준을 상, 중, 하
의 세 단계로 척도를 줄여서 사용하는 것도 기준 축소 전략으로 볼 수
있다. 마지막으로 '기준 해석 전략'은 평가 기준을 더 정밀하게 세분화
하고 주어진 평가 기준을 평가자가 세밀하게 해석하여 사용하는 전략
이다. 적합한 평가자들이 논설문 평가를 위해 평가 기준의 해석 및 적
용 전략을 활용한 수를 정리하면 다음의 <표 6-2>와 같다.

<표 6-2> 기준 해석 및 조정을 위한 평가 전략 활용

| 평가 전략<br>평가 과정 | 기준 조정 전략 | 기준 축소 전략 | 기준 해석 전략 | 전체 |
|---|---|---|---|---|
| 평가 전기 | 7 | 6 | 20 | 33 |
| 평가 중기 | 7 | 0 | 1 | 8 |
| 평가 후기 | 1 | 0 | 7 | 8 |
| 전체 | 15 | 6 | 28 | 49 |

　　평가 기준 해석 및 적용을 위한 평가 전략은 총 49회 드러나서 적합
한 평가자들이 사용한 다른 평가 전략에 비해 매우 적은 편이다. 또한
적합한 평가자의 사고구술 프로토콜 분석에서는 기준 추가 전략이 전
혀 드러나지 않은 점도 주목할 필요가 있다. 부적합한 평가자가 자신
만의 평가 기준을 만들어 사용하는 기준 추가 전략 사용이 평가 신뢰
도를 낮추었다는 이전의 평가 방법 분석의 내용을 생각할 때, 모든 적
합한 평가자가 기준 추가 전략을 사용하지 않는 것은 사용하지 말아
야 할 평가 전략에 대해서도 시사점을 제공한다. 따라서 추후 연구를

통해 부적합하거나 과적합한 평가자가 사용하는 평가 전략과 적합한 평가자가 사용하는 평가 전략의 차이를 확인한다면 논설문 평가의 신뢰도 향상에 도움이 되는 평가 전략과 방해가 되는 평가 전략을 구별하여 제시할 수 있을 것이다.

적합한 평가자의 평가 과정 사고구술 프로토콜에서 드러난 평가 기준 해석 및 적용을 위한 평가 전략 사용 양상을 확인할 수 있는 내용은 많지 않다. 따라서 5명의 적합한 평가자 중에서 가장 많은 평가 기준 해석 및 적용과 관련된 평가 전략을 활용한 평가자 R20과 R26의 평가 기준 관련 사고구술 프로토콜 예를 전부 제시하면 다음과 같다.

〈평가자 R20과 R26의 사고구술 프로토콜: 기준 해석 및 조정〉

〈전기〉
- 일단 척도는 6점 척도로는 내가 평가하기가 너무 불편할 것 같아서, 척도는 2점, 4점, 6점 상중하 세 가지 척도로만 내가 사용하겠어.(R20_S102_기준 축소 전략)
- 상·중·하, 상중하로만 하고, 내용 평가 기준은 주장의 일관성은 상중하로 나눌 수 있고.(R20_S102_기준 축소 전략)
- 타당한 근거는 근거의 개수로 보기로 하겠어.(R20_S102_기준 해석 전략)
- 근데 근거가 적더라도 그 근거에 대한 충분한 보충 설명이 있다면 점수는 줄 수 있을 것 같아.(R20_S102_기준 조정 전략)
- 내용의 평가 기준 ③ 다양한 내용을 선정하였는가는 음·· 풍부한 자료 혹은 자료를 생성했는지 여부로 판단할 수 있을 것 같아.(R20_S102_기준 해석 전략)
- 그런데 조직 부분 ④와 ⑤의 평가 기준은 내가 구분하여 평가하기가 힘들어, 그래서 조직 ④와 ⑤는 내가 동일한 점수를 줄

거야.**(R20_S102_기준 조정 전략)**

- 이건 서론 본론 결론 삼단 구성을 적절한 분량으로 나누고 있
는지에 따라서 조직 기준 ④와 ⑤를 똑같은 점수를 줄거야.
**(R20_S102_기준 조정 전략)**

- 책임감 있는 표현? 어휘력이 좋은 것 같은 경우는 표현면에서
볼 수 있을 것 같은데, 이건 아직 내 평가 기준이 정확히 마련
되지는 않았어, 이건 일단 글을 읽으면서 정립해 나가야 할 것
같아. 일단 상중하로 보겠어.**(R20_S102_기준 축소 전략)**

- 둘째 문단에서도 이어지는 글인데, 이어지는 문단인데, 하.. 줄
바꾸기하는 이런 거 다 조직 부분에서 이런 거는 빼야 될 것 같
아.**(R20_S111_기준 조정 전략)**

- 내가 평가기준이 불분명하다면 표현을... 이 세 가지를 다 평가
기준으로 놓을 수가 없어..표현의 기준 ⑦, ⑧번 기준은 그냥 같
이 갈 거야.**(R20_S111_기준 조정 전략)**

- 상황에 맞는 내용 선정 으음 예상 독자가 분명하지 않아서 목
적과 주제에 맞는 내용을 선정했는지를 가지고 판단하면 될 것
같음.**(R26_S102_기준 해석 전략)**

- 기준 ④ '설득하는 글에 적합하게 조직되었는지'에 관한 것은...
글의 짜임새가 어 주장과 근거의 인과관계를 살펴봐야 할 것
같고.**(R26_S102_기준 해석 전략)**

- 기준 ⑤에서는 자신의 글을 명확히 제시했는지**(R26_S102_기준
해석 전략)**

- 으음 그다음에 기준 ⑥에서는... '내용의 순서나 구조가 독자가'
어 내용 순서 구조 어 (필기하는 소리) 단순 명료하게 글을 구
성했는지 처음, 중간, 끝. 중간, 끝으로...**(R26_S102_기준 해석
전략)**

- 기준 ④에 대한 것이 조금, 구체적으로 기준을 정해줘야 될 것
같은데 어 어 주장에 대한 어떤 근거제시. 근거제시와 그 다음
에... 으음... 반론에 대한 재반박을 했는지...**(R26_S102_기준 해석
전략)**

- 으음 표현에 대해서 독창적이며, 흥미로운 표현 주장하는 글이기 때문에 음 표현이 중복되지 않고, 지루하지 않은, 지루하지 않게 문장을 구성했는지를 보면 될 것 같고**(R26_S102_기준 해석 전략)**
- 주제와 독자에 대한 분석 독자가 이해하기 쉽도록 표현인은 음 예상 독자를 같은 또래라고 생각했을 때 어휘사용에서 상대방이 쉽게 이해할 수 있는 어휘를 사용했는지**(R26_S102_기준 해석 전략)**
- 그 다음에 기준 ⑨에서는 '글이 끼치는 영향을 책임감 있게' 근거가 이 받아들여질 수 있고, 수용 가능하고 그다음에 현실성이 있는지를 보면 될 것 같습니다.**(R26_S102_기준 해석 전략)**
- 음 표현은 어 으음 아 쪼금 중복되는 부분들이 눈에 띄고 표현 부분은 상, 중, 하로 나눠서 생각해보자면**(R26_S102_기준 축소 전략)**

〈중기〉
- 원래 표현 기준 ⑦과 ⑧번 기준은 같이 가기로 했는데 점수를 같이 주기로 했는데 얘는 ⑧번 기준 부분에서 점수를 깎아야 될 것 같아. **(R20_S263_기준 조정 전략)**
- 글이 너무 짧습니다. 그래서... 내용 측면에서 좋은 점수를 주기 어렵고**(R26_S241_기준 조정 전략)**

〈후기〉
- 일단 전제를 제시하고... 자신의 주장을 표현한 부분에 있어서는... 점수를 좀 주고 싶고...**(R26_S383_기준 조정 전략)**

평가 기준의 해석 및 적용을 위한 평가 전략은 평가 전기 33회, 평가 중기 8회, 평가 후기 8회가 나타나서 평가 전기 이후에 평가 과정에 따라 확연히 줄어드는 양상을 보인다. 가장 많은 기준 해석 및 조정 전략을 활용한 평가자 R20과 R26의 사고구술 프로토콜을 살펴보아도, 평가 전기 학생 글 S102의 평가를 시작하기 전에 평가 기준을 해석하고 조정하는 전략을 가장 많이 사용한다. 즉 적합한 평가자들은 평가를 시작하기 전에 평가 기준에 대한 해석과 조정을 위한 평가 전략을 가장 많이 사용하며, 평가 전기에 평가 기준의 해석과 조정을 거의 완성한 후 평가를 시작하는 경향이 있다.

또한 평가 과정에서는 평가 시작 전에 해석한 평가 기준에 부합하지 않는 학생 글을 발견하거나 학생 글의 특성에 따라 평가 기준을 조정해야 하는 경우에만 부분적으로 평가 기준과 관련된 평가 전략을 활용하는 모습을 보인다. 특히, 평가 중기와 후기에 사용된 평가 기준과 관련된 평가 전략은 새로운 평가 기준을 추가하거나 기존의 평가 기준을 크게 변경하지 않으면서 학생 글 특성에 맞게 평가 기준을 조정하거나 적용하는 전략을 사용한다.

적합한 평가자들은 평가 과정에 따라 평가 기준을 자주 바꾸기 보다는 평가 전기에 해석한 평가 기준에 따라 일관된 평가를 진행하는 것을 확인할 수 있다. 1차 평가에서 실시하였던 평가자들의 평가 기준에 대한 인식을 묻는 설문 문항에서 평가 기준 재구성 전략의 필요성을 6점 척도에서 4.38로 비교적 높게 응답했던 평가자들의 인식과 실제 평가 전략 활용에 차이가 있음을 확인할 수 있는 부분이다. 평가자들이 평가 기준과 관련된 평가 전략 사용을 많이 하고, 평가 결과에도 영향을 많이 미칠 수 있는 평가 기준이지만 이러한 기준을 재구성하고 변화가 큰 평가 전략을 사용하는 평가자보다는 일관성 있게 적용할 수 있는 평가자의 평가 결과가 더 적합한 것이다. 따라서 평가자들이 평가 기준을 적절하게 해석 및 조정하고 평가 과정에 따라 일관성

있게 적용할 수 있도록 연습할 수 있는 평가자 훈련 프로그램의 제공
이 필요하다.

## 3. 자기 강화

평가자는 평가 과정 사고구술에서 끊임없이 자신의 평가 근거를 확
인하면서 스스로 평가 결과를 강화하는 모습을 보였다. 따라서 평가
근거 마련을 위한 평가자의 평가 전략을 자기 강화 전략으로 묶고 다
음과 같은 전략들을 자기 강화 전략으로 분석하였다. 평가자가 자신의
판단 근거를 마련하기 위해서 객관적인 이유를 제시하는 '객관적 자기
강화 전략', 평가자가 자신의 판단 근거를 마련하기 위해서 주관적인 이
유를 제시하는 '주관적 자기 강화 전략', 평가자가 글을 쓴 필자나 글의
내용과 소통하면서 글을 쓴 의도를 파악하고 평가 근거를 찾는 '대화 전
략', 이전에 평가한 다른 학생의 글과 공통점이나 차이점을 찾아서 평가
의 근거를 찾는 '비교 전략'을 자기 강화 전략으로 분류하였다. 이러한
자기 강화를 위한 평가 전략 활용의 수를 정리하면 <표 6-3>과 같다.

〈표 6-3〉 자기 강화를 위한 평가 전략 활용

| 평가 전략 / 평가 과정 | 객관적 자기 강화 전략 | 주관적 자기 강화 전략 | 대화 전략 | 비교 전략 | 전체 |
|---|---|---|---|---|---|
| 평가 전기 | 221 | 86 | 12 | 6 | 325 |
| 평가 중기 | 250 | 93 | 16 | 2 | 361 |
| 평가 후기 | 182 | 59 | 6 | 1 | 248 |
| 전체 | 653 | 238 | 34 | 9 | 934 |

적합한 평가자가 자기 강화를 위해 활용한 평가 전략의 수는 934로 전체 평가 전략 활용 수인 1741의 53.65%를 차지한다. 이는 15개로 분류된 전체 평가 전략 중에서 자기 강화 전략으로 묶인 네 개의 평가 전략이 전체 평가 전략의 반 이상을 차지하는 것으로 적합한 평가자들은 평가 과정에서 평가를 위한 판단의 근거 마련과 관련된 평가 전략을 가장 많이 사용한다는 것을 확인할 수 있다. 그중에서도 객관적 자기 강화 전략(37.5%)과 주관적 자기 강화 전략(13.7%)을 51.2%나 사용하여 대화 전략이나 비교 전략의 활용과는 차이가 크다. 자기 강화 전략에 비해 대화 전략과 비교 전략은 매우 적은 수이지만, 평가자가 활용한 평가 근거 마련을 위한 평가 전략이기 때문에 '자기 강화'에 포함할 수 있다. 따라서 평가 근거 마련을 위한 자기 강화 전략은 평가 과정에서 매우 중요한 평가 전략이라 할 수 있다.

또한 비교 전략을 제외한 자기 강화 전략의 활용이 평가 중기에 가장 많은 것도 주목할 필요가 있다. 평가 근거 마련과 관련 있는 자기 강화 전략은 단순히 평가 과정에 따라 평가 전략의 사용이 줄어드는 것이 아니라, 평가할 학생 글 특성의 영향을 크게 받는 것으로 보인다. 평가할 학생 글에 대한 판단이 애매하거나 어렵다면, 그만큼 평가 근거 마련을 위해서 더 많은 평가 전략을 활용해야 한다. 따라서 평가 중기 학생 글의 평가 난도가 높다고 이야기한 국어교사들의 사후구술 내용을 바탕으로 평가 난도가 높은 평가 중기 학생 글의 평가를 위해 자기 강화 전략을 평가 중기에 많이 사용했다고 볼 수 있다. 따라서 적합한 평가자는 학생 글의 특성을 파악하고 그에 맞게 자신의 평가 전략을 조정할 수 있는 평가자라 할 수 있다.

적합한 국어교사가 사용한 자기 강화 전략의 활용 빈도뿐 아니라 내용 양상을 확인하기 위해 평가 전략의 예를 확인하면 다음과 같다. 먼저 객관적 자기 강화 전략을 가장 많이 활용한 평가자 R5의 사고구술 프로토콜의 내용은 다음과 같다.

〈평가자 R5의 사고구술 프로토콜: 객관적 자기 강화 전략〉

〈전기〉
- 102번 학생 글은 글의 주장이 분명하고 일관성이 있어**(R5_S102_객관적 자기 강화 전략)**
- 주장에 대해서 세 가지 근거를 들었는데 어.. 타당하다고 보기 어려운 부분이 있어서**(R5_S102_객관적 자기 강화 전략)**
- 글쓰기 상황에 맞는 다양한 내용을 선정하였습니다.**(R5_S102_객관적 자기 강화 전략)**
- 조직 면에서는 설득하는 글에 적합하게 조직을 하였는데**(R5_S102_객관적 자기 강화 전략)**
- 주제에 대한 생각도 잘 드러나도록 조직하였는데**(R5_S102_객관적 자기 강화 전략)**
- 내용과 관련하여 체계적이라고 보기는 어려워서**(R5_S102_객관적 자기 강화 전략)**
- 내용의 순서와 구조는 독자가 이해하기 쉽도록 조직되었습니다.**(R5_S102_객관적 자기 강화 전략)**
- 표현 면에서는, 일반적인 상황을 다루고 있어서**(R5_S102_객관적 자기 강화 전략)**
- 표현 2와 관련해서, 음.. 어렵지 않게 잘 표현했습니다.**(R5_S102_객관적 자기 강화 전략)**
- 글에 끼치는 영향과 관련해서, 책임감 있는 언어로 표현한 것 같습니다.**(R5_S102_객관적 자기 강화 전략)**

〈중기〉

- 222번 학생 글은, 동물 실험을 찬성하고, 어.. 사회 진보와 발전과 관련해서, 동물 실험의 유지와 시행을 긍정적으로 바라본다.라고 명확하게 제시하고 있다고 보여서**(R5_S222_객관적 자기 강화 전략)**
- 주장에 대한 타당한 근거로, 표면적으로 볼 때는, 첫 번째 근거는, 안전성의 문제를 얘기하고 있고,**(R5_S222_객관적 자기 강화 전략)**
- 두 번째 근거는 윤리적 문제를 얘기하고 있고,**(R5_S222_객관적 자기 강화 전략)**
- 세 번째는 과학 기술의 발전과 관련한 근거로 보이지만**(R5_S222_객관적 자기 강화 전략)**
- 두 번째 근거에서 윤리적 문제로 접근하는 것이 아니라, 동물 실험이 없으면 인간의 피해로 이어질 수 있다..라는 점으로 보고 있기 때문에 결국은 첫 번째 내용과 크게 다르지 않다고 생각이 듭니다.**(R5_S222_객관적 자기 강화 전략)**
- 그리고 세 번째.. 동물 실험을 금지하는 것이 왜 과학 기술 발전에 악영향을 끼치는지에 대해서 구체적으로 설명하고 있지도 않습니다.**(R5_S222_객관적 자기 강화 전략)**
- 내용 기준③과 관련해서는 다양한 내용이 생성되지 않았던 것 같습니다.**(R5_S222_객관적 자기 강화 전략)**
- 조직과 관련해서, 서론 본론 결론의 구성을 보이고는 있지만 **(R5_S222_객관적 자기 강화 전략)**
- 결론에서의 내용이 많이 부족하고**(R5_S222_객관적 자기 강화 전략)**
- 본론에서 이야기하는 내용들에 대해서도 내용이 충분하다고 느껴지지 않기 때문에**(R5_S222_객관적 자기 강화 전략)**
- 자신이 말하고자 하는 바에 대해서는 잘 표현하고 있기 때문에 잘 표현하고 있지만, 구체적으로 표현되지 않는 것들이 많이 보여서**(R5_S222_객관적 자기 강화 전략)**

- 내용의 순서나 구조에 대해서는, 어.. 독자가 이해하기 쉽게 구성되었으나 생각되어서**(R5_S222_객관적 자기 강화 전략)**
- 표현면에서는, 음.. 독창적으로 보이는 표현은 없었기 때문에 **(R5_S222_객관적 자기 강화 전략)**
- 표현 기준⑧ 부분에서는 독자로써 어렵게 느껴지거나, 이해가 되지 않는 부분은 없었기 때문에**(R5_S222_객관적 자기 강화 전략)**
- 글이 끼치는 영향을 고려해서 책임감 있게 표현하였는가와 관련해서는 어.. 전반적으로, 학생의 글에서 보여지는 것이.. 동물 실험이 가지고 있는 문제점이나 생명권과 관련해서 접근하지 못하고**(R5_S222_객관적 자기 강화 전략)**
- 과학 기술 발전을 위해서 필요하다라는 결론을 보이고 있는데, 그럼 인간의 과학기술을 위해서, 왜 동물이 희생이 되어야 하는가에 대해서는 설명하고 있다고 보이지는 않습니다.**(R5_S222_객관적 자기 강화 전략)**
- 그래서 책임감 있는 글이라고 보여지지 않습니다.**(R5_S222_객관적 자기 강화 전략)**

〈후기〉
- 302번 학생 글은 전체적인 글을 다 읽을 때까지 본인이 말하고자 하는 바에 대해서 명확하게 설명하고 있지 않아서**(R5_S302_객관적 자기 강화 전략)**
- 주장에 대한 근거로써 부도덕하고, 어.. 부도덕하다라고 하는 그런.. 부분에만 호소하고 있고 구체적인 예를 제시하고 있지 않아서**(R5_S302_객관적 자기 강화 전략)**
- 글쓰기 상황에 대해서 왜 동물실험을 반대하는가에 대한 다양한 내용이 나타나있지 않고**(R5_S302_객관적 자기 강화 전략)**
- 공상과학적으로 접근하고 있어서**(R5_S302_객관적 자기 강화 전략)**
- 조직과 관련해서 서론 본론 결론이 명확하게 드러나지 않고

**(R5_S302_객관적 자기 강화 전략)**
 – 내용 측면에서도, 설명이 많이 부족한, 충분하지 않은 구조를 보이기 때문에**(R5_S302_객관적 자기 강화 전략)**
 – 주제에 대한 생각이나 그 내용의 순서나 구조가 일관성 면에서도 많이 부족하고**(R5_S302_객관적 자기 강화 전략)**
 – 같은 말을 반복하는 표현이 많이 쓰여서**(R5_S302_객관적 자기 강화 전략)**
 – 표현 면에서, 가정적인 상황을 나타낸 것은 독창적이라고 볼 수 있을 것 같아서**(R5_S302_객관적 자기 강화 전략)**
 – 주제와 독자에 대한 분석을 바탕으로 독자가 이해하기 쉽도록 표현하였는가에서 독자의 이해 면에서는 이해가 쉽도록 표현되었지만**(R5_S302_객관적 자기 강화 전략)**
 – 주제에 대한 분석이 많이 부족하다고 생각되어서**(R5_S302_객관적 자기 강화 전략)**
 – 표현의 ⑨와 관련해서도, 글이 끼치는 영향을 생각했을 때 굉장히 감정적으로 접근하고 있는 표현들이 많아서**(R5_S302_객관적 자기 강화 전략)**

 평가자 R5의 학생 논설문 30편 평가 과정 사고구술 프로토콜 중에서 평가 전기, 중기, 후기에서 보통 분량의 글에 해당하는 학생 글 S102, S222, S302를 평가하면서 사용한 객관적 자기 강화 전략 사용의 예를 제시하였다. 프로토콜의 내용을 살펴보면 평가자 R5가 평가 전기에는 내용, 조직, 표현의 총 9개의 평가 기준별로 기준에 맞는지 여부를 점검하면서 평가 근거를 마련하고 있다. 그러나 평가가 진행될수록 근거 마련의 내용이 구체적이고, 학생 글에서 부족한 점이 무엇인지가 더욱 자세하게 사고구술 된다. 이는 객관적 자기 강화 전략을 사용한 평가자가 평가가 진행될수록 평가 기준이 내면화되고 학생 글의 전체적인 수준 파악과 이미지화가 자동화되어서 평가 기준별로 평가하는 방법은 같지만, 각 기준별로 객관적 자기 강화 전략을 더욱 세밀하게 적용했다고 볼 수 있다.

예를 들어 '글의 주장이 분명하고 일관성이 있는가?'라는 평가 기준 ①의 평가 근거 마련을 위한 객관적 자기 강화 전략을 사용하면서 평가 전기 학생 글인 S102을 평가할 때는 평가 기준을 그대로 재진술하면서 객관적 자기 강화 전략을 사용한다. 그러나 평가가 진행되면서 평가 중기와 말기에는 평가하는 글을 쓴 학생이 주장하는 내용을 정리하여 사고구술하거나 평가 기준을 평가자가 해석한 내용으로 판단하여 객관적인 자기 강화 전략을 사용하고 있다.

따라서 위의 예시와 같이, 평가 기준 ①에 대한 판단 근거 마련이라 하더라도 평가 과정이나 학생 글의 특성에 따라 객관적 자기 강화 전략 사용의 양상이 달라진다. 그 이유는 평가 기준이 내면화되면서 평가자가 평가 기준을 재진술할 필요 없이, 학생 글과 평가 기준을 바로 연결하여 판단할 수 있었던 것으로 볼 수 있다. 평가 전기에는 평가 기준 내면화가 덜 되었기 때문에 평가 기준을 재진술하고 학생 글이 기준에 부합하는지를 하나하나 확인한다. 그러나 평가 과정에 따라 평가 기준이 내면화되면 평가 기준의 재진술 없이도 머릿속에 떠오르는 기준에 따라 학생 글을 읽고 좀 더 구체적으로 객관적인 근거를 마련할 수 있게 되는 것으로 보인다.

주관적 자기 강화 전략 또한 두 번째로 많이 사용된 평가 전략이다. 따라서 주관적 자기 강화 전략을 가장 많이 사용한 평가자 R10의 사고구술 프로토콜의 예를 제시하면 다음과 같다.

〈평가자 R10의 사고구술 프로토콜: 주관적 자기 강화 전략〉

〈전기〉
- 생태계에 어떤 영향도 끼치지 않는다. (무음) 쓰읍, 하아... 정당
  한... 쓰읍.. 위험한데? (웃음 소리)**(R10_S121_주관적 자기 강화
  전략)**
- 왜 이렇게 문장을 쓰지? 문장이 되게 독특하네~ 그 구어체 문
  장 같은데..와. (웃음 소리) 허.. 얘 너무 이상해!**(R10_S142_주관
  적 자기 강화 전략)**
- 독자 분석이 전혀 안 된 듯한.. 뭐.. 이건.. 하.. 독창적이라고 보
  기엔 너무 이상.. 아니야..**(R10_S142_주관적 자기 강화 전략)**
- 얘 뭐래는 거야.. 주장이...**(R10_S142_주관적 자기 강화 전략)**
- 너무 만화를 많이 읽은 애 같다..**(R10_S142_주관적 자기 강화
  전략)**
- 이해가 안 돼..너무.. 감성적이다..**(R10_S142_주관적 자기 강화
  전략)**
- 감성적인 표현들이 너무..**(R10_S142_주관적 자기 강화 전략)**
- 생각의 흐름대로 막..**(R10_S142_주관적 자기 강화 전략**
- 쓰읍.. 너네들이 봤나**(R10_S142_주관적 자기 강화 전략)**
- 뭘 보고 진짜...**(R10_S142_주관적 자기 강화 전략)**

〈중기〉
- 단기적으로 일어나는 동물의 희생? 으음.. 이 부분은 조금 문제
  가 있네.**(R10_S222_주관적 자기 강화 전략)**
- 하... 조직적인 측면에서는 아닌데. 음~ 어... 논리성 안에서 독
  창적이고 흥미로워야지.**(R10_S241_주관적 자기 강화 전략)**
- 굉장히 문학적인 글~**(R10_S241_주관적 자기 강화 전략)**
- 매우 독창적. 철학적 사고를 많이 하는 것 같아.**(R10_S263_주
  관적 자기 강화 전략)**
- 똑똑하구만? 논리도 있고**(R10_S263_주관적 자기 강화 전략)**

- 표현도 좋고. 친절하고. 친절해. 잘 썼네.(R10_S263_주관적 자기 강화 전략)
- 생각이 독창적. (필기하는 소리) 잘 썼네.(R10_S263_주관적 자기 강화 전략)

〈후기〉
- 뭐 그런 것 같기도 한데 (웃음 소리) 참... 아유 말은 청산유수인 것 같은데 (웃음 소리)(R10_S313_주관적 자기 강화 전략)
- 말을 참 잘 하는 애인 것 같애. 하...(R10_S313_주관적 자기 강화 전략)
- 뭔가 통하면서도 통하지 않는 듯한 이 느낌.(R10_S351_주관적 자기 강화 전략)
- 글 전체인지, 이게 되게 피상적인 느낌?(R10_S351_주관적 자기 강화 전략)
- 그냥 어... 뭔가 주장이라든가 하고 싶은 말에 정확하게 꽂히는 느낌이 아니라(R10_S351_주관적 자기 강화 전략)
- 그냥 수박 겉핥기식의. 왜냐면 많이 고민하지 않은, 그런 느낌의 글입니다.(R10_S351_주관적 자기 강화 전략)

주관적 자기 강화 전략은 특히 학생 글의 특성의 영향을 많이 받는 것으로 보인다. 평가를 진행하면서 발견되는 학생 글의 독창성이나 글의 이미지를 평가자가 주관적으로 판단하는 평가 전략이기 때문이다. 따라서 같은 글을 평가자별로 어떻게 느끼는지를 비교해 볼 필요가 있다. 같은 글에 대한 평가자의 주관적 자기 강화 전략 활용이 다르다면, 평가 결과가 달라질 수 있기 때문이다. 따라서 평가자 R10이 가장 많은 주관적 자기 강화 전략을 사용하였던 학생 글 S142의 평가 과정에서 적합한 평가자들이 사용한 주관적 자기 강화 전략의 내용을 정리하면 다음과 같다.

〈학생글 S142에 대한 평가자들의 평가 전략: 주관적 자기 강화 전략〉

〈평가자 R5〉
- 전체적인.. 내용을 보았을 때, 반어적으로 표현을 한 건지, 그렇다 하더라도 논설문이라기 보기 어려운, 감정적인 글이라고 생각됩니다.(R5_S142_주관적 자기 강화 전략)
- 조직은 내용과 연결될 수밖에 없는데, 일단 설득의 내용이라고 보기 어려운 것 같습니다.(R5_S142_주관적 자기 강화 전략)
- 그러다 보니, 조직 면에서도 음.. 논리적이고 체계적인 접근보다는, 감정적인 표현을 계속 반복하고 있어서 점수를 줄 수 없습니다.(R5_S142_주관적 자기 강화 전략)

〈평가자 R10〉
- 왜 이렇게 문장을 쓰지? 문장이 되게 독특하네~ 그 구어체 문장 같은데..와. (웃음 소리) 허.. 얘 너무 이상해!(R10_S142_주관적 자기 강화 전략)
- 독자 분석이 전혀 안 된 듯한.. 뭐.. 이건.. 하.. 독창적이라고 보기엔 너무 이상.. 아니야..(R10_S142_주관적 자기 강화 전략)
- 얘 뭐래는 거야.. 주장이...(R10_S142_주관적 자기 강화 전략)
- 너무 만화를 많이 읽은 애 같다..(R10_S142_주관적 자기 강화 전략)
- 이해가 안 돼..너무.. 감성적이다..(R10_S142_주관적 자기 강화 전략)
- 감성적인 표현들이 너무..(R10_S142_주관적 자기 강화 전략)
- 생각의 흐름대로 막..(R10_S142_주관적 자기 강화 전략)
- 쓰읍.. 너네들이 봤나 (R10_S142_주관적 자기 강화 전략)
- 뭘 보고 진짜...(R10_S142_주관적 자기 강화 전략)

〈평가자 R20〉
- 대체 이건 무슨 글이야..(R20_S142_주관적 자기 강화 전략)
- 논설문이 아니야.. 그냥 의식의 흐름대로 쓴 글이야..(R20_S142_주관적 자기 강화 전략)
- 바로.. 이런 글이 연구임감 있는 표현이 아닌 거야.(R20_S142_주관적 자기 강화 전략)
- 주장은 일관성이 있지. 그렇지만.. 이건.. 주장이 일관성이 있다고 만점을 줄 순 없지.(R20_S142_주관적 자기 강화 전략)
- 게다가. 마지막 부분에서는 동물들이여 몇 번이고 희생해주시옵소서?(R20_S142_주관적 자기 강화 전략)
- 글을 쓰면서 흥분한 게 느껴지는군.(R20_S142_주관적 자기 강화 전략)
- 쓰읍.. 이게 뭔 소리야 '동물들 덕분에 인간이 사는 것인데 동물들을 치켜세우고 있는 거지 위대한 동물들이야?' 이게 무슨 말이야... 내 머리가 혼란스럽다 야~ 네 글 때문에...(R20_S142_주관적 자기 강화 전략)
- 아니, 전혀 책임감이 없어.. 아니.. 이해하기 쉽도록 표현되어있지 않아..(R20_S142_주관적 자기 강화 전략)
- 난 점수를 못 주겠네..(R20_S142_주관적 자기 강화 전략)
- 최하점수를 줘도(R20_S142_주관적 자기 강화 전략)

〈평가자 R26〉
- 표현이 음 상대를 설득하는 그런 어떤 문장표현이라고 하기 좀 어렵습니다.(R26_S142_주관적 자기 강화 전략)
- 그 다음에 어휘의 사용이 음... 어렵진 않은데 그렇다고 적절하다라고 보기도 어렵고(R26_S142_주관적 자기 강화 전략)
- 그 다음 근거의 수용 가능성이나 현실성은 부족하다고 생각하겠습니다.(R26_S142_주관적 자기 강화 전략)

〈평가자 R35〉
- 갑자기 구어체제의 줄이 나와서 당황스럽군.**(R35_S142_주관적 자기 강화 전략)**
- 논설문을, 논설문에 대해서 제대로 이해하고 있는지가 불분명하군..**(R35_S142_주관적 자기 강화 전략)**
- 장난식으로 글을 쓴 것 같아서.**(R35_S142_주관적 자기 강화 전략)**
- 내용 진술에 있어서 진지함이 떨어져 보이는..**(R35_S142_주관적 자기 강화 전략)**
- 형편없는데..**(R35_S142_주관적 자기 강화 전략)**

　학생 글 S142에 사용된 적합한 평가자 5명(R5, R10, R20, R26, R35)의 주관적 자기 강화 평가 전략을 살펴보면 공통점을 발견할 수 있다. 모두 학생 글에 대해서 부정적인 판단을 하고 있으며 논설문에 적합하지 않은 글이라 사고구술하고 있다. 또한 필자가 의식의 흐름대로 쓴 글로 '형편없다'거나 '최하점을 줘도 된다'등의 혹평을 보인다.

　이러한 평가자의 주관적 강화 전략의 적절한 사용은 평가 결과의 적합성을 위해 중요하다. 평가자의 주관적인 기준이 다른 평가자와 차이가 커서 평가자마다 학생 글에 대한 주관적 판단이 다르다면, 평가 결과의 평가자 간 신뢰도에 차이가 생길 수 있기 때문이다. 따라서 평가자가 주관적 강화 전략을 적절히 사용하고, 학생 글 특성에 맞는 주관적 강화 전략을 사용할 수 있도록 평가자 훈련을 제공하는 것이 필요하다. 특히 객관적 기준으로 판단할 수 있는 다른 전략과 달리 주관적 강화 전략의 적절한 사용 여부는 평가자 협의나 다른 평가자와의 비교를 통해 훈련하고 점검할 수 있는 기회를 제공하여야 한다. 평가자의 주관성이 평가에 미치는 영향에 비해 관련 연구는 부족한 현실

이다(박영민 2009). 따라서 평가자의 주관적 경험 역시 평가 전략의 하나
로 인정하고 이를 적절하게 조절하고 평가에 적합하게 사용할 수 있
도록 안내를 제시할 필요가 있다.

## 4. 점수 결정

평가자가 평가 근거를 마련하면, 마련된 근거에 따라 점수를 부여하
게 된다. 그러나 평가 기준과 관련하여 학생 글에서 드러나는 평가 근
거가 매우 다르기 때문에 이를 일정한 척도를 사용하여 점수로 나타
내는 것 또한 평가 전략이 필요하다. 따라서 점수 결정 전략과 판단 보
류 전략을 주어진 평가 기준의 점수 척도에 따라 점수를 조정하는 과
정에서 사용되는 평가 전략으로 분류하였다. '점수 결정 전략'은 점수
부여를 위해 주어진 평가 기준의 6점 척도 중 해당하는 수준으로 학생
글 점수를 수치화하는 전략이다.

'판단 보류 전략'은 일단 점수 판단을 보류한 후 추후에 판단을 진행
하여 점수를 부여하는 전략이다. 판단 보류 전략은 평가자가 글을 읽
고 바로 점수 결정을 하기 어려운 경우, 잠시 판단을 보류하고 다른
부분의 평가로 넘어가는 전략이기 때문에 점수 결정 전략의 일환으로
분석하였다. 이러한 점수 결정을 위한 평가 전략의 활용을 정리하면
<표 6-4>와 같다.

〈표 6-4〉 점수 결정을 위한 평가 전략 활용

| 평가 과정 \ 평가 전략 | 점수 결정 전략 | 판단 보류 전략 | 전체 |
|---|---|---|---|
| 평가 전기 | 75 | 4 | 79 |
| 평가 중기 | 104 | 3 | 107 |
| 평가 후기 | 97 | 2 | 99 |
| 전체 | 276 | 9 | 285 |

〈표 6-4〉를 살펴보면, 점수 결정 전략이 판단 보류 전략에 비해 매우 많이 사용되었음을 알 수 있다. 점수 결정을 위한 전략 활용은 평가 과정에 따라 79, 107, 99로 평가 중기가 가장 많고 평가 전기가 가장 적었다. 마찬가지로 점수 결정 전략도 평가 과정에 따라 전기, 중기, 후기가 각각 75, 104, 97로 평가 중기의 활용이 가장 많았다. 이는 앞서 살펴 본 다른 평가 전략의 활용이 평가 중기에 가장 많았던 것과 마찬가지로 평가 난도가 높은 평가 중기 학생 글의 특성이 반영된 결과로 볼 수 있다.

그러나 판단 보류 전략은 적은 수이지만 평가 과정에 따라 전략 사용이 줄어드는 경향을 보인다. 이는 평가 과정에 따라 평가 경험이 누적되면서 평가 기준이 내면화되고, 이를 학생 글에 적용하는 것이 능숙해진 결과 판단을 보류하는 일이 줄어든 것으로 보인다. 평가 결과가 모두 적합하면서 평가 과정에 따라 평가 전략을 능숙하게 사용할 수 있는 평가자가 적합한 평가자이기 때문에, 적합한 평가자는 평가 과정에 따라 판단 보류 전략 보다는 점수 결정 전략을 더 많이 사용하는 것으로 보인다. 점수 결정을 위한 평가 전략을 가장 많이 사용한 평가자 R20의 사고구술 프로토콜의 예를 살펴보면 다음과 같다.

〈평가자 R20의 사고구술 프로토콜: 점수 결정 전략〉

〈전기〉
- 처음에는 맞춤법이나 띄어쓰기 이런 걸로는 감점할 생각이 전혀 없었는데, 막상 글을 보니까, 그런 부분 때문에 전체 글에 대한 인상이 나빠지는 부분이 분명 있어.**(R20_S102_기준 조정 전략)**
- 감점을 안 할 수가 없을 것 같아.**(R20_S102_점수 결정 전략)**
- 아직 102번 학생 점수를 주지 않을 거야.**(R20_S102_판단 보류 전략)**
- 몇 편을 더 보고 나서 다시 한 번 평가기준을 정확히 마련하는 게 좋을 것 같아.**(R20_S102_판단 보류 전략)**

〈중기〉
- 그래서 이런 건 다 내용 부분에서 좀 점수를 감점하고, **(R20_S201_점수 결정 전략)**
- 표현 부분에서도 책임감 있는 표현 부분에서 감점을 해야겠어.**(R20_S201_점수 결정 전략)**

〈후기〉
- 조직 점수 2점. 전체 글이 한 문단이니까.**(R20_S342_점수 결정 전략)**
- 내용 4점. 동물 실험 찬성이잖아... 근데 마지막에, '대체물이 등장한다면 꼭 동물만이 이용된다고 보장할 수도 없을 것이다' 네가 말하고자 하는 바가 뭐니 대체. 분량 점수만 줄게.**(R20_S342_점수 결정 전략)**
- 표현은, 마지막에... 표현.**(R20_S342_판단 보류 전략)**

평가자 R10은 평가 과정에 따라 점수 결정 전략과 판단 보류 전략의 활용의 차이를 보인다. 먼저 점수 결정 전략의 경우 평가 전기에는 점수를 부여하지 않고 판단 보류를 하는 전략을 보인다. 학생 글 몇 편을 읽어본 뒤 점수 결정 전략을 사용하겠다는 것이다. 그러나 평가 중기부터는 평가 기준에 따라 부족함과 적절함을 평가하는 양상을 보이고, 평가 후기에는 점수를 숫자로 판단한 후 그 근거를 사고구술하는 양상을 보인다. 즉, 평가자 R20은 평가 과정에 따라 점수 결정 전략의 활용이 발전하는 모습을 보인다. 평가 전기에는 바로 점수화시키지 못하고 판단을 보류하기만 하다가, 평가 중기부터는 학생 글 내용을 보고 가산과 감산을 통해 점수를 조정하였으며, 평가 후기에는 학생 글을 읽고 점수 결정과 근거 마련이 동시에 되는 평가 전략이 나타난다. 따라서 점수 결정 전략은 연습을 통한 평가자의 능력 향상이 기대되는 전략이다.

## 5. 자기 점검 및 조정

논설문 평가 과정에서 점검 및 조정은 평가의 모든 과정에서 필요하다. 평가자가 자신의 평가를 점검하고 조정하면서 평가 상황이나 학생 글 특성에 맞는 평가 전략을 사용할 때 적합한 평가가 이루어질 수 있기 때문이다. 앞선 내용에서도 평가 결과가 적합한 평가자들은 자기 점검 및 조정 전략을 잘 사용하여 높은 상위인지를 보였다. 이러한 점검 및 조정의 평가 전략을 자기 질문 전략, 자기 점검 전략, 자기 조정 전략으로 나누고 적합한 평가자의 평가 과정 사고구술 프로토콜을 분석하였다.

먼저 '자기 질문 전략'은 평가자가 스스로의 판단이나 평가 과정에 질문을 제기하는 평가 전략이다. 평가자는 평가를 점검할 수 있는 질문을 통해서 평가 과정을 되돌아보고 적절성을 판단할 수 있다. 다음으로 '자기 점검 전략'은 평가자가 스스로 자신이 평가한 것이 적절한지 점검하는 평가 전략이다. '자기 조정 전략'은 평가자가 점검을 통해 찾은 문제점을 스스로 수정하는 평가 전략과 더불어 사용된다. 이러한 점검 및 조정을 위한 평가 전략의 활용을 정리하면 <표 6-5>와 같다.

〈표 6-5〉 점검 및 조정을 위한 평가 전략 활용

| 평가 전략 / 평가 과정 | 자기 질문 전략 | 자기 점검 전략 | 자기 조정 전략 | 전체 |
|---|---|---|---|---|
| 평가 전기 | 13 | 24 | 5 | 42 |
| 평가 중기 | 30 | 30 | 5 | 65 |
| 평가 후기 | 18 | 26 | 0 | 44 |
| 전체 | 61 | 80 | 10 | 151 |

<표 6-5>을 살펴보면, 점검 및 조정을 위한 전략은 평가 과정에 따라 전기, 중기, 후기가 각각 42, 65, 44로 평가 중기의 활용이 가장 많았다. 이는 앞서 살펴 본 것과 같이 평가 중기에 평가 전략의 활용과 사고구술이 가장 많다보니, 이를 점검하고 조정하는 전략의 사용 역시 높아진 것으로 추론할 수 있다. 특히 자기 질문 전략과 자기 점검 전략은 평가 중기의 활용이 가장 많고, 전체적으로는 자기 점검 전략이 자기 질문 전략에 비해 조금 더 많이 활용되었다. 반면 자기 조정 전략은 평가 중기까지는 활용이 되었지만, 평가 후기에는 사용되지 않아

서 평가 후기에는 평가자가 스스로 자기 질문이나 점검은 했지만, 이를 통해 평가 전략이나 결과를 변경하지 않은 것을 확인할 수 있다. 이러한 평가 전략 사용의 양상을 확인하기 위해 점검 및 조정을 위한 평가 전략을 가장 많이 사용한 평가자 R10과 R20의 사고구술 프로토콜의 예를 살펴보면 다음과 같다.

〈평가자 R10과 R20의 사고구술 프로토콜: 점검 및 조정 전략〉

〈전기〉
- 여전히 표현의 평가기준이 너무 어려운 것 같아.. 내가 기준이 확립이 안 돼..**(R20_S111_자기 점검 전략)**
- 내가 평가기준이 불분명하다면 표현을... 이 세 가지를 다 평가기준으로 놓을 수가 없어..**(R20_S111_자기 점검 전략)**
- 이걸로 점수를 변별하지 않을 거야.**(R20_S111_자기 조정 전략)**
- 그런데 타당한 근거를 들었는가.. 쓰읍, 타당한가 이게?**(R10_S171_자기 질문 전략)**
- 뭔가 단정지어서 아니다. 라고 했는데 진짠가?**(R10_S171_자기 질문 전략)**
- 의문이 들게 하네. 이런.. 애매한 글..**(R10_S171_자기 점검 전략)**

〈중기〉
- 주장에 대해 근거를 들었는데 그게 타당한가?**(R10_S213_자기 질문 전략)**
- 타당한가? 타당하지 않습니다..**(R10_S213_자기 질문 전략)**
- 비약이 논리적 비약이 좀 있지. 최대한 잘 준 것 같아, 이 아이는**(R10_S213_자기 점검 전략)**
- 쓰읍, 하.. 갑자기 내가.. 내 생각이.. 여기에 투영되는 거 아닌가 하는 의심이 있긴 하지만**(R10_S222_자기 점검 전략)**
- 최대한 중립적으로**(R10_S222_자기 조정 전략)**

- 눈에 들어오지 않아.**(R10_S232_자기 점검 전략)**
- 근데 이건 참 기준이 모호하단 말이지.**(R10_S271_자기 점검 전략)**
〈후기〉
- 이거는... 안 멈춘다는 말이지..**(R10_S313_자기 점검 전략)**
- 근거가 다양하진 않은데 하나의 근거에 대해서 깊이가 있다고 해서 타당한 근거에 감점을 줄... 수 있을까?**(R20_S313_자기 점 검 전략)**
- 아니 나는 깊이 있는 것도 괜찮다고 생각해.**(R20_S313_자기 점 검 전략)**
- 이렇게 명쾌하고 자기의 주장을 강하게 펼치는 것도 좋 아.**(R20_S313_자기 점검 전략)**
- 두 개의 문단. 주장이 분명해? 아니.**(R20_S322_자기 질문 전략)**
- 느낌대로 평가를 해도 되나?**(R10_S351_자기 점검 전략)**
- 근거가, 다 타당, 알겠지만 완벽하게 타당하다? 깔끔하진 않은 것 같고..**(R10_S363_자기 점검 전략)**

점검 및 조정을 위한 전략의 양상을 살펴보면, 평가자는 평가를 수행하면서 스스로에게 질문하고 점검하고 조정하면서 평가를 진행해 나간다는 것을 알 수 있다. 평가자의 질문은 학생 글이 평가 기준에 부합하는지를 묻기도 하지만, 평가자 스스로 자신의 평가 수행을 점검하기 위한 질문을 던지기도 한다. 이러한 질문을 통하여 평가자는 자신의 평가를 점검하고 가끔은 조정하면서 일관된 평가를 진행하기 위해 노력한다. 이러한 점검 및 조정을 위한 평가 전략은 평가 과정에 따라 변화하기 보다는 학생 글 특성의 영향을 더 많이 받을 것으로 보인다.

또한 평가자는 이러한 상위인지 평가 전략을 통해 평가의 중립성을 유지하는 것으로 보인다. 실제 평가자 R10의 사고구술 프로토콜에서

"최대한 중립적으로(R10_S222_자기 조정 전략)"라는 사고구술 내용이 보인다. 이는 평가자가 자신의 평가를 점검하고 흔들리고 있다는 것을 깨달을 때 중립을 지키기 위해 노력했음을 보여 준다. 평가자가 평가를 진행하면서 이러한 상위인지 전략을 사용하지 않고 평가를 진행한다면, 자신의 기준이 흔들리는지조차 모르고 평가를 진행할 수도 있을 것이다. 따라서 평가 과정에 따라 평가자가 적절한 점검 및 조정 전략을 활용할 수 있도록 평가 점검 질문을 평가자에게 제공할 필요가 있다. 평가 중간에 평가자 스스로 자신의 평가를 되돌아보고, 평가 전기에 세워놓은 기준에 따라 평가 후기까지 일관되게 평가가 진행될 때 평가자의 일관성이 유지될 수 있기 때문이다.

# 쓰기 평가의 전략 점유율과 평가 과정 모형

## 1. 평가 전략 점유율

이 연구에 참여한 채점 일관성 유형이 적합한 국어교사 5명은 학생 논설문 30편을 평가하였다. 그리고 평가를 진행하면서 평가 과정에서 떠오른 생각을 사고구술하고 이를 녹음 및 녹화하였다. 이러한 평가자의 사고구술을 교육경력 10년 이상인 국어교사 5명이 분석하여 평가 전략을 찾고 각 전략에 이름을 붙였다. 이렇게 정리한 평가 과정에 따른 평가 전략의 전체 활용 수와 점유율은 다음의 <표 7-1>과 같다.

〈표 7-1〉 평가 과정에 따른 평가 전략 점유율

| 평가 전략 | 평가 과정 | 전기 | 중기 | 후기 | 전체 |
|---|---|---|---|---|---|
| 내용 확인 | 내용 확인 전략 | 91(5.23%) | 99(5.69%) | 93(5.34%) | 283(16.26%) |

| | | | | | |
|---|---|---|---|---|---|
| | 예측 전략 | 8(0.46%) | 8(0.46%) | 3(0.17%) | 19(1.09%) |
| | 다시 읽기 전략 | 9(0.52%) | 9(0.52%) | 2(0.11%) | 20(1.15%) |
| 기준 해석 및 조정 | 기준 조정 전략 | 7(0.4%) | 7(0.4%) | 1(0.06%) | 15(0.86%) |
| | 기준 축소 전략 | 6(0.34%) | - | - | 6(0.34%) |
| | 기준 해석 전략 | 20(1.15%) | 1(0.06%) | 7(0.4%) | 28(1.61%) |
| 자기 강화 | 객관적 자기 강화 전략 | 221(12.69%) | 250(14.36%) | 182(10.45%) | 653(37.51%) |
| | 주관적 자기 강화 전략 | 86(4.94%) | 93(5.34%) | 59(3.39%) | 238(13.67%) |
| | 대화 전략 | 12(0.69%) | 16(0.92%) | 6(0.34%) | 34(1.95%) |
| | 비교 전략 | 6(0.34%) | 2(0.11%) | 1(0.06%) | 9(0.52%) |
| 점수 결정 | 점수 결정 전략 | 75(4.31%) | 104(5.97%) | 97(5.57%) | 276(15.85%) |
| | 판단 보류 전략 | 4(0.23%) | 3(0.17%) | 2(0.11%) | 9(0.52%) |
| 자기 점검 및 조정 | 자기 질문 전략 | 13(0.75%) | 30(1.72%) | 18(1.03%) | 61(3.5%) |
| | 자기 점검 전략 | 24(1.38%) | 30(1.72%) | 26(1.49%) | 80(4.6%) |
| | 자기 조정 전략 | 5(0.29%) | 5(0.29%) | - | 10(0.57%) |
| 전체 | | (33.72%) | (37.74%) | (28.54%) | 1741(100%) |

<표 7-1>을 살펴보면 평가 과정에 따라 평가 전략 사용은 다르기 때문에 이러한 평가 전략 15개의 평가 과정에 따른 변화 양상은 다섯 가지로 나눌 수 있다. 첫째, 평가 과정에 따라 평가 전략의 사용이 줄 어드는 경향이 있는 평가 전략이다. 이러한 평가 전략은 '비교 전략'과 '판단 보류 전략'으로 두 평가 전략 모두 5명의 적합한 국어교사의 평 가 과정 사고구술 프로토콜에서 단 9회(0.52%)만 활용되어 매우 적게

드러난 전략이다. 그러나 이러한 비교 전략과 판단 보류 전략의 활용 양상을 통해 다음과 같은 경향을 도출할 수 있다. 우선 적합한 채점 일관성을 보이는 국어교사들은 학생 논설문을 평가하면서 다른 글과 비교하거나 판단을 보류하는 평가 전략은 자주 사용하기 않는 편이다. 또한 비교하거나 판단을 보류하는 평가 전략을 사용하더라도 평가가 진행될수록 그 활용 빈도가 매우 낮아진다.

따라서 적합한 평가자가 되기 위해서는 학생 글을 읽으면서 동시에 평가를 진행하여 점수 결정까지 완료할 필요가 있음을 보여 준다. 또한 지금 평가하는 글에 집중하여 학생 글을 읽고 판단을 하는 것이, 이전에 평가한 다른 글과 비교하거나 판단을 미루고 다른 글을 평가한 후 다시 평가를 하는 것보다 효율적일 수 있음을 보여 준다. 평가에 자신이 없거나 어려움을 느낄 때 이전 평가 결과와 비교하거나 판단을 보류하게 된다. 그러나 적합한 평가자들은 이러한 평가 전략의 사용이 적었으며, 판단을 보류하기 보다는 일단은 점수를 부여하고 평가를 완료한 후 다음 글로 넘어가는 특징을 보였다. 이는 논설문 평가에 대한 국어교사의 효능감이나 자신감 차이일 수도 있다. 그러나 어려운 일을 미룬다고 하여 쉬워지지 않듯이, 일단은 지금 평가하고 있는 논설문에서 판단할 수 있는 부분을 최대한 판단하여 평가를 완료한 후 필요하다면 모든 평가를 완료한 후 다시 돌아와 점검하는 전략을 사용하는 것이 더 효율적일 것이다.

둘째, 평가 과정에 따라 평가 중기의 전략 사용이 가장 많은 평가 전략 7개가 있다. 이는 이 연구에서 분석한 전체 평가 전략 15개 중에서 47%에 해당하는 비율로 반 정도의 평가 전략이 이러한 변화를 보였다고 할 수 있다. 그 원인은 평가 과정과 평가 중기에 평가한 학생 논설문의 특성에서 찾을 수 있다. 평가자들은 평가 중기의 학생 논설문에 대해서 '분량은 많지만 평가가 어렵거나 평가하기 애매한 글, 내용이 명확하지 않은 글, 평가 기준에 없는 내용들이 발견되는 글, 유사하거나 무리한 근거를 제시한 글, 주제에 대한 필자의 주장이 모호한 글'이 있었다고 사고구술 했다. 즉 다른 평가 과정에 비해 평가 중기의 평가 대상인 학생 논설문에서 평가의 난도를 높이는 학생 글 특성이 많이 발견되었던 것으로 보인다. 평가자가 느끼는 이러한 평가의 어려움은 학생 글 평가를 위해 더 많은 평가 전략을 활용하도록 하였다. 따라서 적합한 국어교사는 평가할 글의 특성에 따라 평가 전략을 적절하게 조절하며 사용할 수 있는 평가자라 할 수 있다.

평가 중기의 평가 전략 활용이 가장 많은 평가 전략 7개를 다시 두 가지 유형으로 나눌 수 있다. 평가 과정에 따라 중기>전기>후기의 평가 전략 활용 양상을 보이는 자기 강화 및 대화 전략과 중기>후기>전기의 평가 전략 활용 변화를 보이는 나머지 평가 전략이다. 먼저 중기를 제외하고는 평가가 진행될수록 사용이 줄어드는 평가 전략은 '객관적 자기 강화 전략, 주관적 자기 강화 전략, 대화 전략' 세 개다. 이 평가 전략은 모두 자기 강화에 해당하는 것으로 평가자가 자신의 평가에 대한 근거를 마련하는 것과 관련이 있다. 즉 평가 전기에는 평가자가 점수를 결정하기 전에 자신의 평가 근거를 마련하기 위해 많은 강화 전략을 사용하지만, 평가가 진행될수록 전략을 세부적이거나 많이 사용하지 않아도 판단을 내릴 수 있게 된다. 이는 평가 경험의 누적과 관련이 있다. 평가 경험의 누적에 따라 평가 기준이 내면화되고 평가가 익숙해지면서 국어교사가 논설문 평가에 자신감을 느끼고, 이러한 효능감이 근거 마련을 위한 자기 강화 전략의 사용을 줄이고도 적합한 평가로 이어진 것이다. 평가자의 자신감은 많은 평가 경험의 누적을 통해 쌓을 수 있으므로, 국어교사는 평가 경험을 많이 쌓고 이를 통해 자신의 평가에 대한 효능감을 가질 수 있도록 노력해야 한다.

효능감 뿐만 아니라 평가자의 피로도도 평가에 영향을 미칠 수 있다. 따라서 평가를 진행하면서 평가자가 10편의 평가를 마치는 평가 전기, 중기, 후기마다 평가자의 피로도를 조사하였는데, 평가가 진행될수록 피로도가 증가했다. 적합한 평가자가 응답한 피로도를 제시하면 <표 7-2>와 같다.

<표 7-2> 평가 과정에 따른 평가자 피로도

| 평가 전략 / 평가 과정 | R5 | R10 | R20 | R26 | R35 | 평균 |
|---|---|---|---|---|---|---|
| 평가 전기 | 4 | 2 | 4 | 4 | 1 | 3 |
| 평가 중기 | 5 | 4 | 5 | 5 | 1 | 4 |
| 평가 후기 | 4 | 6 | 4 | 5 | 1 | 4 |
| 평균 | 4.3 | 4 | 4.3 | 4.7 | 1 | 3.67 |

국어교사가 학생 논설문 10편의 평가를 마칠 때마다 느끼는 피로도를 6점 리커트 척도로 응답하고, 회상적 사고구술을 실시하도록 하였다. 따라서 평가자는 평가를 마친 직후 자신이 느끼는 피로도를 점검한 후 피로할수록 높은 점수를 부여하였다. 비록 자기 보고식 방법으로 피로도를 측정하였다는 한계가 있지만, 평가자만이 느낄 수 있는 피로도를 확인하고 이러한 피로도가 평가에 영향을 미치는 것을 확인하였다는 것에는 의의가 있다. 그 결과를 확인하면 평가자는 논설문

10편의 평가에서 평균 3.67(6점 만점)의 피로도를 느낀다. 그러나 이러한 피로도는 평가 과정에 따라 높아지는 경향을 보인다.

특히 평가자들이 평가 난도를 높게 느낀 평가 중기의 피로도가 높은 경향도 주목할 만하다. 평가자가 느끼는 피로도는 평가 결과와 과정에 영향을 미칠 수 있기 때문이다. 평가 전기부터 컨디션이 좋다고 답했던 평가자 R35를 제외하고, 나머지 적합한 평가자들은 모두 평가 중기나 후기에 더 높은 피로감을 느꼈다. 평가 직후 받은 사후구술에서도 피로도가 높거나 집중력이 떨어졌다는 언급이 평가 전기 2회, 평가 중기 4회, 평가 후기 5회로 평가 과정에 따라 피로를 호소하는 평가자의 수가 증가하였다. 따라서 평가 과정에 따른 평가자 피로도 증가도 평가자의 집중력과 평가 전략 사용에 영향을 미칠 수 있을 것이다.

평가 중기가 가장 높고 그 다음 후기의 사용이 많은 평가 전략은 '내용 확인, 점수 결정, 자기 질문, 자기 점검'이다. 이 중에서 내용 확인 전략과 점수 결정 전략은 평가자가 평가를 위해 학생 글을 읽고 수준을 판별하는 과정에서 주로 사용되는 전략이다. 이와 같이 평가자의 피로도가 높거나 집중력이 떨어진다면 학생 글의 내용을 확인하기 위해 좀 더 많은 인지적 노력이 필요할 것이다. 이러한 노력을 반영한 것이 내용 확인과 점수 결정 전략 사용에 드러나서 두 전략의 사용이 평가 난도가 가장 높은 평가 중기가 가장 높은 것으로 보인다. 또한 평가 과정에 따라 평가에 대한 피로도가 증가하여 집중력이 떨어질수록 이러한 전략의 사용은 증가하여 평가 전기보다 평가 후기에 전략 사용이 늘어난다. 따라서 평가 과정에 따라 평가자가 느끼는 피로나 지루함을 확인하여, 이를 보완하기 위한 평가 전략 및 평가 방법의 안내가 필요하다.

자기 질문과 자기 점검 평가 전략은 평가자가 스스로의 평가 과정을 반성적으로 사고하고 되돌아보는 상위인지 전략에 속한다. 이러한 전략은 평가를 막 시작한 평가 전기보다는 평가 경험이 누적될수록 더 많이 드러나는 것으로 보인다. 평가 과정 과정에서 다양한 글을 이미 평가했고, 그 과정에서 쌓인 평가 경험으로 인해 평가 후기일수록 회상하거나 점검할 수 있는 평가 특성이 많기 때문이다. 따라서 이러한 자기 점검적인 평가 전략은 평가 경험이 풍부한 평가자나, 평가 진행에 따라 평가 경험이 누적될수록 많이 나타나기 때문에 평가 전문성을 지닌 국어교사의 상위인지 전략을 파악한다면 올바른 평가를 위한 자기 점검 질문과 전략을 도출할 수 있을 것이다.

셋째, 평가 과정에 따라 평가 전략 사용이 평가 전기=중기>후기인 평가 전략이 있다. 이에 해당하는 평가 전략은 '예측 전략, 다시 읽기 전략, 기준 조정 전략, 자기 조정 전략'으로 이러한 평가 전략은 평가 중기까지는 비슷한 활용 양상을 보이지만, 평가 후기에서 급격히 사용의 빈도가 줄어든다. 이는 평가 중기와 후기 사이에 평가자의 평가 전략에 변화가 있음을 보여 준다. 설명문 평가 과정에 따른 평가자의 눈동자 고정 빈도와 시간을 연구한 선행 연구에서, 회귀 모형을 통해 평가자가 25편을 평가할 때 평가 수 누적에 따른 눈동자 고정의 빈도와 시간의 연습 효과가 0에 가까운 것을 확인했다(이지원·박영민 2015). 이 연구에서도 20편까지 평가가 진행된 평가 중기와 30편까지 평가가 완료되는 평가 후기 사이에 평가자의 평가 전략에 변화가 있었음을 추론할 수 있다. 따라서 평가 중기까지와는 다른 평가 전략 활용 양상이 평가 후기에 드러난 것이다. 이 연구에서는 논설문 평가자가 기준이나 전략을 조정하여 변화를 유발하는 평가 전략 사용이 20편 이후 평가

부터는 줄어드는 경향이 있음을 확인할 수 있다. 후속 연구를 통하여 논설문 평가 수 누적에 따른 눈동자 빈도와 시간 연습의 효과와 평가 전략의 활용의 차이 등을 확인하는 다양한 연구를 통해 이러한 특징을 좀 더 자세히 밝힐 필요가 있다.

다시 읽기와 예측 전략은 내용 확인을 위한 전략으로 학생 글을 읽고 이해가 되지 않는 부분을 다시 읽거나, 학생 글에 대한 내용을 평가자가 추측하여 학생 글 이미지를 형성하는 평가 전략을 의미한다. 내용 확인을 위한 평가 전략 세 가지 중 내용 확인 전략은 평가자가 새로운 글을 읽을 때마다 글의 내용을 확인하고 이미지화를 해야 하기 때문에 사용의 빈도가 높지만, 다시 읽기와 예측 전략은 전체 평가에서 1% 정도의 활용률만을 보인다. 또한 평가가 끝나가는 평가 후기에는 거의 사용되지 않아서, 평가자가 평가 후기에는 다시 읽거나 예측하지 않고도 점수를 부여할 수 있으며 이러한 전략 사용이 잘 드러나지 않는다는 것을 알 수 있다. 이러한 특성이 평가자의 피로도 증가나 권태 등의 평가자 요인의 영향을 받는지 아니면 학생 글 특성의 영향을 많이 받은 것인지는 후속 연구를 통해 확인할 필요가 있다. 또한 기준 조정 전략과 자기 조정 전략 또한 평가 중기까지는 활용 빈도가 같다가 평가 후기부터 급격히 줄어드는 활용 양상을 보인다. 기준 조정 전략과 자기 조정 전략 모두 지금까지의 평가 경험을 바탕으로 평가 기준이나 평가 방법을 조정하여 변화를 유발하는 평가 전략이다. 따라서 20편 이상의 논설문을 평가하여 평가 기준 내면화와 평가 방법 정교화가 이미 이루어진 평가 후기에는 이러한 전략 사용이 현저히 줄어든 것을 확인할 수 있다. 그러므로 대규모 평가에서 평가자의 평가 연습을 위해서는 20편 이상의 글을 평가하도록 설계할 필요가 있을 것으로 추정된다.

넷째, 평가 전기에만 전략 활용이 나타나는 '기준 축소 전략'이 있다. 이 연구는 평가 기준별로 리커트 척도를 사용하여 6점 만점의 점수를 부여하도록 설계하였다. 따라서 평가자들은 평가 기준별로 1~6점의 점수를 부여해야 한다. 그러나 평가 기준 내면화와 평가 상황에 익숙하지 않은 평가 전기부터 바로 이러한 평가를 수행하는 것에 어려움을 느끼는 평가자가 있다. 이러한 평가자는 평가 기준별 척도를 상, 중, 하의 세 단계로 축소하여 평가를 시작하였다. 그 후 평가 과정에 따라 평가 기준 내면화가 진행되면서 최상, 상, 중상, 중, 중하, 하 등의 6척도 수준으로 구분하여 평가를 진행하였다. 그러므로 평가 기준 축소 전략은 적합한 평가자가 평가 기준이 내면화될 때까지 사용하는 평가 전기의 평가 전략이라 할 수 있다. 따라서 평가 기준과 상황이 익숙해진 평가 중기부터는 이러한 전략이 드러나지 않는다.

이와 반대로 평가 기준의 수를 늘려 사용하는 '평가 기준 추가 전략'이 있다. 다른 채점 일관성 유형을 가진 국어교사들에게는 평가 기준 추가 전략 사용이 보이기도 하지만, 적합한 국어교사들에게는 이러한 전략 사용이 전혀 보이지 않은 점도 주목할 만하다. 평가 기준 추가 전략은 평가자가 주어진 평가 기준을 재구성하기 위해 새로운 평가 기준을 추가하는 전략이다. 이러한 전략 사용은 평가자 신뢰도에 부정적인 영향을 미칠 수 있기 때문에 평가자 협의 과정 없이 평가자가 단독으로 이러한 평가 전략을 사용하는 것은 지양해야 한다. 2차 평가에 참여한 국어교사 10명 중 유일하게 부적합 평가자로 분류되었던 평가자 R6이 기준 추가 전략을 활용한 것도 이를 뒷받침할 수 있다. 따라서 일관성 있고, 신뢰할 수 있는 논설문 평가를 위해서는 주어진 평가에 기반한 평가 기준 해석과 내면화 전략이 필요하다.

마지막으로 매우 다른 활용 양상을 보이는 '기준 해석 전략'이 있다. 평가 기준 해석 전략은 평가 과정에 따라 유일하게 평가 전기>후기>중기의 활용 빈도를 보인다. 대부분의 평가 전략이 중기에 가장 많거나 중기를 중심으로 변화되는 양상을 보였다면 기준 해석 전략은 전기에 활용 빈도가 가장 높고, 중기보다 후기에 더 많이 나타난다. 평가 전기는 평가 기준을 해석하고 내면화하는 시기이기 때문에 평가 기준 해석 전략이 많이 나타날 수 있다. 그러나 기준 내면화가 마무리되어 기준 축소나 조정 전략의 사용이 현저히 감소한 평가 후기에 기준 해석 전략이 많이 사용되었다는 것은 좀 이례적이다. 따라서 평가자의 사고구술을 분석하여 평가 후기 학생 글의 특성에서 그 이유를 찾으면 다음과 같다.

〈평가자의 사고구술과 평가 후기 학생 글의 특성〉

- 고대 철학자들이 동물권에 대해서 언급하지 않은 점을 근거로 든 것은 자신의 논지를 강화하는 데 도움이 되지 않는군. 전체적으로 동물실험의 어떤 당위성과 필요성에 대해서 일관된 진술을 보이고 있지만, 그것의 어떤 주장을 뒷받침하는 논거들이 어떤 구체성과 어떤 실제적 사례 위주의 근거가 아니라 사변적이고 철학적이며 과거의 어떤 철학자들의 입장만 밝히고 있는 논거가 약간 빈약한 글이라고 볼 수 있음.(R35_S313)
- 동등의 개념으로 든, 동등의 개념을 설명하기 위해서 든 예가 굉장히 극단적이군. 전체적인 글이 완성되지 않은 느낌이 드는군. 그래서 주장의 실체가 명확하지 않고 주장을 전개하기 위해서 동등성의 개념을 들었지만 그것이 지속적으로 전개되지 않고 중간에 글이 중단된 듯한 어떤 느낌을 들어서 완성된 글이 아닌

그런 글이라고 판단됨.(R35_S331)
- 논리적으로 적절하다하더라도 논제 자체를 다루지 않는 글에 대해서 어떤 점수를 부여해야할지 고민이 많이 되었다.(R5_S351)
- 동물을 지적 생명체로 보기가 조금? 어렵지 않을까. 글의 주장이 인간중심주의의 잘못됐다. 논리적이긴 한데 주제에서 조금 벗어난 것 같아.(R10_S363)
- 이번 글은 동물실험을 줄여가야 한다는 그런 주장을 펴고 있는데...음~논제에 대한 이해가 좀 부족한 글로 보입니다.(R26_S372)
- 300번대 학생들 중에는 논제로 접근하지 못하고 인간중심주의에 대해 설명하거나 동물권 자체에만 집중해서 설명하는 학생들이 많아서 앞의 학생들을 평가할 때와 또 다른 어려움이 있었던 것 같습니다.(R5_사후)

위의 평가자 사고구술 예시에서 확인할 수 있는 것처럼 평가 후기에 배정된 학생 논설문은 필자가 근거를 들어 자신의 주장을 서술하기는 했지만 평가 기준에는 부합하지 않는 글이 많았다. 즉 학생이 주장하는 내용이 논제에서 벗어나거나, 제시된 근거가 검증하기 어렵거나 사변적인 내용이라 평가 기준에 따라 판단하기가 어려운 부분이 은 편이다. 따라서 평가자는 평가 기준과 부합하지 않는 특성을 평가하기 위해서 평가 기준을 이해하기 위한 평가 기준 해석 전략을 더 많이 사용했다.

이처럼 논설문 평가 과정에 따라 국어교사의 평가 전략은 변화하였다. 또한 평가 과정에 배치된 학생 글의 특성도 평가자의 평가 전략 사용에 많은 영향을 미치는 것을 확인할 수 있다. 따라서 적합한 평가자는 평가 과정과 학생 글 특성에 따라 적절한 평가 전략을 적용할 수 있는 평가자라 할 수 있다. 그러나 학생 글 특성은 매번 달라질 수 있기 때문에 하나의 방법으로 규정하기가 어렵다. 반면 평가 과정은 평가 수 누적에 따라 공통된 평가자의 특성을 추출할 수 있기 때문에 이를 지속적으로 연구하여 평가 과정에 따른 국어교사의 평가 특성과 전략의 연구 결과를 확인할 필요가 있다. 이러한 연구 결과의 누적을 통해 평가 과정에 따른 국어교사의 평가 전략을 확인하여 이를 평가자 훈련에 적용하면, 적합한 평가자 양성을 위한 평가자 훈련 프로그램 마련에 기여할 수 있을 것으로 기대한다.

## 2. 쓰기 평가 과정 모형

평가 과정에 따른 평가자의 평가 전략을 확인한 것을 바탕으로 평가자의 평가 과정 모형을 만들 수 있다. 적합한 평가자의 평가 과정 모형을 통해 평가 과정과 전략을 확인할 수 있다면, 이를 초보 평가자가 확인하고 모범으로 삼아서 평가 전문성 신장에 기여할 수 있을 것이다. 또한 채점 일관성 모형이 적합한 국어교사가 실제 사용한 평가 전략을 모아 모형으로 제시했기 때문에 앞으로 논설문 평가자 훈련에도 도움이 될 수 있으리라 생각한다.

그러나 모든 평가 전략을 나열하여 모형을 만들 경우 모형이 의미하는 바를 파악하기 어렵기 때문에 역할이 비슷한 평가 전략을 묶고, 묶인 평가 전략들을 대표할 수 있는 이름을 부여하여 평가 전략의 점유율을 다시 정리하면 <표 7-3>과 같다.

〈표 7-3〉 평가 과정에 따른 평가 전략 항목별 점유율

| 평가 과정 / 평가 전략 | 전기 | 중기 | 후기 | 전체 |
|---|---|---|---|---|
| 내용 확인 | 6.21% | 6.67% | 5.62% | 18.5% |
| 기준 해석 및 조정 | 1.89% | 0.46% | 0.46% | 2.81% |
| 자기 강화 | 18.66% | 20.73% | 14.24% | 53.65% |
| 점수 결정 | 4.54% | 6.14% | 5.68% | 16.37% |
| 점검 및 조정 | 2.42% | 3.73% | 2.52% | 8.67% |
| 전체 | 33.72% | 37.73% | 28.52% | 100% |

〈표 7-3〉의 평가 과정에 따른 평가 전략 점유율의 변화를 살펴보면 평가 중기의 평가 전략 점유율(37.73%)이 가장 높다. 평가 과정에 따라 평가 전기(33.72%), 중기(37.73%), 후기(28.52%)의 순으로 평가 중기의 점유율이 가장 높고 평가 전기와 평가 후기 순으로 점유율을 보인다. 평가 과정에 따라 평가 전략의 사용은 줄어드는 경향이 있으나, 평가 중기 학생 글의 특성으로 인하여 이러한 점유율 변화를 보인 것으로 보인다.

국어교사의 평가 과정 사고구술 프로토콜에서 확인한 바와 같이 국어교사는 학생 글 특성에 따라 평가가 어려운 평가 중기에 평가 전략을 가장 많이 사용하는 경향이 있었다. 따라서 내용 확인, 자기 강화, 점수 결정, 점검 및 조정 평가 전략이 평가 중기에 가장 높은 점유율을 보였다. 이는 국어교사의 논설문 평가에 사용된 대부분의 평가 전략에 해당하는 것으로 평가 중기 학생 글의 특성에 따라 나타나는 평가 전략 점유율이 달라진 것으로 보인다. 반면에 기준 해석 및 조정 전략은 평가 전기 이후에 점유율이 줄어들었다. 평가를 시작한 평가

전기에는 주어진 평가 기준을 해석하고 조정하는 데 많은 노력이 필요했지만, 평가가 진행되어 평가 기준이 익숙해지면서 평가 기준과 관련된 전략의 사용이 줄어든 것으로 보인다.

점유율 분석을 위해 묶은 내용 확인, 기준 해석 및 조정, 자기 강화, 점수 결정, 점검 및 조정 전략의 세부 전략은 다음과 같다. '내용 확인'은 학생 글 이해 및 이미지화 과정에서 사용되는 평가 전략인 내용 확인 전략, 예측 전략, 다시 읽기 전략을 묶고 가장 많이 활용되는 내용 확인 전략으로 이름을 묶은 것이다. 다음으로 '기준 해석 및 조정'은 평가 기준 적용 및 내면화와 관련된 평가 전략인 기준 해석 전략, 기준 조정 전략, 기준 축소 전략을 묶은 것이다. '자기 강화'는 평가자가 평가 근거 마련을 위해서 사용한 평가 전략인 객관적 자기 강화 전략, 주관적 자기 강화 전략, 대화 전략, 비교 전략을 묶은 것이다. '점수 결정'은 자기 강화에서 마련된 평가 근거를 바탕으로 점수를 부여하기 위한 과정에서 사용되는 평가 전략인 점수 결정 전략, 판단 보류 전략에서 확연히 많이 사용된 점수 결정 전략의 명칭을 사용한 것이다. 마지막으로 '자기 점검 및 조정'은 평가자의 상위인지 전략인 자기 질문 전략, 자기 점검 전략, 자기 조정 전략을 묶은 것이다. 적합한 평가자의 사고구술에서 많이 드러난 평가 전략은 자기 질문과 자기 점검 전략이었지만, 자기 질문 전략 역시 자기 점검을 위한 평가 전략이라는 점에서 자기 점검과 질문 전략을 묶어 자기 점검으로 보았다.

논설문 평가에서 평가자들이 가장 많이 사용한 평가 전략은 자기 강화(53.65%)를 위한 평가 전략이었다. 평가자들은 평가를 진행하면서 자신의 평가 근거를 찾고, 근거를 통해 점수를 결정하는 모습을 보였다. 그 다음 내용 확인(18.5%), 점수 결정(16.37%), 점검 및 조정(8.67%), 기준 해석 및 조정(2.81%)에 해당하는 평가 기준을 사용하였다. 이와 같이 평가자는 평가 과정에 따라 다양한 평가 전략을 사용하여 논설문 평가 결과를 도출한다. 따라서 적합한 평가자의 사고구술 프로토콜 분석을 통해서 확인한 평가 전략과 그 점유율을 평가 과정 모형으로 나타내면 [그림 7-1]과 같다.

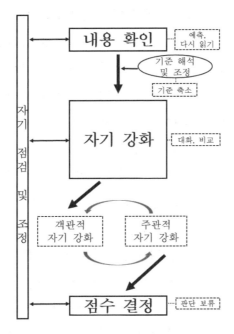

[그림 7-1] 평가 과정 모형

[그림 7-1]은 적합한 평가자의 사고구술 프로토콜 분석을 통해 추출한 국어교사의 평가 전략을 평가 과정 모형으로 나타낸 것이다. 위의 평가 과정 모형과 같이 국어교사들은 학생 글을 평가하면서 먼저 학생 글의 내용을 확인한다. 그리고 자기 강화 과정을 통해 평가 근거를

마련한다. 자기 강화에서 평가 근거를 마련하기 위해서는 평가 기준의 해석 및 조정이 선행되어야 한다. 국어교사가 평가 상황에서 미리 주어진 평가 기준에 맞게 평가 근거를 마련할 때, 평가 결과의 평가자 간 신뢰도를 높일 수 있다. 또한 일정한 기준으로 평가를 진행해야 평가자 내 신뢰도 역시 일관되게 유지될 수 있다. 평가자는 평가 근거 마련을 통한 자기 강화에 많은 노력을 기울인다. 따라서 적합한 평가자가 되기 위해서는 자기 강화를 위한 평가 전략 사용이 중요할 것이다. 이렇게 마련한 점수 부여의 근거를 바탕으로 점수를 결정하면 평가가 마무리된다. 물론 평가의 전체 과정에서 점검 및 조정 전략은 언제나 사용될 수 있다. 그리고 점검 및 조정에 따라 평가자는 언제든 회귀하거나 수정하면서 평가를 수행한다.

이러한 평가 과정은 평가 과정에 따라 차이를 보이기도 한다. 평가 과정에 따라 가장 두드러지는 차이가 보이는 것은 기준 해석 및 조정인데, 기준 해석 및 조정은 평가 전기에서만 1.87%가 나타나고 중기와 후기에서는 0.46%로 그 빈도가 줄어든다. 또한 기준 해석 및 조정 중에서도 '기준 축소 전략'은 평가 전기에만 나타날 뿐 중기와 후기에는 전혀 나타나지 않는다. 이는 앞서 분석한 것과 같이, 평가 전기에는 평가자가 인지 부담을 줄이기 위하여 6점 만점의 리커트 척도로 구성된 평가 기준을 상, 중, 하 세 단계로 축소하여 평가를 진행하지만, 평가 과정에 따라 이러한 전략 사용이 없어진다.

자기 점검 및 조정의 '자기 조정 전략' 또한 평가 전기와 중기에서는 사용이 되지만, 평가 후기에서는 나타나지 않았다. 이는 평가가 진행되면서 20편의 평가가 완료되면 평가자는 자신의 평가를 조정하기보다는 유지하는 방향으로 평가를 진행한다. 따라서 평가 중기 이후부터는 평가가 더 자동화되는 경향이 있다고 볼 수 있다. 그 결과 평가 후기에는 자기 점검만 드러나며, 전체적으로 평가 전략의 사용이 평가 전기에 비해 적은 편이다. 그리고 자기 점검 및 조정에서 평가자는 평가 후기에 자기 점검 전략만 사용하고 변화를 유발하는 자기 조정 전략은 사용하지 않았다.

또한 평가 과정에 따라 전기 33.72%, 중기 37.73%, 후기 28.52%로 평가 전략 점유율이 달라진다. 이처럼 평가 과정에 따라 국어교사의 평가 전략 사용은 변화한다는 것을 확인할 수 있다. 따라서 평가 과정에 따라 다른 평가 과정 모형도 제시해 볼 수 있을 것이다. 그러나 이러한 평가 전략 사용의 변화는 학생 글 특성 요인도 함께 영향을 받기 때문에 다양한 학생 글을 대상으로 한 평가 과정 연구를 통해 국어교사들의 평가 전략 변화를 살펴볼 필요가 있다. 이 연구는 국어교사들의 논설문 30편 평가 과정을 바탕으로 평가 전략을 파악하였다는 한계가 있다. 또한 사고구술 프로토콜 분석 대상인 적합한 평가자의 수가 적어 일반화하기 어렵다는 한계가 있다. 그러나 국어교사의 실제 논설문 평가 과정을 바탕으로 평가 전략의 변화를 확인하여 평가 과정 모형을 제시했다는 점은 의미가 있다. 따라서 후속연구를 통해 다른 글 유형이나 평가 상황의 평가 전략 추출 및 평가 과정 모형의 제시를 시도하고, 국어교사의 평가 과정을 확인한 연구 결과를 누적하여 일반화할 필요가 있다. 이러한 한계와 의의를 방탕으로 이 연구 통해 도출할 수 있는 교육적 논의는 다음과 같다.

먼저 평가 과정에 따라 국어교사의 평가 전략은 달라진다. 평가 전략은 평가가 진행되면서 더 사용되거나 덜 사용되는 모습을 보이며, 중기나 후기에서는 아예 사용되지 않는 평가 전략도 있다. 이는 평가 과정에 따라 국어교사들이 평가 전기에 중점을 두고 사용해야 할 평가 전략이 있고, 평가가 진행될수록 그 사용 빈도를 높이거나 낮추어야 할 평가 전략이 있음을 보여 준다. 따라서 국어교사가 평가 과정에 따라 평가 전략을 적절히 조정하여 사용할 수 있다면 적합한 일관성을 유지할 수 있을 것이다.

다음으로 같은 평가 전략이라 하더라도 평가 과정에 따라 사용되는 빈도가 달라진다. 이러한 빈도 차이를 평가 과정 모형에서는 도형의 크기로 나타낼 수 있는데, 기준 해석 및 조정은 평가 과정에 따라 그 크기가 점점 작아지지만 다른 전략은 평가 중기에 가장 많이 사용되어 도형을 크게 그릴 수 있다. 이는 평가 중기에 배치된 학생 논설문의 특성과도 연관되어 국어교사는 학생 글의 특성과 평가 난도에 따라 자신의 평가 전략을 조정하며 사용한다는 것을 알 수 있다. 따라서 평가 과정뿐만 아니라 전기, 중기, 후기에 배치된 학생 글의 특성 또한 국어교사의 평가 전략에 영향을 미칠 수 있다. 또한 적합한 일관성을 가진 국어교사는 학생 글의 특성에 따라 자신의 평가 전략을 적절히 조정하며 사용한다. 그러므로 학생 글의 평가 난도를 비슷하게 배치한 글에서의 평가 과정에 따른 국어교사의 평가 전략을 살펴보는 후속 연구가 필요하다. 평가할 글의 특성이 통제된 상태에서 평가자들이 평가를 진행할 수 있다면, 평가 과정에 따른 평가자의 평가 전략 변화를 분명하게 확인할 수 있을 것이기 때문이다.

그러나 평가의 난도나 학생 글의 특성을 통제한다는 것은 쉬운 일은 아니다. 평가 상황이나 평가자에 따라서 부여하는 점수가 다르고, 학생 글 수준에 대한 판단 기준도 다르기 때문이다. 따라서 동일한 글을 평가하지 않는 이상 평가 난도와 특성이 같은 글을 여러 편 제시하는 것은 거의 불가능하다. 그러나 이러한 것을 통제하기 위해 동일한 글을 반복적으로 평가하게 한다면 평가자의 학습 효과를 통제하기 어렵다. 그러나 앞으로 다양한 평가 상황에서 많은 글을 평가하는 연구의 누적을 통하여 평가 과정에 따른 국어교사들의 평가 전략의 변화를 추론해볼 수 있을 것으로 기대한다. 비록 평가 대상 글은 다르지만 앞서 제시한 평가 과정 모형처럼 반복적으로 드러나는 국어교사들의 특성을 확인한다면 이를 통해 적합한 평가자의 공통된 평가 전략을 도출할 수 있을 것이다. 이러한 과정을 반복하여 적합한 평가자의 평가 전략을 찾아낼 수 있다면 평가의 신뢰도 향상 및 평가 전문성 신장 등에 많은 기여를 할 것으로 기대된다. 따라서 전체 평가 과정을 평가 수 누적이나 평가 과정에 따라 나누어 살펴보는 연구를 계속 진행할 필요가 있다.

# 참고문헌

## 1. 국내 문헌

가은아(2011a), "쓰기 교육에서 상위인지 조정 전략의 지도 방법", 『청람어문교육』 제 44호, 충북: 청람어문교육학회.

가은아(2011b), "쓰기 발달의 양상과 특성 연구", 박사학위논문, 충북: 한국교원대학교.

강양석(2015), 『데이터로 말하라』, 파주: 이콘.

교육통계연구센터(2019), 『교육통계분석자료집-유초중등교육통계편』, 서울: 한국교육 개발원.

권태현(2014), "쓰기 성취기준에 따른 학생 예시문 선정에 관한 연구", 박사학위논문, 충북: 한국교원대학교.

김선혜(2011), "읽기 능력에 따른 상위인지 인식 분석 연구", 석사학위논문, 충북: 한국 교원대학교.

김성숙(1995), "논술 문항 평가의 변동 요인 분석과 일반화 가능도 계수의 최적화 조 건", 『교육평가연구』 제8권, 서울: 한국교육평가학회.

김성숙(2001), "평가의 변동요인 분석 방법에 대한 고찰: 일반화 가능도 이론과 다국면 라쉬 모형의 적용과 재해석", 『교육평가연구』 제14권, 서울: 한국교육평가학회.

김성숙·김양분(2001), 『일반화 가능도 이론』, 파주: 교육과학사.

김평원(2010), "말하기 평가의 분석 모형 연구", 박사학위논문, 서울: 서울대학교.

김형성(2019), "Rasch 모형을 활용한 국어교사의 논설문 평가에 나타난 논증 영역별 평 가 특성 분석", 『청람어문교육』 제71호, 충북: 청람어문교육학회.

박영민(2009), "논술 평가자의 주관적 경험 분석", 『우리어문연구』 제33호, 서울: 우리 어문학회.

박영민(2011), "국어교사의 작문평가 전문성 신장 방안," 『작문연구』 제13집, 서울: 한 국작문학회.

박영민(2012), "예비국어교사의 중학생 논설문 평가에서 발견되는 엄격성 및 일관성의 특성", 『국어교육학연구』 제43호, 서울: 국어교육학회.

박영민·최숙기(2009), "현직 국어교사와 예비 국어교사의 쓰기 평가 비교 연구", 『교 육과정평가연구』 제12권 제1호, 진천: 한국교육과정평가원.

박영민·최숙기(2010), "Rasch 모형을 활용한 국어교사의 쓰기 평가 특성 분석-중학생 설명문 쓰기 평가를 중심으로", 『국어교육학연구』 제37호, 서울: 국어교육학회.

박종원(2015), 『질적자료분석: NVivo 10 응용』, 부산: 부경대학교 출판부.

박종임(2013), "국어교사의 쓰기 평가 특성 연구", 박사학위논문, 충북: 한국교원대학교.

박종임·박영민(2011), "Rasch 모형을 활용한 국어교사의 채점 일관성 변화 양상 및 원인 분석", 『우리어문연구』 제39집, 서울: 국어교육학회.

박찬흥(2018), "예비 국어교사의 설명문 분석적 평가에서 나타나는 특성에 대한 연구", 『작문연구』 제39집, 서울: 한국작문학회.

박형우(2018), "문법 영역 평가에 대한 교사의 인식 연구", 『청람어문교육』 제68호, 충북: 청람어문교육학회.

성태제(2014), 『현대교육평가』, 서울: 학지사.

송민영·이용상(2015), "영어 말하기 평가자의 행동 특성 분석 : 평가자 훈련을 위한 제언", 『교과교육학연구』 제19권, 서울: 이화여자대학교 교과교육연구소.

안수현·김정숙(2017), "한국어능력시험(TOPIK) 쓰기 평가의 평가 특성 연구", 『한국어교육』 제28권, 서울: 국제한국어교육학회.

오세영(2014), "쓰기 평가자의 정보 처리 과정 연구", 『한국어문교육』 제31권, 서울: 한국어문교육학회.

오세영(2015), "국어교사의 학생글 평가전문성 연구", 박사학위논문, 서울: 고려대학교.

윤한곤(2013), "상위인지 특성에 따른 인지과제 수행에서의 자기평가와 실제수행의 차이", 박사학위논문, 부산: 부산대학교.

이기범(2017), "브루너 전·후기 교육이론의 한 해석", 『도덕교육연구』 제29권, 서울: 한국도덕교육학회.

이성영(2005), "국어과 교사의 쓰기 영역 평가 전문성 기준과 모형", 『국어교육』 제117권, 서울: 한국어교육학회.

이성준(2019), "한국어 말하기 평가의 평가 변인 연구", 박사학위논문, 서울: 서울대학교.

이영식(2014), "한국어 작문 평가 평가의 타당도 검증: 다국면 Rasch 측정 모형 활용", 『외국어교육』 제21권, 서울: 한국외국어교육학회.

이윤빈(2013), "담화 종합을 통한 텍스트 구성 양상 연구", 박사학위논문, 서울: 연세대학교.

이인혜(2014), "한국어교사의 쓰기 평가 효능감과 평가 특성 연구", 『이중언어학』 제56권, 서울: 이중언어학회.

이재기(2011), "학생 필자의 해석 텍스트에 대한 반응 중심 작문 평가", 『작문연구』 제13권, 서울: 한국작문학회.

이종환(2011), 『맥락으로 이해하는 사회과학 조사방법론』, 경기: 공동체.

이지원·박영민(2015), "평가 수 누적에 따른 쓰기 평가 과정의 눈동자 움직임 연구", 『국어교육학연구』 제50권, 서울: 서울대학교 국어교육연구소.

이현준·박영민(2019), "자연언어처리를 활용한 텍스트 연구 분야의 비교를 통한 자동 평가 변인 탐색", 『작문연구』 제41권, 서울: 한국작문학회.

장소영·신동일(2009), 『언어교육평가 연구를 위한 FACETS 프로그램』, 서울: 글로벌 콘텐츠

장은섭(2015), "쓰기 평가에 대한 국어교사의 인식 및 실태 연구", 『국어교육』 제150권, 서울: 한국어교육학회.

장은주(2015), "평가의 일관성 유형에 따른 국어교사의 쓰기 평가 특성", 박사학위논문, 충북: 한국교원대학교.

조재윤(2009), "일반화가능도 이론을 이용한 쓰기 평가의 오차원 분석 및 신뢰도 추정 연구", 『국어교육』 제128권, 서울: 한국어교육학회.

지은림·채선희(2000), 『Rasch 모형의 이론과 실제』, 서울: 교육과학사.

지정민(2013), "인재교육과 교과교육: 브루너 교육과정론을 중심으로", 『도덕교육연구』 제25권, 서울: 한국도덕교육학회.

최숙기·박영민(2011), "논설문 평가에 나타난 국어교사의 평가 특성 및 편향 분석", 『교육과정평가연구』, 충북: 한국교육과정평가원.

## 2. 국외 문헌

Beal, C. R.(1996), The role of comprehension monitoring in children's revision, *Educational Psychology* 8(3), pp.219-238.

Bejar, I. I.(2012), Rater cognition: Implications for validity, *Educational Measurement: Issues And Practice* 31(3), pp.2-9.

Brown, A.(1987), Metacognition, executive control, self-regulation, and other more mysterious mechanisms, In F. E. Weinert & R. H. Kluwe (Eds.), *Metacogniton, motivation, and understanding*, pp.65-116, Hillsdale, NJ: Lawrence Erlbaum Associates.

Crisp, V. V.(2012), An investigation of rater cognition in the assessment of projects, *Educational Measurement: Issues And Practice* 31(3), pp.10-20.

Denzin, N. K.(1978), *The research act: A theoretical instruction to sociological methods*, New York: McGraw-Hill.

DeRemer, M. L.(1998), Writing assessment: Raters' elaboration of the rating task, *Assessing Writing* 5(1), pp.7-29.

Dummett, M.(1978), Truth and Other Enigmas, MA: Harvard University Press.

Dunslosky, J., & Thiede, K. W.(1998), What makes people study more? An evaluation of factors that affect self-paced study, *Acta psychologica* 98, pp.37-6.

Eckes, T.(2012), Operational Rater Types in Writing Assessment: Linking Rater Cognition to Rater Behavior, *Language Assessment Quarterly* 9(3), pp.270-292.

Flavell, J. H.(1979), Metacognitive and cognitive monitoring : A new area of cognitive-developmental inquiry, *American Psychologist* 34, pp.907-911.

Freedman, S. W., & Calfee, R. C.(1983), Holistic assessment of writing: experimental design and cognitive theory. In Mosenthal, P., Tamor, L. and Walmsley, S.(Eds.), *Research on writing: principles and methods*, pp.75-98, New York: Longman.

Hatch, J. A.(2002), *Doing qualitative research in education settings*, New York: Suny Press. 진영은 역 (2008), 교육 상황에서 질적 연구 수행하기, 서울: 학지사.

Hayes, J. R.(2000), A New Framework for Understanding Cognition and Affect in Writing, In R. Indrisano, J. Squire (Eds.), *Perspectives on Writing: Research, Theory, and Practice*, pp.6-44, Newark, DE: International Reading Association.

Heath, J.(2014), *Enlightenment 2.0: Restoring Sanity to Our Politics, Our Economy, and Our Lives*, New York: Harper Collins. 김승진 역(2017), 계몽주의 2.0: 감정의 정치를 어떻게 바꿀 것인가, 고양: 이마.

Huot, B. A.(1993), The influence of holistic scoring procedures on reading and rating student essays, In M. M. Williamson & B. A. Huot (Eds.), *Validating holistic scoring for writing assessment: Theoretical and empirical foundations*, pp.206-236, Cresskill, NJ: Hampton Press.

Landis, J. R., & Koch, G. G. (1977), The measurement of observer agreement for categorical data, *biometrics* 31(1), pp.159-174.

Linacre, J. M.(1989), *Many-facet Rasch measurement*, IL: Chicago University MESA Press.

Lumley, T.(2002), Assessment criteria in a large-scale writing test: What do they really mean to the raters?, *Language Testing* 19(4), pp.246 - 276.

McNamara, T. F.(1996), *Measuring second language performance*, Boston: Addison Wesley Longman. 채선희, 지은림, 백순근, 설현수 역(2003), 문항반응이론의 이론과 실제, 경기: 서현사.

McNamara, T. F.(2000), *Language Testing*, Oxford, England: Oxford University Press. 신동일 외 역(2013), 언어평가: 사회적 단면, 서울: 한국문화사.

Schraw, G.(1998), Promoting general metacognitive awareness, *Instructional Science* 26(1-2), pp.113-125.

Smith, D.(2000), Rater judgments in the direct assessment of competency-based second language writing ability, *Studies in immigrant English language assessment* 1, pp.159-189.

Snyder, M.(1974), Self-monitoring of expressive behavior, *Journal of Personality and Social Psychology* 30(4), pp.526-537.

Spandel, V.(1996), *Seeing with new eyes: A guidebook on teaching and assessing beginning writers*, (3rd Ed.), Portland, OR: Northwest Regional Educational Laboratory.

Stuhlmann, J., Daniel, C., Dellinger, A., Denny, R. K., & Powers, T.(1999), A generalization study of the effects of training on teachers' abilities to rate children's writing using a rubric, *Journal of Reading Psychology* 20, pp.107-127.

Suto, I. I.(2012), A critical review of some qualitative research methods used to explore rater cognition, *Educational Measurement: Issues And Practice* 31(3), pp.21-30.

Vaughan, C.(1991), Holistic assessment : What goes on in the rater's mind? In L. Hamp-Lyons(Ed.), *Assessing second language writing in academic contexts*, Norwood, NJ : Ablex.

Wolfe, E. W.(1997), The relationship between essay reading style and scoring proficiency in a psychometric scoring system, *Assessing Writing* 4(1), pp.83-106.

Wolfe, E. W.(2005), Uncovering rater's cognitive processing and focus using think-aloud protocols, *Journal of Writing Assessment* 2(1), pp.37-56.

# 부록

# 고등학생 논설문 평가

선생님, 안녕하세요.

본 자료는 **교직 경력 5년 이상인 국어교사의 논설문 평가 전략 연구**를 진행하기 위하여 구성된 검사지입니다. 총 30편의 논설문을 6점 척도인 평가 기준에 따라 3회에 나누어 10편씩 평가하시면 됩니다. 또한 평가 점수 기록표에 기록을 마치신 후 10편의 평가가 끝날 때마다 네이버 설문에 응답해 주시기 바랍니다.

〈평가 과정 절차〉

1. 학생 글을 부여된 순서대로, 한 번에 10편씩만 평가 부탁드립니다.
2. 총 30편의 학생 글을 3회로 나누어 평가를 하시되, 추후 설문 응답을 위하여 평가 과정 중 **평가 시간과 회귀 횟수도 함께 체크 부탁드립니다.**
    2-1. 평가 시간(분): '한 편의 글을 보기 시작'하면서부터 '점수를 기록'할 때까지의 시간
    2-2. 회귀 횟수(회): 한 편의 글을 평가하면서 이전에 평가한 글을 다시 본 횟수
3. 학생 글 10편의 평가가 끝날 때마다, 아래 네이버 링크에서 각 점수대에 해당하는 부분을 클릭하여, **설문에 응답합니다.**
    3-1. 100번대 논설문 10편 평가 → 설문1(http://naver.me/5zjaS5HB)
    3-2. 200번대 논설문 10편 평가 → 설문2(http://naver.me/5HFGLN6x)
    3-3. 300번대 논설문 10편 평가 → 설문3(http://naver.me/GnzS5Ug0)

위의 과정이 모두 끝나면, 평가 점수 기록표(엑셀 – 파일명: 근무 학교, 성함)를 메일(motive0000@naver.com)로 전송 부탁드립니다.

제시된 학생 글은 4월 19~25일에 **고등학교 1학년 학생들이 쓴 논설문**입니다. 논설문 작성 시 학생들의 쓰기에 영향을 줄 수 있는 요인을 배제하기 위해 다른 지도는 하지 않았으며, 학생의 글은 학생 개인 정보를 지우고 무작위로 배치하여 번호를 부여한 것입니다. 또한 학생의 글씨가 선생님의 평가에 영향을 줄 수 있다고 생각하여 모두 한글 프로그램으로 전사 작업을 하였고, 맞춤법은 내용 읽기에 지장이 없는 한 학생이 쓴 것을 그대로 옮겨 적었습니다.

**평가자 정보 및 선생님들께서 평가해 주신 점수나 자료는 공개되지 않으며, 연구의 목적으로만 사용하겠습니다.** 바쁜 시간 내주시고 도움을 주셔서 감사합니다.

장미 올림.

# 학생 쓰기 과제

▶ 논설문 쓰기

## ○ 동물실험에 대한 긍정적 의견

현재 논란이 되고 있는 동물실험의 진행은 인간의 생명과 건강을 지키기 위해서라고 볼 수 있다. 얼마 전 동물실험을 통하여 각막의 일부를 새로 만드는 국내 연구가 성공했다는 기사가 나왔다. 그 기사에 따르면, 지금 우리나라에는 각막 이상으로 앞을 볼 수 없는 사람들이 약 2만여 명 있다고 한다. 각막 이상의 치료법은 각막 이식이 유일한 방법인데, 수요에 비해 공급이 매우 부족한 상황이다. 하지만 이번 연구 덕분에 수많은 사람들이 앞을 볼 수 있다는 희망을 갖게 되었다. 실험으로 희생되는 동물들이 안타깝기는 하지만, 동물 실험을 통해 더 많은 사람들이 고통에서 벗어날 수 있다.

## ○ 동물실험에 대한 부정적 의견

동물실험이란 동물을 대상으로 다양한 실험을 하고 그 결과로 나타나는 동물의 생체 반응을 관찰하고 해석하는 것이다. 생명은 인간과 동물을 막론하고 모두에게 소중하다. 실험용 동물이 실험을 위해서 만들어졌다고 하더라도 그 동물도 생명을 가지고 있고 인간과 더불어 살아갈 생명의 가치를 가진 존재이다. 또한 실험에 사용되는 모든 동물 역시 인간처럼 고통을 느낀다. 더 이상 우리와 함께 살아가야 할 동물을 마음대로 실험해도 된다고 여기는 인간 중심주의에 빠져서는 안 된다.

## ▶ 쓰기 과제

'과학 연구를 위한 동물실험을 해야 하는지'에 대한 자신의 의견을 제시하여 다른 사람을 설득할 수 있도록 글을 쓰시오.

〈조건〉

1. 글의 분량 제한은 없습니다.
2. 논설문 작성 시간은 50분입니다.
3. 자신의 주장을 분명히 밝히고 다양하고 타당한 근거를 들어 주장을 뒷받침합니다.
4. '서론-본론-결론'의 논설문 구조에 맞게 문단을 구분하여 조직합니다.
5. 내용, 조직, 표현을 고려하여 평가할 예정입니다.

# 평가 기준 및 평가 방법

## 〈평가 기준표〉

아래 평가 기준에 따라 각 항목을 1~6점으로 10편씩 평가하신 후, 평가 점수 기록표(엑셀)에 점수를 기록하시고 설문 링크 클릭 부탁드립니다.

| 항목 | 평가 기준 | 평가 척도 | | | | | |
|---|---|---|---|---|---|---|---|
| 내용 | ① 글의 주장이 분명하고 일관성이 있는가? | 1 | 2 | 3 | 4 | 5 | 6 |
| | ② 주장에 대해 다양하고 타당한 근거를 들었는가? | 1 | 2 | 3 | 4 | 5 | 6 |
| | ③ 글쓰기 상황(목적, 주제, 예상독자)에 맞는 다양한 내용을 선정하였는가? | 1 | 2 | 3 | 4 | 5 | 6 |
| 조직 | ④ 설득하는 글에 적합하게 조직되었는가? | 1 | 2 | 3 | 4 | 5 | 6 |
| | ⑤ 주제에 대한 생각이 잘 드러나도록 조직되었는가? | 1 | 2 | 3 | 4 | 5 | 6 |
| | ⑥ 내용의 순서나 구조가 독자가 이해하기 쉽도록 조직되었는가? | 1 | 2 | 3 | 4 | 5 | 6 |
| 표현 | ⑦ 독창적이며 흥미롭게 표현하고 있는가? | 1 | 2 | 3 | 4 | 5 | 6 |
| | ⑧ 주제와 독자에 대한 분석을 바탕으로 독자가 이해하기 쉽도록 표현되었는가? | 1 | 2 | 3 | 4 | 5 | 6 |
| | ⑨ 글이 끼치는 영향을 고려하여 책임감 있게 표현하였는가? | 1 | 2 | 3 | 4 | 5 | 6 |

## 〈점수 기록표〉

(엑셀 파일 예시)

| 학생 번호 | 내용 ① | 내용 ② | 내용 ③ | 조직 ④ | 조직 ⑤ | 조직 ⑥ | 표현 ⑦ | 표현 ⑧ | 표현 ⑨ | 회귀 횟수 (회) | 평가 시간 (분) |
|---|---|---|---|---|---|---|---|---|---|---|---|
| 102 | | | | | | | | | | | |
| 111 | | | | | | | | | | | |
| 121 | | | | | | | | | | | |
| 133 | | | | | | | | | | | |
| · · · | | | | | | | | | | | |

[부록 2] 평가자 설문 검사지

# 국어교사의 논설문 평가 설문

논설문 평가 과정과 평가 기준 인식(1~3)

※ 다음은 선생님의 논설문 평가 과정을 조사하기 위한 문항입니다. 질문에 간략히 답해 주세요(3문항).

1. 10편의 논설문 평가에 소요된 평가 시간은 몇 분입니까?

( )분

2. 10편의 논설문 평가 중 이전 평가 내용을 참고(회귀)한 횟수는 몇 회입니까?

( )회

3. '평가 기준, 쓰기 과제, 학생 논설문, 이전 평가 결과, 다른 학생 글' 중에서 논설문 10편을 평가하면서 많이 본 것을 순서대로 아래 '예시'와 같이 나열하세요.

예시: (많이) 평가 기준 > 학생 논설문 > 이전 평가 결과 > 쓰기 과제 > 다른 학생 글(적음)

**[영역Ⅲ]** 논설문 평가의 평가 기준 사용(1~8)

※ 다음은 선생님께서 논설문을 평가 하실 때, 평가 기준 사용에 대해 묻는 문항
입니다. 각 항목을 읽고 해당 사항에 ○표 해 주십시오.

1. 제시된 평가 기준 이외에, 논설문 10편을 평가하면서 선생님께서 추가로 만들어
   적용한 평가 기준이 있습니까?
   ① 없음    ② 1개    ③ 2개    ④ 3개    ⑤ 4개    ⑥ 5개    ⑦ 기타

   1-1. 선생님께서 추가로 만드신 논설문 평가 기준을 적어 주세요.

   |  |
   |--|
   |  |

2. 10편의 논설문 평가 시, '내용'요인의 평가가 어느 정도 어려웠습니까?
   ① 매우 쉽다  ② 쉽다  ③ 조금 쉽다  ④ 조금 어렵다  ⑤ 어렵다  ⑥ 매우 어렵다

3. 10편의 논설문 평가 시, '조직'요인의 평가가 어느 정도 어려웠습니까?
   ① 매우 쉽다  ② 쉽다  ③ 조금 쉽다  ④ 조금 어렵다  ⑤ 어렵다  ⑥ 매우 어렵다

4. 10편의 논설문 평가 시, '표현'요인의 평가가 어느 정도 어려웠습니까?
   ① 매우 쉽다  ② 쉽다  ③ 조금 쉽다  ④ 조금 어렵다  ⑤ 어렵다  ⑥ 매우 어렵다

5. 제시된 평가 기준표의 평가 요인 중 가장 중요하다고 생각하는 요인은 무엇입니까?

   ① 내용      ② 조직      ③ 표현

6. 제시된 평가 기준표의 평가 요인 중 학생 논설문 수준을 변별하는데 가장 효과적인 요인은 무엇입니까?

   ① 내용      ② 조직      ③ 표현

7. 제시된 평가 기준(총 9개) 중 선생님께서 세부 기준을 따로 설정하여 적용한 평가 기준이 있습니까?

   ① 없음   ② 1개   ③ 2개   ④ 3개   ⑤ 4개   ⑥ 5개   ⑦ 기타

   7-1. 선생님께서 추가로 만드신 논설문 세부 평가 기준을 적어 주세요.

8. 논설문 평가에서 평가자의 세부 기준 설정이 어느 정도 필요하다고 생각하십니까?

| ① 전혀 필요 없다 | ② 필요 없다 | ③ 조금 필요 없다 | ④ 조금 필요 하다 | ⑤ 필요 하다 | ⑥ 매우 필요 하다 |
| --- | --- | --- | --- | --- | --- |

**|영역Ⅲ|** 평가자 정보(1~5)

※ 다음은 선생님의 인적 사항에 대한 문항입니다. 각 항목을 읽고, 해당 사항에 답해 주십시오.

1. 성함

   _____

2. 성별
   ① 남  ② 여

3. 교육경력(2019년 2월 28일 기준)
   ① 중학교 근무        년        개월
   ② 고등학교 근무      년        개월

4. 교육경력 중 100편 이상의 대규모 논설문 평가 경험의 횟수

                                              (        )회

5. 연락처(휴대전화 번호)

   _____

**지은이 장 미**

어린 시절부터 교사를 꿈꾸어, 현재 세종국제고등학교에서 국어를 가르치고 있다.
논문으로 「JUST 모형을 활용한 쓰기 능력 및 쓰기 동기 신장 방안」, 「쓰기 평가 전문성 신장을 위한 국어교사 학습공동체 운영 방안」, 「엄격성의 일관성 유형에 따른 국어교사의 논설문 평가 특성 분석」 등이 있다.

## 쓰기 평가 전략

**초판 1쇄 인쇄** 2021년 8월 12일
**초판 1쇄 발행** 2021년 8월 24일

**지은이** 장 미
**펴낸이** 이대현

**책임편집** 임애정 | **편집** 이태곤 권분옥 문선희 강윤경
**디자인** 안혜진 최선주 이경진 | **마케팅** 박태훈 안현진
**펴낸곳** 도서출판 역락 | **등록** 1999년 4월 19일 제303-2002-000014호
**주소** 서울시 서초구 동광로46길 6-6 문창빌딩 2층(우06589)
**전화** 02-3409-2060(편집부), 2058(영업부) | **팩시밀리** 02-3409-2059
**전자우편** youkrack@hanmail.net
**홈페이지** www.youkrackbooks.com

ISBN 979-11-6742-013-8 93710
정가는 뒤표지에 있습니다.